雅楽の心性・精神性と
理想的音空間

東儀道子 著

北樹出版

目　次

雅楽の心性・精神性と理想的音空間

序章

一 研究の動機と主題——雅楽の危機を超えるために——

はじめに、この研究を志した動機について述べる。それは現在、公演されている雅楽演奏の多くがかつての輝きを失い、生彩を欠いているように見受けられるという現実に対する危機感であった。雅楽演奏の現状がこのような事態に立ち至った原因は単純ではなく、歴史的経緯も錯綜したものであったであろうと考えられる。もしも、現状に甘んじることなく、雅楽再興を志すとしたなら、長い困難な道程を覚悟しなければならないであろう。二一世紀の今日、雅楽の演奏団体は制約され、小規模になり、経済的にも困難な環境に置かれている。しかし、そのような悪条件の下においてもなお可能な復興への方途があるとすれば、それは「雅楽の心性・精神性」の探究であると考えられる。この論考は雅楽再興を目的として「雅楽の心的・精神的基盤」を探究することを主題とする。

さらに、その探究の途次において、再興に寄与し得る別の重要な要因が浮上してきた。それは雅楽の音楽空間の問題であった。第一の課題である「雅楽の心性・精神性」において、その一つとして「自然との共奏」が見出されるが、それを可能にしていた古代・中世の雅楽空間、すなわち開放的な建築と苑池を一体とする「庭屋一如」(1)の演奏・鑑賞空間が確認された。その探究の間に、平安文学において「松風」という表現で頻出する音響とその性質が照らし出されてきた。それは、おそらく高周波（音）・超高周波を含んでいたであろう非聴覚（音）のことである。この樹風高周波・超高周波と共奏することが可能な、総合的空間を「雅楽の理想的音空間」として第二の主題とする。それは、雅楽の「心性・精神性」を、現実の演奏に最善に発現させるために必要な「演奏・視聴空間」なのである。それはどのようなものであったかを検証し、「二一世紀の雅楽空間」はどのようであるべきかを模索する。

二　探究の方法

雅楽は生きている音楽・舞踊であるから、その心性を探究するに当たっては、何を措いても第一に可能な限り演奏場面に臨場して、実際に経験する必要がある。しかし、臨場体験といっても、演奏者ではない私としては演奏の場に身を置いて、楽を聞き、舞を観覧することが主たる方法となる。その場合、視聴者の立場での観察と、可能な限り演奏者の立場に仮想的に身を置くことが必要となる。後者は困難であるが、実際に演奏家の経験を聞き取ることによって近付いてみたい。また現在の演奏空間を実地に観察することも重要である。これらは生きた資料ということになる。

第二に過去の演奏次第を記録した文献が雅楽の歴史的全貌を捉える上で必須のものであることは、いうを俟たない。現代でも参会者に配られる次第書がある(2)し、「楽書」(3)にも詳しく記述されて現代に残されている。また、楽人が記した楽所の演奏記録『天王寺舞楽之記』があるが、それには法会名、日付、演奏曲目のみならず担当した楽人すべての名前が記録されている。また、公卿日記(5)にも宮中祭祀の音楽、天皇と公卿が主体となっている多くの御遊《ぎょゆう》

（または、みあそび）、大寺社での神事・法要の奉納舞楽が記され、それらの演奏に大内楽所の地下楽人がどのように参加したかなども記録されている。文学に現れた雅楽描写も臨場体験を補足する上で重要であることはいうまでもない。

以上のような臨場体験、準臨場体験および文献などを用いて、雅楽の心性、精神性および雅楽の音楽空間を探究したいと思う。

三　雅楽の概観

本題に入るに先だって雅楽について概観を捉えておきたい。

日本音楽の源泉とされるものとして、一般に、古代歌謡と渡来音楽が挙げられる。一般的な解説によれば、現代における、「雅楽」という総称には、

1　飛鳥・奈良以前から行われてきた「国風歌舞《くにぶりのうたまい》」、

2　飛鳥・奈良時代以降に朝鮮半島・中国大陸・インド・西域から渡来した外来音楽（曲と舞）、

3　平安時代に発達した歌物「催馬楽《さいばら》・朗詠」、

が含まれる。現在では、2の外来音楽が日本化されて現代に存続しているものを雅楽と呼ぶことが多い。六世紀から七世紀に渡来したこの雅楽に対しては、現代においてもなお多くの人が、日本音楽というには多かれ少なかれ違和感ありとするが、それにもかかわらず古代・中世・近世の日本音楽にさまざまな影響を及ぼしてもいる。その潮流に乗って、雅楽は日本音楽の中に、依然として存在し続けるであろうし、また伝承すべき使命を重く担っている

と思われる。

雅楽については、その音楽史や楽理、演奏集団などについて古来多くの研究がなされてきた(6)。日本古代の権力者や精神指導者がこの雅楽を、どのように利用したかについての論及もしばしば目にするところである。それらは専ら政治史的な観点からなされている。古代人は部族対部族の戦闘における勝利や、外国との抗争とその終結に際して沸きあがる喜びを音楽に表現した（たとえば、「久米歌」など）から、それらの延長線上に国家成立期における政治的利用が構想されたと考えるのが自然であろう。しかし、国家成立期における人心結束の必要のみが切り離されて、それが古代人の音楽観のすべてのように拡大して印象付けられるのは不当であろう。風物としての自然やその奥に在ると考えられた超越的な存在、神的な存在への畏敬や感動の流露として多くの歌・舞が発生し、演奏されたことは事実である。それらは音楽・舞踊として純粋な心性に基づいていると理解してよいであろう。また、雅楽を政治的目的に利用した古代の権力者にあっても、その心の奥底に雅楽の純粋な心性、精神性が深浅の差こそあれ浸透していたと推定されるのである。まして、雅楽演奏を職業とする「歌舞寮《うたまいのつかさ》」以来の楽師たちにそのような精神性がなかったならば、雅楽が芸術として人の心を惹き付けることはできなかったに違いない。

四　雅楽の心性・精神性とは何か

では、雅楽の基底にあるであろう心性・精神とは何であろうか。

本書の研究領域は前記1の「国風歌舞」、2の「渡来系雅楽」、3の「催馬楽・朗詠」の雅楽全般の心性、精神性に及ぶことになるが、その理由の一つはそれらの音楽の演奏を担ってきた演奏主体の特殊な組織形態にある。すなわち、それらのすべてを完全にまた、最高水準において演奏し得るのは現在では宮内庁楽部をおいて他にはないとされるが、二十数名の楽師からなるこの音楽集団によって、三種類の雅楽すべてが演奏されているのである。本来は起源も目的も形式も異なった音楽・舞楽が平安中期から雅楽寮という一つの演奏機構によって演奏されてきたのである。温暖な海洋性気候の地域、ないし亜熱帯性気候の地域、米作地域が起源であるらしいわが「国風歌舞」と、シルクロードを経由してきた「唐楽系」の所謂雅楽と、朝鮮半島から渡来した「高麗楽系」の雅楽を同じ楽員が演奏するのである。二一世紀日本の音楽演奏にたとえるなら、日本音楽と洋楽を同一の演奏団体が演奏しているようなものである（事実として、宮内庁楽部はそうであるのだが）。そうであるなら、本来はそれぞれ異なった源泉から発達した三種類の音楽は日本で、どのような心性をもって演奏されて来たのであろうか。また、現在ではどのような心性をもって演奏されているのであろうか。そのことを明らかにしたい。

五　なぜ「心性・精神性」とするのか

それでは、なぜ、単に精神性といわずに心性・精神性というのかを考える。一般に音楽・舞踊は何らかの心の働きがあって、それが身体や楽器を媒介として表現に至ったものとされる。その場合の心の働きは感性が主であり、理性的ないし超理性的な要素があるとすれば、それは感性に包まれた核のようなものである。このような音楽（ここでは雅楽）の心的構造を表すために敢えて「心性・精神性」といったのである。芸術論で絵画や彫刻、小説の表現の動機となった中心思想は「モティーフ」motifといわれているが、雅楽の場合この「感性に包まれた理性的ないし超理性的要素」がそれに当たる。そこで、それを定義すれば、雅楽の心性・精神性とは、雅楽曲・舞楽を創作させる動機となる感性と理性であるということになる。

六　雅楽という音楽機能の全体構造

雅楽曲とその演奏および鑑賞の全体を雅楽機能の総体と考え、それと心性・精神性の関わり方を見てみると、次の図のようになる。

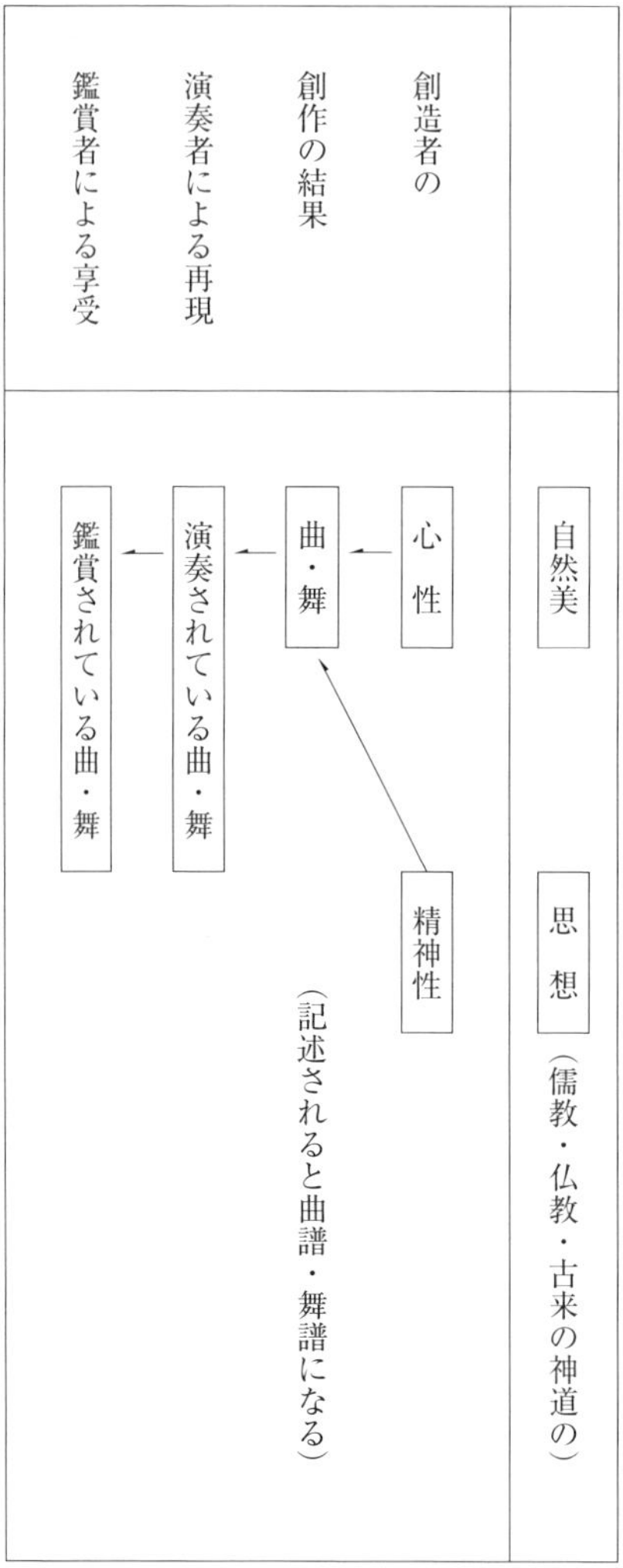

心性とは、創作者の感性が「自然の美と崇高」また、「異文化」などに感応して、創作者の心となり、創作へ向かわせる動機となった状態をいう。「感応する」は「触発される←affizieren」に近いかもしれないが、「感応する」は主体と対象が相互的であるのに対して、「触発される」は主体が対象に「触発される」という能動・受動の関係を表す。主体と対象のこの相互関連性を示すためにあえて「感応」の語を用いた。

精神性とは、創作者の理性が倫理思想・宗教の真理に「呼応」して、創作者の精神となり、創作の動機となった状態、と規定できる。この「呼応」における主体と対象の関係も上の心性におけるのと同様に相互的関係である。

さらに、心性・精神性は、楽曲の演奏ならびに演舞においても演奏者・舞人の動機となり、演奏された楽曲・舞において再現される。演奏・演舞の理想的な状態、すなわち名人の演奏・演舞では、曲と演奏者は一体となり技巧や心性・精神性を超越している。

さらに、鑑賞者は、演奏され、あるいは舞われた楽曲・舞においてそれらの心性・精神性を感受し、共有する。これらのことを図示すると前記のようになった。

このように雅楽の音楽機能を全体的に把握することによって、初めて、雅楽における諸問題に深く侵入して、その解決の方策を見出すことができると考えられる。本書では「演奏の場」や「理想的演奏空間」などが視点として目立つことになるが、それらは演奏者にとって不可分の場である以上に鑑賞者にとって不可欠の要件なのである。論者は演奏者ではなく全くの鑑賞者であるが、その立場を積極的に活用して、その視点から視界を多方位的に拡張してゆきたい。常に鑑賞者の視点に立ち戻ることがこの論考の特徴といえるであろう。

註

（1）この語は近年、作庭あるいは造園学関連また、建築学関連の出版物において見られるようになったが、学術用語として承認されているわけではないようである。造園学や建築学の辞典や事典類には見出せない。しかし、『京都通（京都観光・京都検定・京都の寺院）百科事典』には次のような解説があった。

庭屋一如とは、庭と建物の調和がとれて、一体となるようなさまのこと。代表例〈国立京都迎賓館〉京都御苑の深い緑の中にたたずんでいる。庭屋一如をコンセプトに設計されている。入母屋造屋根と数寄屋造風の建物外観と清らかな水の庭が一体となって調和した空間となっている。円柱の石は旧五条大橋のものが用いられている。

また、国会図書館の0「レファレンス協同データ」では、庭屋一如について、

代表的な例は京都迎賓館や桂離宮との情報あり、

としている。

近年、コンクリート建築物の一部に樹木を植栽したり、水の流れを取り込んだりする例をしばしば見るようになったが、その傾向が庭と建物の全体構造のコンセプトにまで発展、展開してきていると見られる。

しかしこれまでのところ、庭屋一如というコンセプトは庭と屋との共存・協働関係の視覚的な発見に基づいていると見ることができる。私はそのような視覚的庭屋一如にとどまらず、聴覚的・超聴覚的な庭屋一如への展開を期待している。

（2）次第書の例。四天王寺「聖霊会」次第、本書二八頁。

（3）『教訓抄』『続教訓鈔』『體源鈔』『楽家録』、本書二〇―二二頁。

（4）南谷美保『四天王寺舞楽之記』清文堂出版、一九九三年。

（5）『御堂関白記』『小右記』『中右記』『御湯殿上日記』、本書二〇頁。

（6）註（3）巻末参考引用文献参照。

第一章　演奏空間（場）から心性・精神性を観る

雅楽の心性を探究するといっても、どこで、どのようにして取り出すことができるのであろうか。それぞれの歌詞、旋律、和声、リズム、舞い振り、コスチュームなどの特徴を研究することによって可能であろうか。そのような音楽学ないし音楽舞踊学の方法では、その心性、精神性の深奥に潜む核心にまで達することは困難であろうと推測される。

そこで、「雅楽の演奏される場」すなわち、空間的な場所であり、且つ、意味上の場面である「場」に着目し、そこから、探究を始めたい。なぜなら、雅楽は前述のように特定の演奏者によって演奏されてきたのであるが、演奏の場そのものも非常に特徴的であるからである。それは大別して四種になる。以下において四種類の演奏の「場」について、その空間と意味と情景を素描してみよう。

一　日本古来の祭祀の場――神明への畏敬と共楽の心性・精神性――

ここで用いられる音楽は「国風歌舞」のみであり、今日、宮内庁楽部がほとんど純粋なままに伝承し、演奏している。「国風歌舞」には次のようなものが含まれる。
(1)　稲春歌、即位礼の時、大嘗宮で奏される。
(2)　悠紀《ゆき》・主基《すき》の歌舞、久米歌・舞、大歌（五節の舞を伴う）等の楽・舞。即位礼後、宮殿で奏される。
(3)　東遊《あづまあそび》。皇霊殿で行われる先帝の百年祭や、さいたま市の氷川神社で奏される（氷川神社は武蔵一宮で、明治遷都で皇居の地となった東京の鎮守社である。東京遷都までは京都の上賀茂神社への奉納が続いた）。
(4)　「御神楽《みかぐら》」。「国風歌舞」の中で最も長時間にわたって演奏され、最も祭祀楽らしい雰囲気をもっている。賢所における「恒例の御神楽」、皇霊殿における先帝四代（昭和・大正・明治・孝明天皇）の祭祀と、神嘉殿における「新嘗祭《しんじょうさい》」（にいなめさい）に演奏される。

新嘗祭は、一一月二三日に天皇が皇祖・皇霊に新穀を捧げて祀り、共食される祭儀である。この国に食物をもたらされた皇祖に感謝し、五穀豊饒を祈り、全体として国と国民の繁栄を祈願するのが目的であると推察される。新天皇の初の「新嘗祭」は「大嘗祭」といって広大な「大嘗宮」が建てられ大規模な祭祀となる。この他「御神楽」は伊勢神宮でも演奏されている。

宮中で行われる「新嘗祭」は、天皇親祭で（代拝は掌典長）、伊勢神宮では大宮司が行う。これらの祭儀の終わりになって「御神楽」が奏されるのである。

「御神楽」が未だ原形であった頃の最古の記録として、

例1　「新室に讌《うたげ》す。天皇親《みみづかみこと》ら琴撫きたまふ。」[1]

という『日本書紀』允恭《いんぎょう》天皇七年冬（四一八？）の記述がある。その伝統は幕末の孝明天皇（在位一八四七―一八六六）まで続けられ、天皇が和琴か笛を奏されることもあった。

❖ 平安びとの「御神楽」における心性・精神性とは

平安時代には太政大臣、左右の大臣をはじめ高位の公卿が「御神楽」に奉仕した。地下楽人はその補助として加わったのである。その様子を右大臣藤原宗忠の『中右記』一、寛治元年（一〇八七）一一月二一日の記録に見てみよう（以下の訳および括弧内註は筆者）。

例2　（堀川天皇ご即位の大嘗祭に悠基、主基が終わって）小安殿《こやすどの》上廊において御神楽ならびに御遊のことあり。（中略）東の座に摂政殿、按察《あぜち》大納言、源大納言、新大納言、新宰相中将、新宰相、刑部卿雅長朝臣、右中弁基綱朝臣、下官。西の座に右大臣、内大臣、民部卿、右衛門督、皇后宮権大夫、（中略）（御神楽の前半が終わって）頭中将源雅俊朝臣が上卿に勧盃《けんぱい》、蔵人《くろうど》権佐《ごんのすけ》為房、同左少将国信が瓶子を取る、左大弁新宰相が位に応じて左右に勧盃する、五位のものが瓶子を取る、次に湯漬けの膳を据える、（中略）（御神楽の後半が終わって）次に御遊、下官が笙を取って調子を吹く間ににわかに天皇の仰せがあって、笙を新宰相に渡して（著者　藤原宗忠に）箏を弾かせ、内大臣が琵琶を弾き、民部卿が拍子を取る、（中略）終わって上達部に禄を給す、寅の刻ばかり（午前四時前後）に退出。今夜の御神楽の様子は誠に優美であった。神明も自ずから感応されたのであろうか。[2]

綺羅星の如き高位の公卿たちが御神楽を奉仕する有様、御酒をいただき湯漬けで一休みする様子、終わって引き続き管弦の御遊びがあること、退出は未明の四時頃であることなどがよくわかる。また、その情景の締めくくりに「今夜の御神楽は誠に優美で神明も感応されたことであろう」という著者藤原宗忠の感慨には現代人の心を打つものがある。

ここで、平安時代の人々の抱いていた祭祀楽ないし「御神楽」についての心性を考察してみたい。例2の『中右

記』一、堀川天皇の御神楽の記述の他に、

例3　寛治七年（一〇九三）一〇月三日（太上天皇＝白河上皇が日吉社に行幸。「御神楽」があった）御神楽漸く終わる。歌・笛の音は自然信妙であった。定めて神感があったであろう。「其の駒」の歌の間に舞人、陪従、人長等に禄を賜う。決まりのとおり。(3)

例4　嘉保二年（一〇九五）一二月八日（堀河天皇のとき、内侍所の御神楽。東中門の南の廊の西向きの渡殿を内侍所とした）……召人《めしうど》は殿上人六人、諸大夫七人、近衛舎人召人六人、人長は右近府生秦兼方で(4)（人長舞の他に）仰せによって「星」（神楽歌の中の星という一節）を歌わせられた。そのとき天は晴れ月は明らかに、歌・笛の声に自ずと感歎したことであった。(5)

などの述懐がある。このように「御神楽」は宮殿や社殿の廊が巡らされた庭上で奏され、殿上から陪聴される。月の明らかな晴天の夜、透明で柔らかく、幽邃な笛の音が立ち昇り、神楽歌の澄明で奥深い声が通ってゆく。著者宗忠は度々「自」とか「自然」という語を用いている。技巧を超え、自意識を超えた「自然《じねん》」の超越的美的価値を言い表そうとしたのである。そして、そこに神明の感応を感得した。さらにいえば、神明と人をつなぐのが「楽」の掛け橋なのである。

ここで注目したいのは、『中右記』の著者が日本思想で一般に「神」と言い表される超越者をたびたび神明という語によって表現していることである。この語は『春秋』にあり、儒教の典籍に通じていた平安時代の貴族には抵抗なく用いられていたのであろう。それはいわゆる八百万《やおよろず》の神、人格神的な神を超越していると推定できる。自ずと、自ら、神明などの感覚は、現代人が神域で感じることのできる「超越者」の感覚に共通するものがある。右大臣宗忠の宗教観と音楽観は洗練された高度なものであったということができる。

『中右記』は公的な記録、いわゆる公家日記であるから、感性的な表現は押さえた調子になる。そこで表現豊かな『枕草子』を見てみよう。

例5　賀茂の臨時の祭は、還立《かえりだち》の御神楽などにこそなぐさめらるれ。庭燎《にわび》の煙のほそくのぼりたるに、神楽の笛のおもしろくわななき吹きすまされてのぼるに、歌のこえもいとあはれにいみじうおもしろく、さむく冴えこほりて、うちたる衣もつめたう、扇持ちたる手も冷ゆともおぼえず、才の男召して、声ひきたる人長の心地よげさこそいみじけれ。……里なる時は、ただわたるを見るが飽かねば、御社までいきて見るをりもあり。……松の煙（松明の煙）のたなびきて、日のかげに半臂《はんぴ》の緒、衣のつやも、昼よりはこよなうまさりてぞ見ゆる。橋の板を踏み鳴らして、声あはせて舞うほどもいとをかしきに、水の流るる音、笛の声などあひたるは、まことに神もめでたしとおぼすらんかし(6)。

これは最も本源的な内侍所の御神楽ではなくて、賀茂の臨時の祭りの御神楽であるが、この情景の表現は、現代の皇居内賢所で行われている御神楽の情景そのままであるといっても過言ではない。昭和・平成の宮内庁式部職楽部によって奏楽される御神楽の情景を何人かの楽部楽師から聞くところや、あるいはその言外の思いと一致する。

現代の日本人は、人間を超越した目に見えぬものを神とか仏とか、端的に言い表すことを躊躇し、それへの帰一感に抵抗を感じるのが一般的である。それに比べて、平安時代の人々は率直に超越的なものにつながることができたといわざるを得ない。権力欲・財力欲の権化のように見られることもある平安貴族はこのような音楽美学によって、一時的ではあれ、欲望から離脱することができたのであろうか。

このような考察の結果、平安びとの「御神楽」における心性・精神性とは、奏楽において、神明の自然の感応を得ること、清明、優雅であることを期する心と規定することができるであろう。

幕末に作成された『孝明天皇紀付図』(7)などによっても、奏楽者のほとんどは黒色系の衣冠束帯の高位・高官の公卿であることがわかる。それほど重要な奏楽であった。しかし、現代ではそれらすべての役割を上級公務員ではない楽師が担当している。それは明治以降、政府が国民教育として、祭政一致の国体論や国家神道を鼓吹し喧伝していたにもかかわらず、その主導者である政府高官の多くは神明という超越者に感応する心が希薄であり、かつ、雅楽器を演奏する習慣も教養ももっていなかったから、時代が下がるにつれて、関心さえも薄れていったことによると思われる。

❖ 現代の「御神楽」

さて、現代における「御神楽」はどのような風致の中で行われているのであろうか。現代の宮中三殿(8)とはどのような環境にあるのだろうか。

皇祖、皇霊を祀る「御神楽」の「場」は、高い松や楠の大木の林の中にある。林ではあるが、茂るに任せたものではなく、といって人工的な作意の跡は見せない、清々しい自然のように整えられた林である。そこに宮中三殿があり、その庭上に神楽舎《かぐらしゃ》が設けられている。それは屋根だけの空間で、床はなく白砂が敷き詰められている。新嘗祭の「御神楽」は「神楽舎」で奏される。「神楽舎」は「三殿」の西に建つ「新嘉殿《しんかでん》」の前庭左に設けられている。「御神楽」は夕刻薄暮から幽暗のうちに始まり、暁に終わる。その演奏空間には二〇人ほどの演奏者が在るのみで、明治以降は祭祀の中心人物である天皇の出御はなく、掌典長や掌典といった神官の姿もない。いかなる高位の官人も出席できない。例外は庭燎《ていりょう》（にわび）を焚く仕丁《しちょう》の姿をした職員一人のみである。そこには神の在《いま》す社殿と、前庭に居並んで神楽笛《かぐらぶえ》、篳篥、和琴を奏する楽師、笏拍子《しゃくびょうし》を打って歌う楽師、「人長舞《にんちょうまい》」を舞う楽師が在るのみである（「御神楽」には笙が使われないことに注意したい。その天空的な和音がなくても、ある種の清澄な和音があるように聞こえる）。光源は白砂の地面を浅く掘った火処《ほどころ》に焚かれる一基の庭燎のみである。そのほのかな光の中に、垂纓《すいえい》の冠の楽師たちが坐している。四位の者（『中右記』の時代には地下の四位と呼ばれていた。現在は楽長・楽長補）は濃い赤系色の袍、以下は五位の青色の袍である。一人、黒い下襲《したがさね》と半臂《はんぴ》の上に白の袍、肩に赤いかずら紐、巻纓《けんえい》の冠で、手には榊の枝をもった「人長」が立って舞う。榊には清浄で精巧に整えられた白く細い籐製の輪が付いている。それは「御鏡」を表す。緩やかで幽邃な舞である。楽の音に庭燎のはぜる音がかすかに混じり、漆黒の闇に立ち昇ってゆく。この楽・舞はひたすら神と人との交感そのものといえるであろう。

「御神楽」の演奏の「場」はこのように、日本の原初的宗教、すなわち後世、「神道」となる以前の日本宗教における祭祀の行われる「場」であった。ここで祈られることは、皇室の安泰祈願を私的な問題として除外するとしても、国家安穏・五穀豊穣など日本人すべての願望であり、また、世界のどの国の国民にとっても共通の願いであるに違いない。つまり、普遍的な祈り、普遍的な願いであると考えてよいのではないであろうか。全世界を意識したものではないとはいえ、単なる個人的な願望や欲望の達成を願うものではなく、少なくとも「超個人的」であり、「準普遍的」な「祈り」であるといえよう。

この「準普遍的」宗教性の醸成には、祭祀音楽である「御神楽」が密接に関与していた。そして、その「演奏時空」が奏者の心性に及ぼす影響、形成力は非常に大きいといえよう。

宮中祭祀の概略の知識は、「伊勢神宮」や一般の神社の祭祀の原形として、全国の宮司、神官には周知されている。しかし、その主要な部分については天皇と掌典・内掌典など直接奉仕する極めて限られた人々が知るだけである。幕を隔てて間近に奉仕することもある楽師たちにも、窺い知ることのできない部分が多いということである。

「御神楽」の奏楽・舞についていえば、

新嘗《にいなめ》の庭燎《にわび》のかなた遠きよ（世）の闇より聞ゆ忠麿《ただまろ》の歌

という、宮内庁式部職副長であった中島宝城氏の歌で知られるように、たとえ上級の関係者であっても、三殿の塀の外で遠く聞くことができるのみである。声出《こわだし》（合唱をリードする歌い出しのソロ）を歌う多《おおの》忠麿氏（平成六年没）という名手の声が清浄な闇を透過してゆく。中島氏は、神嘉殿の前庭に列座する楽師たちの奏楽も、「人長」の清冽で典雅な舞も目の当たりにすることはできなかったけれども、このように遥かな時空の深遠な世界に浸ることができた。楽師の多くは何も語らないが、現実を超えた永遠なるものへの畏怖と共存、共楽の感覚を奏楽の心性としていると推測されるのである（宮中三殿や「御神楽」については、本書、終章に引用した東儀俊美の遺稿集『雅楽逍遥』中の「庭燎の話」によってより如実に知られるであろう）。

二　仏教の大法会の場――仏法への讃歎供養の心性・精神性――

以上で、国風歌舞の精神性についての考察を終えて、次に渡来系雅楽の主たる演奏場面について考察したい。渡来系雅楽は平安時代以降、宮中の祝宴、節会《せちえ》、御遊、競馬《くらべうま》等の競べものの会等、趣深い演奏の機会が激増する。また、賀茂や石清水八幡宮等の大社における祭祀の場でも国風歌舞とともに渡来系舞楽が奉納された。貴族社会にとってはそのどれもが必要なものであって比重に差はないように思われる。それらの演奏場面の情景や音楽の情趣は、『源氏物語』に代表される平安文学において鮮やかに描き出されている。しかし、情趣の奥にある心性、精神性に踏み込もうとする本論では、前述の「古来の祭祀の場」に続いて、「仏教の法会」という雅楽演奏の場が重要な探究の場となってくる。

あまりにも有名な大仏開眼供養（七五二）における大演奏以前、渡来音楽の状況はどのようであったかを概観してみよう。

前出例1（一二頁）の允恭天皇が崩御されたとき（四五三）、新羅の王が弔問のために、調船《みつぎのふね》八〇艘と種々の楽人八〇人を贈った。難波から京（遠飛鳥宮《とおつあすかのみや》）に至って哭《な》き泣ち或《いさ》いは歌い舞い、殯宮《もがりのみや》に参会したという記述がある。(10)いわゆる「大和人」がこのような大規模な葬送楽に出会ったのは初めてのことではなかったろうか。渡来音楽の最初は、新羅の葬送楽であったことになる。しかし、この儀礼と音楽が、仏教的なものであったかどうかということになると、判断の根拠とすべき何ものもない。

その約一〇〇年後、欽明天皇一五年（五五三）には百済の五経（易、書、詩、礼、春秋）博士の交代と同時に、楽人四人も交代したことが記されている。五経博士と易、暦、医、薬の博士に続いて記されているところを見ると、この楽人は所謂儒教の礼楽、孔子のいう雅楽を担当した楽人であったかもしれない。

1　大仏開眼供養以前から明治維新まで

推古天皇二〇年（六一一または五七三）に百済人、味摩之《みまし》が呉の国の伎楽を伝え、聖徳太子の命で少年たちに伝習させたことは、(11)渡来音楽を三宝供養に用いる嚆矢となった。

その後、群臣の饗宴に五常太平楽という儒教の教えが感じられる楽が演奏されたり（持統天皇七年（六九六）。五常楽は唐楽である）、外国使節、渤海使の奏楽（天平一二年（七四〇））があったりした。仏教関係では天竺僧菩提僊那《ぼだいせんな》、林邑《りんゆう》僧仏哲が渡来して林邑楽を伝える（天平八年（七三六））。

このような経過の後、大仏開眼に至る。大仏開眼のような国家的盛儀が象徴するように古代、中世を通じて、渡来系雅楽の維持、演奏には多大の財力が費やされるものであったから、それは朝廷と高位の公卿か、大寺、大社にしか可能ではなかった。なぜなら、専属の楽人、楽所をもつこと、あるいは雇うこと、楽器、装束等を調製し保有するためには、莫大な経済力を要するからである。

平安時代以降の雅楽法要の記録は公卿の日記、女官の日記等に見ることができる。年中行事、祭祀の記述に混じって、多数の法会の次第、奉仕者の官職・姓名、賜物等が詳しく記されている。

『御堂関白記』　太政大臣藤原道長　現存のものは長徳四年（九九八）―治安元年（一〇二一）
『小右記』六一巻　小野宮右大臣藤原実資　貞元二年（九七七）―長元五年（一〇三二）（道長全盛期）
『中右記』　中御門右大臣藤原宗忠　寛治元年（一〇八七）―長承元年（一一三二）
『御湯殿上日記《おゆどののうえのにっき》』清涼殿のお湯殿の上にある局に詰めていた女官の日記。文明九年（一四七七）―文政九年（一八二六）

などが雅楽関係で代表的な公卿日記類である。

また、三大楽書といわれる記録がある。

『教訓抄』　狛近真（一一七七―一二四二）著　一〇巻（日本古典全集）天福元年（一二三三）成る。

著者は南都方（興福寺、春日大社の楽人集団）の楽人であるが、左衛門少志から左兵衛尉を経て四二歳で左近将監となり、亡くなる一年前に従五位上になっている（『地下家伝』十）。官位を受けているのは当時、すでに南都方楽人が単独でも集団でも、しばしば御所に招かれて演奏や教授を行っていたので、そのために必要なのであった。記述はそれぞれの曲の奏し方、舞の舞い方の仔細にわたって後継者への慈愛と熱意を込めて後世に伝えようとしている。信仰心が深く、その雅楽観は念仏の基盤の上に立っている。記述の内容はほとんどが近真自身の時代、平家滅亡頃から頼朝を経て執権北条泰時の時代のライブである。

『続教訓抄』　狛朝葛著　一五巻（日本古典全集）　文永七年（一二七〇）―元亨二年（一三二二）

内容は楽曲の由来、演奏法、説話風の言い伝え、舞い方、楽器など『教訓抄』に沿った項目立てであるが、『教訓抄』にない曲もある。楽曲の解説では平調・盤渉調・太食調の曲が少ない[12]。第十三冊と第十四冊では、諸大寺の由来や功徳から始まって、華厳宗・法相宗のこと、春日権現の霊験、法華経を尊崇すべきこと、阿弥陀仏を信じ帰依すべきことなどを説く。他の楽書にも大法会の奏楽次第などは詳しく記されているが、本書のように教義や信仰に関わる記述に多くの紙数を割いているのは特筆に価する。雅楽演奏家（朝葛の場合、春日楽所の伶人）と神仏の崇敬の関係は、春日大明神にまつわる記述「伶楽の家に生まれて胎中より長大に至るまで、……神恩をもって身を助け、あまつさえ先祖の高き位にのぼり、当道の誉れにも与ることは、只大明神の御計であるであろう。返す返すも二心無く寝ても覚めても心をかけて念じ、仰ぎ奉るべきなり。[13]」によって知ることができる。

『體源鈔』　豊原統秋著　一三巻（日本古典全集）　永正八年（一五一一）―同九年（一五一二）

著者は御所の雅楽寮に属し、正四位上前筑前守であった。永正一五年には雅楽頭になっている。「後柏原院御笙師範」である。古くから多家、山井家、安倍家とともに御所の楽人の家であるという点で誇り高い。この書は応仁の乱の余波収まらない頃に書かれたが、雅楽の将来を憂えて、後世に伝えたいことを記している。破壊混乱の時代の逼迫感には、現代でも共感を覚える。書き方は、調子や曲を「見出し」として、その解説に故実を多く引き、さらに説話と思えるものも交えている。現代の感覚ではすべてをそのまま受け容れることは困難であるが、興味深い。見出しに因んで、神事、法会、管弦の会、それに関連する歌会の和歌、漢詩なども記すという書き方である。

『楽家録』　安倍季尚撰　（日本古典全集）　元禄三年（一六九〇）

撰述の年代は公卿日記よりずっと下がって元禄時代前後であるが、内容は上記の二楽書の内容をも取り込んで、合理的に分類されている。情趣的な記述は少ない。

これらの楽書はそのどれもが「雅楽とは何か」という問いに答え得るものであるが、後世の楽人や研究者が拠りどころとして重用した部分は、主として「曲名とその由来」、「楽器の解説、名器の由来」「各楽器の演奏法」「舞い方」等で、演奏者の立場から必要とされた項目である。これらは上記の公卿日記にはほとんど現れない。どのような祭祀、法要があり、その次第については公卿日記、楽書ともに詳細に記しているが、そこで演奏される雅楽に関しては楽書の記述のほうが遥かに奥深く、本論のテーマにとって有益であった。さらに雅楽の心性、精神性について直接的な言及も見出すことができる。

その全貌は、『楽家録』五　仏前奏楽目録(14)によくまとめられている。そこに記録された寺社の数や法会の回数は驚くべきものがある。季尚は大内楽所（京都楽所ともいう）すなわち朝廷の御用を勤める楽人であるから、「仏前奏楽」の章の記述も、天皇、上皇の公用としての仏前演奏が主であることはいうまでもないが、中宮などの御用も勤め、関白、大臣等の法会にも携わった。また、大内楽所の関わらない法会、たとえば四天王寺や春日大社などの法会、祭事の記録も入っているが、それらには勅使が立つ。つまり間接的な天皇の祭祀、法要であるからであろう。

さて、その仏前奏楽目録の第一に法華懺法講《ほっけせんぼう》が挙げられている。(15)また、『源氏物語』にも度々登場する「御八講《みはっこう》」

（法華八講）について具体的な記述がある。それは清涼殿という天皇の常の御殿で行われ、七箇日続いた。その中に雅楽が織り込まれている。年代の記録はないが式次第は「先ず出御南面」から「伶倫退散下臈立」まで極めて詳細であるのは、この形式が宮中法要の典型であり、他の法要にも参考になったからではないだろうか。

　代表的な御八講の次第を引用してみよう。

例6　後光明院（後光明天皇（在位一六四三—一六五四））三十三回忌御八講略式(16)

御八講清涼殿にてあり。貞享三年（一六八六）九月十八日に始め二十二日結願。母屋の北の間を御聴聞所とする。南面　殿中に本尊を奉安する。東面　東庇正面の間に畳を設け、公卿の座とする。東庭の階段と舞台の間に御誦経の幄一宇を立てる。同じく東庭を南北に分け各々幄一宇を立てて左右の楽屋とする。幔を引く。その前に太鼓、鉦鼓、鉾等を立てる。その構えは毎節の舞御覧の如し。但し舞楽は初日にあり、楽人五〇人が勤める。陣の坐の西屏の外に図書寮が鐘を懸ける。右近の陣は衆僧の集会所とする。刻限に至って公卿殿上に参集。衆僧集会所に参着。次に上卿辨（弁官）を召して鐘を図書寮の官人に打たせる。この間に出御、次出居(17)、次将着座、次公卿着座、次左右楽人起座して行列は舞台左右及び長橋清涼殿南の階の前を経て、殿上の南に列立する。左は北、右は南東を向く。荷ない太鼓、荷ない鉦鼓あり。楽人二〇人が勤める。残りは楽屋に居る。次参向音楽を奏する。まず、盤渉調調子、次鳥向楽、此の間御導師御入場。次楽人音楽を止めず本路を経て左右の楽屋の前に還り立つ。猶、音声を奏する。この音声の間に威儀師南階を昇って南妻戸に入り、聴衆座の末に着座。次威儀師磬を打つ、二音。次講読師礼盤に着く。次威儀師惣礼を唱える。次諸僧惣礼を唱える。次講読師高座に昇る。この間楽人が一曲を奏する。

貞享三年（一六八六）は東山天皇（在位一六八七—一七〇九）の時代、将軍綱吉の治世である。『楽家録』の成ったのは元禄三年（一六九〇）であるから、『楽家録』では最下限の、著者季尚にとって最も新しい記録ということになる。

これらの引用で明らかなことは、天皇の設けられる法会が内裏すなわち宮中の建物で行われたことである。この史実は、明治以降の現代人にとっては驚嘆に値するものとなった。また、楽人は五〇人で、昭和二〇年代以降の楽師定員の約二倍であることも記憶されるべきことである。

宮中の外でも天皇行幸、皇太子行啓の大法会が催された。たとえば『楽家録』の成る五八〇年前の一〇七〇年、後三条天皇によって創修された円明寺（円宗寺）の法華会と最勝会、一〇七七年に始まった法勝寺の大乗会などがあるが、そこに官庁の部署である雅楽寮が出仕して多彩な雅楽曲が奏され、舞われたのである。

この他、舎利会（泉涌寺《せんにゅうじ》、東寺、仁和寺）、経供養、諸寺における御八講なども大掛かりな法会であって、雅楽が用いられた。

それらは平安文学の中に散見され、この時代の貴族層にとっては、頻繁に経験されていたことがわかる。しかし、文学の中に現れる法会では、法会の名目と盛大さ、経巻などの供養物の豪華さが知られるが、演奏される雅楽について記されることは稀である。一方、公卿日記では節会における雅楽、石清水八幡宮、賀茂神社等の神事の雅楽については曲目、演奏者名、舞人名などが詳しく記されていると同時に、仏教の大寺院での雅楽法会についても、参集した公卿・僧侶の位階・姓名や装束等配役の機微に至るまで、実に詳細に記録されていて、それらが「有職故実」としていかに重要であるかを伺い知ることができる。優れた奏者や舞人を称揚すること、また賜った「禄」（褒賞の品）も記されている。

しかし、安倍季尚という雅楽の専門家が後世のために残した、一つの「章」、「仏前奏楽」によれば、仏事について、その全体と参加者の担当、所作、演奏曲名に至るまで具体的に把握できる。編輯は元禄三年（一六九〇）なので記録内容も時代の下ったものと思われるかもしれないが、記録された雅楽法会のうちで最古のものとして、

例7　承暦二年（一〇七八）正月二七日の興福寺《こうぶくじ》塔供養(18)

例8　承暦三年（一〇七九）一〇月一〇日の法成寺《ほうじょうじ》塔供養(19)

がある。この年代は公卿日記『小右記』の年代と重なっている。そして、『楽家録』最後の雅楽法要の年代は一六八六年ということになる。

その後はどうであろうか。『御湯殿上日記』が文明（一四六九—一四八七）頃から江戸末期まで書き継がれているが、雅楽の記録は簡単なもので、そこからは情景や心性は捉えがたい。

『楽家録』の後、幕末までの雅楽状況を知るために好個のものがある。大内楽人でもなく、南都楽人でもない「天王寺楽人」の記録、林廣雄、廣基、廣運、廣胖、廣賢著『四天王寺舞楽之記』全一七冊（『四天王寺楽人林家楽書類』）である。京都大学付属図書館収蔵のものを一九九三年に南谷美保氏が翻刻、編集された(20)。

2　神仏分離令その後

これらの記録からわれわれは、天皇や大貴族が主催する大法会の仏前奏楽というものが、天平の時代から江戸の元禄時代まで、さらに幕末まで絶えることなく行われてきた事実を知るのである。

しかし、この伝統は明治時代の「神仏分離令」の嵐によって、壊滅して今日に至っている。したがって、現今の宮内庁楽部は、仏教の「供養楽」ないし「仏前奏楽」とは完全に無縁となってしまった。唯一宗教的な音楽である

宮中三殿での祭祀音楽は、公務としてでなく勤務外の私的なものとして奉仕され、外部には公開できない秘められたものである。このようにして、現在、公開されている「楽部の雅楽」の主要部分は、饗宴楽ということになる。その饗宴楽にしても、演奏空間をはじめ演奏者と鑑賞者の関係なども、平安時代、中古、近世を通じて受け継がれていたものは失われて、現代では低迷したものになっているといわなければならない。

3　二一世紀の今日も行われている供養楽

それでは、二一世紀の日本において、どこに「仏教の供養楽」（三宝供養楽）の「こころ」を求めることができるのだろうか。まず、現在も行われている大法会の場に身を置くことが考えられる。東大寺では度々大規模な法要に雅楽・伎楽が演奏されることがある。奈良薬師寺でも行われている。大阪の四天王寺では聖徳太子の霊を慰める「聖霊会」が一四〇〇年も続けられている。四天王寺には「天王寺楽所」という演奏団体が所属して、一四〇〇年にわたって雅楽・舞楽を奏してきたといわれており、年間を通じて一四回の定例奏楽・舞楽が行われている。

❖ 四天王寺の「聖霊会」の情景

「聖霊会」では華麗且つ力強い舞楽が供養されるが、言葉の及ぶ限り、その情景を記してみよう。

「聖霊会」は現在、四月二二日に行われている。正午頃から始まり、法楽として太平楽、長慶子《ちょうげいし》(21)が終わって、太子の絵像が還御されるのは夕刻六時過ぎとなる。法楽の太平楽はここでは三宝への供養ではなくて、この日参詣した大衆のために奏される舞楽であると解説される。太平楽が始まる頃は、石橋の欄干に宵闇が薄く降り始め、篝火が点火される。古くは、すべての式次第が終了するのは夜陰であったという。舞楽の演目が今よりずっと多かったからである。この法会は雨天でも行われ、舞人は傘をさしかけられて舞うということである。

大法会の「場」は寺内の『六時堂』と、堂の前の亀の池に架かった大きな石橋上の所謂「石舞台」と、その背後にある左の楽屋・右の楽屋一帯である。舞台の四隅には曼殊沙華《まんじゅしゃげ》を現す巨大な赤い花の球が立てられ、銀色の燕が舞っている。竜や鳳凰のついた左右の大太鼓の高い棹の上には日輪・月輪が煌《かがや》いている。色とりどりの奈良朝風の大小の幡が風に揺れる。

一〇〇メートルほど離れた西門内から楽人たちが道楽《みちがく》を奏しながら楽屋前に並ぶ。衆僧が舞台両側に立たれる。一舎利（管長）が奈良朝形式の傘蓋を差し掛けられて堂前左に立たれる。童子が傘の彩綱を執っている。二舎利（執事長）が朱の大傘を差し掛けられて堂前右に立たれる。各々の侍僧が捧げているのは『法華経』を納めた筥《ばこ》なのであった。よく見ると、後ろのほうに錦の二頭の獅子も待機している。

法要の次第がいかに綿密なものであるかを知るために、当日実際に参会者に配られる「大法要次第」を見て頂こう（次頁）。

このように、僧の奉仕する「伽陀《かだ》」や「唄匿《ばいのく》」や「梵音《ぼんのん》(22)」と雅楽が渾然一体となって、法会は進行してゆく。そこには、僧と楽人が別々の専門の職務を果たしているというようなそらぞらしい感覚はない。『華厳経』や『無量寿経』、『観無量寿経』に説かれているように、仏前の音楽はすなわち法音であるという感覚(23)が遍満している。それは、音楽がそれだけ切り離され、観客だけを対象とし、観客の反応だけを意識して提供される「演奏会」とは、全く異なった、別の音楽圏、音楽空間を構成している。

法要次第の中に「両舎利登高座」「両舎利降高座」という次第が見える。一舎利、二舎利といって仏舎利を帯し

平成十六年四月二十二日

聖霊会舞楽大法会次第

総本山　四天王寺
舞楽参仕　天王寺楽所雅亮会
協賛　天王寺舞楽協会

参集　十一時半　列次　十二時　遊行　十二時半

先　道　行　壱越調音取　道楽（左右）
次　舞台前庭儀
次　両舎利入堂
次　惣礼伽陀　付物（左）
次　衆僧入堂
次　諸役別座
次　楽舎揚幕
次　集会乱声　左右楽舎乱声一返
次　振　鉾　三節（左右）
次　楽　河水楽（左）
次　御上帳
次　御手水
次　舞　楽　蘇利古（右）
次　楽　廻盃楽（右）
次　両舎利登高座
次　諷誦文
次　願　文
次　舞　楽　甘州（左）
次　行事鐘
次　楽　十天楽

次　伝　供
次　行事鐘
次　菩　薩（左）
次　獅　子（右）
次　舞　楽　迦陵頻（左）
次　舞　楽　胡蝶（右）
次　行事鐘
次　楽　承和楽（右）
次　祭　文
次　行事鐘
次　楽　賀王恩（左）
次　唄　匿
次　楽　天人楽（右）
次　散　華
次　行事鐘
次　舞　楽　登天楽（右）
次　楽　延喜楽（左）
次　梵　音
次　錫　杖
次　楽　長慶子（左右）
次　両舎利降高座
次　舞　楽　太平楽（左右）
次　入《にゅう》調《ぢょう》
次　舞　楽　還城楽（左）
次　還　御

以上

た二人の人、即ち「四天王寺管長」と「執事長」が「六時堂」の階の下の左右に設けられた高座に登られ、また、降りられることを意味する。お二人はその高座に登られて法会の間ずっと『法華経』を黙読されるのである。この法会が法華会であることを示すもので、雅楽は『法華経』とその解説書を著された聖徳太子への讃歎供養楽であることが、眼と耳で如実に体得される。

さらに、「聖霊会」で強く印象付けられるのは、奉仕する僧と楽人のみならずお堂と池の周りを幾重にも取り囲む大勢の参詣人がこの盛儀に溶け込んでいることである。人々は極めて自然にこの法音の空間を享受しているように見える。少し離れた鐘楼で参詣人が撞く鐘の音（『徒然草』第二百二十段に記されている黄鐘調の鐘）が法会に遠慮することなく流れてくるが、それは梵音にも楽の音にも少しも邪魔にならない。むしろ唱和しているように思える。これも一般のお参りの人々が法会のために規制を受けたりせず、自然のままに振舞いながら法要に包み込まれているからであろう。大きな屏風絵でも見ている感じである。

正午から次第に陽は西に移り、空の色も鐘の音も夕風ににじむようになると、太子の絵像は還御を急がれ、法会は終わる。

四天王寺の「聖霊会」は四箇法要《しかほうよう》といわれる法要の形式によって執り行われている。四箇法要とは辞典によれば、「法会で肝要な四種のもの。1　梵唄《ぼんばい》、法会の初めに如来妙色身の偈を諷詠して、仏徳を讃嘆する。2　散華、願我在道場等の偈を唱えて花を散じ、仏に供養する。3　梵音、十方所有勝妙華等の偈を唱えて、浄音を仏に供養する。4　錫杖《しゃくじょう》、手執錫杖の偈を唱えて錫杖を振るをいう。[24]」とあり、前記の「聖霊会」式次第を見ると、四箇法要に則っていることがよくわかる。さらに、「聖霊会」の錫杖においては、堂外の舞台の下で錫杖が振られるとき、耳を澄ますと堂内の奥でも、それと呼応するかのように錫杖が聞こえる。あたかも、衆生の讃歎の心を仏がお受けになっているかのように覚える。

なお、「聖霊会」が四箇法要《しかほうよう》に則っていることについては、小野功龍『四天王寺の雅楽』(25)に詳しい記述がある。

註

(1)『日本書紀』上、四四〇頁（岩波書店『日本古典文学大系』（以下『書記』と略記））。
(2) 寛治元年一一月二一日、増補史料大成『中右記』一、七頁上・下、八頁上。臨川書店、平成一三年（普及版）、以下『中右記』と記す。
(3) 寛治七年、一〇月の日吉社の「御神楽」、『中右記』一、八八頁上・八九頁下。
(4) 天王寺楽所系統の楽人と思われる。人長舞、歌に優れていて度々御所で奉仕していたことが『中右記』でも知られる。『楽家録』には上古からの人長名人として九人が挙げられているがその一人。右近将曹秦兼方とある。
(5) 嘉保二年、内侍所の「御神楽」。『中右記』一、三一〇頁下。このときは中宮女房は花やかな船に掉さして、岸辺に寄り、「御神楽」を拝聴したとある。
(6) 岩波書店『日本古典文学大系』19、『枕草子』一四二段、一九六―一九八頁（以下『枕』と略記）。
(7)『雅楽』（編纂、創思社、写真、林嘉吉、昭和四八年発行）一三六図。
(8) 本書、終章二二〇頁「庭燎の話」を参照。
(9) 歌集『谷蟆は歌ふ』明窓出版、平成七年、一四二頁。
(10)『書紀』上、四四八頁。
(11)『書紀』下、一九八頁。
(12) 東儀信太郎（執筆代表）『雅楽事典』音楽之友社、一九八九年。
(13) 狛朝葛『続教訓鈔』下、日本古典全集、第一三冊、五七三頁。
(14)『楽家録』日本古典全集五、仏前奏楽目録、一四五九―一四九七頁。
(15) 同、一四六五頁。
(16) 同、一四六五頁。
(17) 出居。『広辞苑』によれば読みは、「でい」で、寝殿造で、主として寝殿の東北または西北の渡殿に設けた部屋。応接間に用いた、とある。

(18) 承暦二年（一〇七八年）正月二七日、前掲『楽家録』一四八五頁、終行。

(19) 承暦三年（一〇七九年）一〇月五日、同、一四八六頁。

(20) 南谷美保翻刻・編集『四天王寺舞楽之記』上、下、清文堂出版、一九九三年。

(21) 雅楽会の終わりに奏される曲。軽快で、終わりになるほどテンポが速くなる。

(22) 「伽陀」gāthā 一定のメロディーでうたう詩頌。「唄匿」や「梵音」もメロディーをつけて如来を讃嘆してうたう（中村元『広説仏教語大辞典』（以下、中村辞典、と略記）より筆者略解）。　本書二九頁の「四箇法要」参照。

(23) 本書、四八・四九・七二・七三頁参照。

(24) 四箇法要。宇井伯寿『仏教辞典』より。

(25) 小野功龍『仏教と雅楽』法藏館、二〇一三年。

第二章　経典に見る音楽の心性・精神性——雅楽の源泉——

以上、現実に行われている法会という場における雅楽の一例を見てきた。仏前で雅楽が奏楽されるのは仏・法の讃歎供養《さんだんくよう》のためであることが歴然としていて、多くの研究者の一様に説くところでもある。では、「仏前奏楽」とはすなわち「讃歎供養」であるということの根拠はどこにあるのであろうか。それは、仏典そのものの中に見出されなければならない。

❖ 諸経典に現れた音楽

先に触れたように、大陸と朝鮮半島からの音楽の渡来は天平時代に一段落したが、ちょうどその頃大仏開眼供養会が挙行された。大仏の造営と開眼供養会は、日本国の統一を強固にし、中央政権が人心を収攬するための政治目的をもつものという見解が一般的な歴史学的解釈である。仏教そのものが国家経営の一方策とされていたとみなされてきた。そうであるなら、仏教に付随した音楽、すなわち雅楽もまた政治の一道具に過ぎなくなる。しかし、このような見解は仏教と雅楽の、いわば外面的な結びつきの解釈であるであろう。内面的な関係はどうなのであろうか。それが本論のメインテーマであるのだが、その答えを経典そのものに求めたい。『華厳経』、『法華経』、『浄土三部経』の中に求めようと思う。[1]

雅楽の源流を経典そのもの、しかも日本仏教の根幹を形成する著名な経典、ないし知識人階級にとってポピュラーであった経典に、求めるというのは唐突であろうか。しかし、そこに根源を発見できなければ、雅楽というものの存立基盤・伝承基盤は全く羸弱《るいじゃく》なあるいは希薄なものであるであろう。したがって、過去・現在・未来の雅楽のために経典に現れた音楽の探究は必須のものであると考えるのである。

では、日本雅楽の基盤を考える上でいかなる経典を取り上げるべきであろうか。『法華経』は聖徳太子の『法華義疏』以来、日本に最も広く流布した経であることは言を俟たない。『日本霊異記』には経名が二一箇所も記され、経の内容に関連する記事も多い。周知のとおり、聖徳太子は十七条憲法の中で「三宝を敬え」とされ、また仏教に関連する音楽である「伎楽」を導入された。それは百済の味摩志の齎した「呉楽」であったが、『法華経』に精通された太子はその経に多出する「伎楽」という語をしばしば目にされていたに違いないし、伎楽が十種供養の一つに数えられていることも承知されていたことと思われる。『法華経』のその「伎楽」がなぜ、味摩志の称した「伎楽」、すなわち「呉楽」につながったのかは疑問であるが、聖徳太子が仏教音楽に深い関心をもたれていたことは明らかである。

次に、『華厳経』は東大寺を総本山とする華厳宗の所依（拠り所）の経典であり、わが国へは天平八年（七三六）に菩提仙那とともに来朝した唐の道璿《どうせん》がその疏をもたらし、天平一二年（七四〇）に新羅の審祥《しんじょう》（七四二寂）が『華厳経』六〇巻を講じた。[2] 難解で知られる経であるが、元興寺や薬師寺でも講じられ、西大寺でも兼学された。庶民さえも耳にすることができたことは、たとえば、『日本霊異記』に二箇所記された大安寺の「大修多羅供」に関わる奇瑞からも知られる。[3] この法会の「修多羅」（経）とは『華厳経』のことで、この経を中心に転読する法会だったのである。周知のように天平勝宝四年（七五二）の大仏開眼供養に日本古来の音楽や唐楽をはじめとする外来音楽が供養されたが、『華厳経』に現れた多量の音楽記述が背景にあることは否めないであろう。また、『浄土三部経』は平安時代末期から浄土教の興隆とともに一般庶民にも説かれる機会が多くなった。これらの経の音楽記述は日本人の音楽的感性と共鳴する点が多い。また漢訳経典に関する限りであるが、中国雅楽の楽理まで織り込まれている。

このような理由によって、上記の三種の経典を探索して、日本雅楽の基盤を見出したいと考える。経典そのものの中に音楽の記述を辿ったあとで、これらの経典の渡来以降、日本の雅楽がその音楽観を受け継いで、奈良・平安・鎌倉・室町・江戸時代を貫いてきたことの歴然たる証拠を、代表的な「楽書」の中に検証しようと思う。

一　『華厳経』に見る音楽

最初に『華厳経』を取り上げることにする。経典が日本に伝来した順序からすれば『法華経』を先にすべきであろうし、講説が聖徳太子による『勝鬘経』、『法華経』（六〇六）が先であり、日本の雅楽が隆盛期を迎えた平安時代以降は天台宗・真言宗の興隆につれて華厳宗は衰退し、『華厳経』の社会的な影響は極めて少なくなったとする見解に従えば、『華厳経』を最初に取り上げるのは歴史的経緯を無視したものといえる。しかし、華厳宗は衰退したかもしれないが、この経はたとえば禅宗の所依の経典の一つであり、諸宗の尊重するところである。しかも、この経典の中に音楽の記述を探索し始めるとその量は圧倒的に多量であり、奏楽の場面も多様であることに気付かされる。つまり、資料の豊富さにおいて他の経典を遥かに凌いでいることが歴然としている。このような理由と、わが国における最初の大々的な雅楽法会は東大寺大仏開眼供養会であったという事実、また、その東大寺は『華厳経』等を所依の経典とする華厳宗であるという関連によって、『華厳経』を最初に取り上げる。さらに、小野功龍著『仏教と雅楽』によれば、東大寺大仏開眼供養会の法要形式は「四箇法要」に基づいていると見ることができ、それが今日に至るまで大法会の形式として伝えられているが、[4] その中の梵音の文句は『華厳経』（『八十華厳経』）「賢首品」から、錫杖の声明の文句は『四十華厳経』「浄行品」から採られているという。[5]『広説仏教語大辞典』と宇井伯寿『仏教辞典』によれば、「四箇法要」の1．は梵唄で「如来妙色身」の偈を諷詠する。2．は散華で「願我在道場」等の偈を唱えてはなを散じて仏に供養する。3．は梵音で「十方所有勝妙華」等の偈を唱えて浄音を仏に供養する。4．は錫杖で「手執錫杖　当願衆生　設浄施会　見道如実」等の偈を唱えるとされる。これらの諸点から、私は『華厳経』を重要な仏教音楽の資料と位置付ける。

以下、国訳大蔵経第五巻、第六巻、第七巻『大方広仏華厳経』の全般にわたって、音楽を探索してみた。その結果、概算で一五六例の音楽を選び出すことができた。この多量さは『華厳経』自体の大部性に由来するものでもあるが、後述する『法華経』の三〇例、『浄土三部経』の一九例と比べて『華厳経』では音楽の場面が繰り返し登場してその重要性が強調されたと考えられる。それらの文句をそのまま採録して、人間の思考力や認識能力を超えた量の表現、華麗な音楽空間の表現を全感性、全知性をあげて感得受容することが望ましいが、それはまた煩瑣であるとも思われるので、本書では、音楽の構成要素を分析して［資料1］『華厳経』に見る音楽構成（巻末、二二八頁以下に記載）の表を作成した。さらに、その特質をより明確に知るために［資料2］『華厳経』に見る音楽の構成要素の分類と頻度数を作成し、三八頁に挿入した。また、経文の風韻に接するために例文の文句そのものを網羅して［資料3］『華厳経』に見る音楽漢訳・国訳の本文とし、巻末（二四四頁）に付した。これらの表等を参照しながら論を進めていきたい。

さて、これらの表を作成するに当たって多少の困難があった。経典には音楽であると明確に識別できる語句や文句がある一方で、音楽として採択すべきかどうか迷う記述も多かった。たとえば、［資料1］二三二―二三四頁、№52から№74までの［形式］の欄を見ると「音《おん》」としか記していない。そこで、それぞれの文脈全体を見ると、供養者（供養する主体）が兜率天王《とそつてんおう》であり、被供養者が菩薩であったり、法であったり、十方《じっぽう》世界であったりすること、さらに［意味］の欄を見ると、ここにいう「音」の意味、乃至内容や目的といってよいものは、法や十方世界や菩薩に対する讃歎供養であることがわかる。そこで、この「音」は単なる物音ではなく、また、しばしば現れる「仏音《ぶっとん》」（［資料1］二二九頁✓の八種の梵音、二三八頁の✓仏の音声参照）でもなく音楽であるらしいと推定できる。この理由で、音楽として採録した。

また、同じく「音」という標記がされていても楽器（音声源）が、№35のように「天の蓋幡《がいばん》の宝鈴」であったり、№93のように「無量阿僧祇の楽器」であったり、№122のように「音楽樹」であったり、№123のように「異類の衆鳥」であったり、というように多種の音楽形式をこの「音」一語で標記している。それならば、「宝鈴」や「異類の衆鳥」の音楽は常に「音」と標記されているかといえば決してそうではなくて、№90では「音声」となり、「異類の衆鳥」に類別される「拘真羅」（迦陵頻伽）は№11では「声」、№92では不思議鳥の「音声」と記される。このように標記が錯綜しているのは、経典がサンスクリット等の原典から漢語訳されたものであるからで、必ずしも原語が多岐にわたっていたのではないであろう。「音声」と訳すべきところをフレーズの調子から、また、詩頌の訳の場合は字数の関係で短縮しなければならなかったり、逆に字数を増やさなければならなかったりしたことが原因の一つでもあったかと推定される（宇井伯寿博士はこのようなことに留意するようにと屢教えられた）。そのような語句の問題を解きほぐしながら、『華厳経』の音楽性を探究してゆく。

特質一　『華厳経』の音楽は仏、如来の讃歎供養を本旨とする

『華厳経』では「七処八会《え》」といって七箇所の法会の場所で、計八回の会座が開かれる。「世間浄眼品」（第一品）では次の「盧舎那品」（第二品）とともに摩訶陀国《まかだこく》の寂滅道場において開かれた大会のありさまが説かれる。『華厳経』の巻頭であり、われわれ人間の認識能力によって認識され得た仏陀の成道、その場所である寂滅道場が即、盧舎那仏の世界として説かれ、広大無辺な「蓮華蔵荘厳世界」が展開されてゆく。如来＝仏＝盧舎那仏はこの「蓮華蔵世界」の「宝師子座」におられ、無量数の天人、擬神が参集している。その第一に挙げられているのが十方世界（全方位世界―著者の理解）の微塵数に等しい大菩薩群である。これらは外衆とされるが、さらに、仏の師子座の一切の荘厳具《しょうごんぐ》の一々の中に微塵数に等しい大菩薩衆以下が出現する。この菩薩たちは内衆とされる。その菩薩衆がもろもろの供養をするが、そこに諸音楽の供養が含まれる。次の例は、この音楽についての記載である。

例9　爾《そ》の時に仏の師子座の……中に於て、一一各一仏世界微塵数に等しき大菩薩衆を出せり。……大菩薩衆は、諸供養を設け、……諸の妓楽、諸の微妙《みみょう》の音を作《な》し。……世尊を供養し、……所応に随ひて大衆を供養すること、猶《な》ほ雲雨の如く断絶すること無し[6]。

ここでは大菩薩衆が音楽を世尊に供養する。音楽が世尊＝仏＝如来＝盧舎那仏に対して供養される記述例は、次頁の［資料2］の分類で「被供養者」の欄を見ると、世尊、如来、最勝等の合計は三六例となる。被供養者が仏・如来であると明記されているのがこの数であるが、明記されていない場合、或いは他に種々の被供養者、仏刹（仏国土）や天宮《てんぐう》、菩薩から比丘《びく》、婆羅門《ばらもん》、群生《ぐんじょう》に至るまでが被供養者とされるが、そのすべてが畢竟《ひっきょう》するところ、

［資料2］『華厳経』に見る音楽の構成要素の分類と頻度数

供養者又は荘厳者	頻度	被供養者又は被荘厳者	頻度	形式	頻度	楽器、(音源)	頻度	奏者	頻度	目的、意味	頻度	音楽性	頻度
仏の威神力	6	世尊、如来、最勝等	36	妓楽	22	菩薩の掌中	1	仏の威神力	1	如来、仏、三宝の讃歎	21	微妙、 細微	1 23
大菩薩衆、菩薩 普賢菩薩	1 19	如来の大衆会	1	器楽、音楽、娯楽、 楽、楽音	14	妓楽器、娯楽具	35	普賢菩薩の一一の毛孔	1	讃歎、菩薩	15	妙 巧妙	1 24
兜率天 諸天、天女、天宮	23 53	仏刹	7	音	57	雲雨	3	大菩薩、菩薩	6	讃歎、衆生、 衆生利益	4	清浄柔軟、 清妙	1 3
八部衆、その住所	10	兜率天宮、兜率天王	10	音声	32	樹神、菩提樹、楽樹、宝樹、音楽樹、音声樹、妙音楽樹	8	緊那羅、乾闥婆、竜王、龍女、夜叉王、大王	11	讃歎、優婆夷、夜天	2	和雅、諧雅	11
夜天、地神	42	法、法界 方便	1 4	声	11	琴、鐘、磬、簫、笛、天鼓、螺	12	迦羅頻、異類の鳥、娑婆世界の鳥	12	供養、如来、仏、塔、廟	7	最勝、勝妙	3
諸王、太子、王宮	26	菩薩、その見仏の行 衆生教化	18	偈、歌頌、歌歎、歌音	13	宝珠、宝鈴、宝幢、蓋幡等	43	自然に、自奏、自鳴	28	一切法、善方便等	18	娯楽	5
王城外の大会	3	王の国土、大地、香水海、林、王城、太子	11	音楽停止	4	潮浪、香水、波浪、海潮	7	微風	4	仏の声を演べる	1	哀和	1
優婆夷、 その園林、比丘尼	4 7	優婆夷 比丘	2 1			Oral 人、擬人 Oral 鳥	4 24	大地、大海、河、池、楽、樹	5	菩薩の諸行(布施行、衆生度脱法)	7	不可思議	2
婆羅門	1	婆羅門	2							娯楽、遊戯	2	大、喜	2
人、衆生	2												
阿修羅	1												

仏、如来への讃歎供養《さんだんくよう》なのである。このようにして、『華厳経』の音楽は仏、如来の讃歎供養を本旨とすることを特質の第一と規定したい。

特質二　『華厳経』の音楽は衆生にも讃歎供養される

さらに、この例9では、大菩薩衆が妓楽と諸の微妙なる音をもって「所応に随って大衆を供養する」という驚くべき文言が続く。即ち一般の衆生、即ち凡夫といわれ煩悩の中に沈み、悟ることができないでいるわれわれが菩薩によって仏国土の音楽を供養されるというのである。なぜこのようなことが可能であるのか。可能となるのか。それは菩薩衆が衆生救済を大願とするからであり、その成就のためには自らが積み重ねられた修行の功徳（優れた結果とその力）を衆生に振り向けて導くからである。それを回向《えこう》というのであるが、その力によって衆生は煩悩から離脱する道へ導かれる。衆生とはそのような存在なのである。そのようなものとして衆生が供養されると考えられる。このことが『華厳経』の冒頭に記されていることに注目したい。ここですでにこの経の目的、菩薩行の目的が明記されているわけである。衆生供養に関しては第十九品に次の文句がある。

例10　時に彼の天王（兜率天王）遥かに如来の来りたまへるを見たてまつりて、即ち殿上に於て、如意宝蔵の師子座を敷き、種種の天宝を以て之を荘厳《しょうごん》せり。……百万億の天螺は妙音声を出し、百万億の天鼓は大音声を出し、百万億の天琴は微妙の音を出し、百万億の天の牟陀羅《むだら》は大音声を出し、百万億の天の娯楽具、百万億の天楽の音声は十方一切の仏刹に充満し、……百万億の天の妓楽の音は同時に倶《とも》に作《おこ》り、百万億の天の神力《じんりき》妓楽は相和の音を出し、百万億の一切諸天の娯楽の具は妙音声を出し、百万億の妙音は如来を讃歎し……百万億の妙音は諸の衆生を歎じ、その志願に随ひて皆歓喜せしめ、(7)

この文節では兜率天《とそってん》王が、如来の兜率天宮に来られるのを見て天宮を荘厳する有様が描き出される。無量の荘厳具即ち、百万億の宝で作られた欄楯《らんじゅん》（垣）、宝網、華帳《けちょう》、華鬘《けまん》、華蓋《けがい》、香帳、妙宝の蓮華、宝鈴、幢宝鈴《どうほうれい》等々をもって天宮が飾られる。香の類は十方に薫じ、宝鈴等は微風に吹動されて和雅《わげ》の音を出すと記されている。さらに、音楽に関しては百万億の天螺、天鼓、天琴、牟陀羅（Mardala 鉾鼓といい、三面の鼓）、その他の娯楽具の微妙の音声、妓楽の音が十方一切の仏刹に充満するという。

このような音楽が如来のために供養され、ひいては衆生にも供養されたのである（菩薩行の本質であると考えられる回向については第二十一品に至って、「金剛幢菩薩回向品《こんごうどうぼさつえこうほん》」に詳述されている）。

ここで、衆生を讃歎供養するということは如何なることであるかを問おうと思う。それを解く鍵は「随所応」「随志願」という句にあるかもしれない。これらの句は「衆生が妙音楽に感応して望むならば」、「衆生が妙音楽を願うならば」という意味なのであろうか。または「菩薩の救護《くご》教導に応じる者であるならば」、「菩薩の大願によって」という意味なのであろうか。私には正解に達することは困難であるが、「随所応」「随志願」という文句が「衆生が楽しむことを望んで」と解釈されて「法楽」となり、「余興的」となったのであろうかと推測される。いずれにしても、衆生が供養されるということは大乗仏教によって初めて可能となるものであった。

なお、『華厳経』のこの音楽特質の第二は、『法華経』においてもそれに近い例を見出すことができる。仏・如来の大会に参集した大衆に対する讃歎供養である。

このように経文を探索した結果、音楽が衆生にも讃歎供養されることを第二の特質とする。

❖ 東大寺大仏供養会の法要形式でもあった「四箇法要」との関連

ここで、これまでに明らかになった『華厳経』の音楽の本質、即ち如来の讃歎供養と衆生供養の精神を二一世紀の現代においても伝え続けている法会形式のあることに触れておきたい。先に記した四天王寺聖霊会舞楽大法会（大阪市。本書二六―三〇頁）は「四箇法要」という法会の形式に則っているとされるが、その「四箇法要」とは東大寺開眼供養会などの天平の雅楽法会に始まり、平安時代に至って、「法要、舞踊、音楽の三者がおのおの有機的に結合し、さらに……一つの形式にまで昇華されるに至った」（前出、小野功龍『仏教と雅楽』）といわれる。この間の歴史的経緯や内容については同書に、多くの貴重な資料を駆使して論じられている。その中で四天王寺聖霊会の「入調舞楽」についての解説があり、

「**参拝者への余興的な目的**をもって演奏されるものである。」（同書三六頁）

「法会が終わって、**参拝衆の法楽のため**に演奏されるもの」（同五一頁。太字化筆者、以下同）

とされている。仏、如来のためではなく参拝者のためということは、『華厳経』における寂滅道場の大衆会《だいしゅえ》において、また兜率天宮における大衆会においてさまざまな楽器の妙音声が如来を讃歎し、法を讃歎し、また菩薩の功徳を讃歎するが、それに続いて「所応に随ひて大衆を供養すること、猶《な》ほ雲雨の如く断絶すること無し。」（例９参照）、「百万億の妙音は諸の衆生を歎じ、其の志願に随ひて皆歓喜せしめ、」（例10参照）、という文句に淵源があると考えられる。

❖　妓楽、伎楽とは何か

次に、どのような音楽が供養されたかを見よう。前出例9では「妓楽、諸の微妙音」と記されている。例10では天螺、天鼓、天琴、牟陀羅《むだら》（mardala 鋒鼓、三面の鼓）、娯楽具（おそらく楽器の意味か）等の奏鳴に続いて、「天の妓楽の音は同時に倶《とも》に作《おこ》り」「天の神力妓楽は相和の音を出し」と記されている。この他、［資料２］（三八頁）の形

式欄に集計したように、『華厳経』全体では二二一例の妓楽の記述があり、他に「音」五七例、「音声」三二例、「声」一一例等がある。その中で他のものよりも、概念として明瞭性が高く代表的な概念と考えられる「妓楽」から探究を始めたい。以下に「妓楽」とは何かを知ることのできる例を拾ってみよう（かっこ内は［資料1］（二二八頁以下）のNo.と［資料3］二四四頁以下の国訳の巻数・頁数）。

一切十方の諸の妓楽、無量なる和雅《わげ》の妙音声、及び種々の衆《もろもろ》の妙偈を以って、（No.9）（五―二二〇）

兜率天《とそつてん》の上には妓楽の音（No.14）（五―二五五）

百万億の天の妓楽の音は同時に倶《とも》に作《おこ》り（No.43）（五―四四七）

百万億の天の神力《じんりき》妓楽は相和の音を出し、（No.44）（五―四四七）

爾の時に一切宝荘厳殿は……自然に不可思議なる妓楽の音声を演出して（No.79）（五―四六九）

緊那羅王は、供養せんが為の故に、諸の妓楽を作し、妙なる音声を出して虚空に充満せしめ、（No.119）（七―一九三）

これらの例から妓楽は音であり、音声であって、同時に倶に演奏され、相和の音であることがわかる。すなわち器楽合奏である。ここまでで明確に知られることは、妓楽は音楽のみを指し、身体的表現である舞踊の同時演技を認めることは困難である、まして喜劇的な身振りを伴うものは片影もうかがうことができない、ということである。

次に漢訳が用いている「楽」という文字を調べてみると、

楽・樂　楽器を用いて音楽を奏でること。音楽の総称。音楽は楽しい場所で使われるから楽しむの意になる。

〔解字〕⿲幺白幺は楽器、たいこの類。木はそれを載せる台（一説には木の上に繭のかかったさま。山繭が繭を作るくぬぎ櫟のこと、というのもある）。

ということがわかり、楽が楽器による音楽であることがわかる。

次に、「妓」と「伎」について調べてみよう。高麗版大蔵経を底本とする『大正新修大蔵経』の『華厳経』（六十華厳）では「妓楽」となっているが、脚注によると宋、元、明の版本と正倉院聖語蔵本では「伎楽」となっている。[8]

伎　=技　①わざ　細かい技や細工。技能、技芸。②巧みな技や術を心得た人。また、俳優、女なら妓。〔解字〕細かく分かれた枝を手に持つ姿を表す。人間の細かい技。技を操る人。

妓　あそびめ、遊女、芸者、まいひめ、うたいめ、たおやめ、美しい女。

支　①わかれる、はなれる。②えだ、木の枝、枝のように分かれ出たもの、手足、本家から別れた血筋。③ささえる。〔解字〕𠆢は竹の半分を表す。又は手で持つこと。支は竹の枝を分けて手で持つこと。

漢和辞典の教えるところは右のようであるが、総合すると「妓楽」にしても「伎楽」にしても「楽」であるということは、技術を必要とする楽器演奏の音楽であるということが明らかになる。

妓楽と伎楽という訳語の違いについては、両版の開版された地域の差異を考慮しなければならないであろう。宋版は四川省の開封で九七一年に着手され九八三年に印刷されている。高麗版は顕宗の一〇二〇年、一〇二一年頃着手して一三代宣宗の一〇八七年に完成した。原版は一二三二年蒙古軍により焼失した。その後一二三六年に改めて開版され一二五一年に完成したとされる。[9]このように九八三年に中国で印刷された宋版と、一二三六年に朝鮮半島で再版された高麗本との違いが「伎楽」と「妓楽」という異なった漢訳語彙となったと考えられる。すなわち、先行する宋版、中国版では「伎」という男性または人一般のわざ、或いは技をもつ人を表す語が採用され、朝鮮半島では芸を有する女性を表す「妓」が採用された。「器楽」を表す「楽」と結合した「伎楽」は男性または人の演奏する器楽であり、経典の文脈からその楽は器楽合奏曲であるということになる。「妓楽」は女性の演奏者が演奏する器楽合奏曲であるということになる。なぜ中国では演奏者が男性でなくてはならないのかといえば、中国では儒教系の宗教音楽の奏者は伝統的に男性であったからであろう。宮廷の楽士も男性が本来であり主であり、女性の部署は別に設けられていた（日本でも女性の音楽部署であった「内教坊」は、公的な「五節の舞」の練習場所であることや非公式の演奏が主たる役割であった）。韓国でも政府の部署・組織は中国に倣ったけれども、雅楽では女性の活躍分野が広かったと思われる。日本の宮廷雅楽では現在でも男性楽師のみであるが、現在の韓国雅楽を見ると女性の舞人が多い。そのような雅楽のあり方の相違が「妓楽」「伎楽」という訳語に反映したのではないであろうか。

では、伎楽と訳されたもとのサンスクリット語彙は何であったであろうか。四六・四七頁に載せた［資料5］『法華経』に見出せる vādya と tūrya は植木雅俊訳、梵漢和対照・現代語訳『法華経』より採集したものであるが、そこから漢訳経典で「伎楽」と訳されている語句を取り出すと、

vādya（instrumental music）、現代語訳では、音楽、楽器演奏。

tūrya（a musical instrument）、現代語訳では、楽器（かっこ内の英訳は SANSCRIT-ENGLISH DICTIONARY, SIR M. MONIER-WILLIAMS, OXFORD）。

が得られ、「楽器そのもの」を示す tūrya と、「楽器の演奏」または「楽器演奏による音楽」を示す vādya がいずれも妓楽と訳されていることがわかる。なお、漢訳の『法華経』では伎楽と記述されているにもかかわらず、対応するサンスクリットの単語がない例が六例もあった。原点にないものを加えた理由は何であったか、訳者鳩摩羅什の時代すなわち五世紀の初頭の姚秦ではすでに、多種の楽器による合奏すなわち伎楽が王や支配階級の憧景するところであって、それが仏、如来の供養に反映しているかと推定される。

ここで、この器楽が単一種の器楽なのか複数種類の楽器を用いる器楽、すなわちオーケストラなのかを推定したい。前記の例では、

天の妓楽の音は同時に倶に作《おこ》り（［資料1］№43）（五―四四七）
天の神力《じんりき》妓楽は相和の音を出し、（［資料1］№44）（五―四四七）

と記されている。相和の音とはハーモニーをなしていることを表している。単一種類の楽器演奏でも数部に分かれていればハーモニーは生じ得るが、複数種の楽器が表記されていることと総合すると複数種類の楽器による合奏と考えるほうが自然であろうと考える。

以上の論究の結果として、妓楽（伎楽）とは器楽合奏音楽であると規定することができる。

妓楽ないし伎楽は仏世界を荘厳する代表的な音楽であることが例数の多さによって確認される。妓楽という語は音楽の一形式である器楽合奏を表す語であるが、それが記載されるときは当然、そこに用いられる諸楽器が存在するのであるから妓楽（器）としても取り扱った。但し、この諸楽器の器種は一切示されていないので不明である。大体の楽器編成といったものも推測できないが、おそらく他の箇所に記されているさまざまな楽器によって合奏されたものと思われる。

妓楽については多くの研究があるが、林謙三『供養としての仏教音楽「伎楽」』(10)において、梵文原典に見出されるvādyaとtūryaを伎楽の原語とされ、それは「洋楽の器楽 instrumental music ほどの意味に解されるが」とされている。味摩之が伝えた呉楽のほうは「楽器はわずか鉦鼓、腰鼓、笛の三種で」あると認識されているし、その音楽に舞とはいえない「単純な身振りの伴った無言劇」と解され、「迦楼羅・力士・金剛など仏教的神々が参加している点は仏教に無縁とも云えないが、声明のように直接仏や仏の功績を讃嘆する純然たる仏教音楽ではなく、その余

［資料５］『法華経』に見出せる vādya（instrumental misic）と tūrya（musical instrument）

植木本とは植木雅俊訳梵漢和対照—現代語訳『法華経』の巻と頁数。
漢訳とは植木本サンスクリット下の『大正大蔵経』九巻の頁数と段。岩波口語訳とは岩波文庫の『法華経』の巻と頁数。

【Vādya】

No.	植木本　サンスクリット	漢訳（書き下し）	植木現代語訳	岩波口語訳
1	上 26　vādyaiḥ	三中　伎楽	上 27　楽器〔の演奏〕	上 35　音楽を奏して
2	上 116　vādyā	九上　楽を作さしめ	上 117　楽器を奏で	上 117　楽器を奏でさせ
3	上 414　vādyehi	二二上　伎楽をもって	上 415　楽器によって	上 320　伎楽をもって
4	上 486　（該当語なし）	二六中　衆の伎楽を作す	上 487　（該当語なし）	中 79　（該当語なし）
5	下 4　vādy'ādibhir	三〇下　伎楽を供養し	下 5　音楽などによって	中 143　音楽などにより
6	下 6　vādyâñjali	三〇下　伎楽を	下 7　音楽による	中 145　（該当語なし）
7	下 8　vādya	三一上　伎楽を作し	下 9　音楽（によって）	中 147　音楽（などを供えられ）
8	下 14　vādya-nṛtya-tūrya	三一下　伎楽	下 15　音楽、舞踊、楽器	中 155　音楽、舞踊、器楽
9	下 270 manojña-paṭu-paṭaha-dundubhi-mahā-dundubhibhir vādya-tāḍa-nināda-nirghoṣa-śabdair- nānā-vidhaiś ca gīta-nṛtya-lāsya-prakārair	四五下 衆鼓・伎楽・簫笛・箜篌・種々の舞戯あって、妙なる音声を以て、歌唄讃頌する	下 271 種々の小太鼓、太鼓、大太鼓によって、また楽器の打ち鳴らされる音や、鳴り響く音、音声によって、また、量り知ることのできないいろいろな種類の多くの歌や、舞踊、歌舞によって、	下 59 種々の快くとどろきわたる小太鼓・太鼓・大太鼓などを、打ち鳴らし、色々の歌声・吹奏音・打音・鳴声・音の抑揚などを響かせ、測り知られぬほどに多くの種類の歌や踊りや舞で、
10	下 274　vādyaiś	四六上　伎楽を（供養し）	下 275　楽器	下 65　音楽を（奏で）
11	下 274　vādya-bhaṇḍā	四六上　（該当語なし）	下 275　楽器（が演奏させられ）	下 65　奏でられた楽器の音
12	下 446　vādya	五四中　（該当語なし）	下 447　（楽器の）演奏	下 203　音楽を奏で

【Tūrya】

No.	植木本　サンスクリット	漢訳（書き下し）	植木現代語訳	岩波口語訳
13	上 188　tūrya	一二上　（天の）伎楽（百千万種）	上 189　（天上の）楽器	上 155　楽器
14	上 434　tūryāṇi	二二中　（天の）伎楽を作すこと	上 435　楽器を（常に鳴らし）	中 19　楽器を（絶えることなく）
15	下 14　sarva-gīta-vādya-nṛtya-tūrya-tāḍâvacara-saṃgīti-saṃpravāditaiḥ	三一中　伎楽（・歌頌）	下 15　あらゆる歌や、音楽、舞踊、楽器、打楽器、合唱、合奏によって	中 155　あらゆる歌曲・音楽・舞踏・器楽・鐃鈸を合唱したり合奏したり、
16	下 36　（該当語なし）	三二中　伎楽	下 37　（該当語なし）	中 169　（該当語なし）
17	下 240　tūryān	四三下　伎楽を	下 241　楽器を	下 32　伎楽を
18	下 422　tūrya	五三上　伎楽	下 423　楽器	下 175　弦楽器や打楽器の合奏の音を
19	下 470　tūrya	五五下　（天の）楽	下 473　楽器	下 222　楽器
20	下 478　tūrya	五六上　伎楽	下 479　楽器	下 229　楽器
21	下 484　pravādyamānais tūrya-kotī-nayuta-śata-sahasraih	五六中　百千万億の種々の伎楽を作す	下 485　幾百・千・コーティ・ナユタもの楽器が演奏されつつ、	下 239　幾千万億という楽器を奏でさせながら
22	下 554　pravādyamānais tūrya-koṭī-nayuta-śata-sahasrair	六一上　伎楽を作す	下 555　幾百・千・コーティ・ナユタもの楽器を演奏させながら、	下 317　幾千万億の楽器が奏でられている間に、
23	下 562　（該当語なし）	六一下　伎楽をなして	下 563　（該当語なし）	下 327　（該当語なし）

興的要素を多分に包《ママ》でいるところを供養音楽舞踊としては格好のものと認められて愛用せられるに至ったのであろう。」とされている。この見解は「仏典における伎楽は即呉楽ではない」という立論であると解したいが、「呉楽は伎楽の非本来的な一部をなす」という許容的な立場に立つと見るのが妥当であろうか。

特質三　『華厳経』の音楽は仏法そのものである

次に『華厳経』の音楽の目的と意味のうちで最も根本的なものは何であるかを検証しよう。［資料2］の目的、意味の欄には、

(1) 讃歎（称賛）（歌頌）　如来、仏、三宝、菩薩、衆生、衆生利益、優婆夷、比丘、夜天を讃歎。
(2) 供養　如来、仏、塔廟に供養。
(3) 荘厳　法界を荘厳。
(4) 法を表す、法そのもの、一切法、法音、仏の声、無畏の音、菩薩の諸行（布施行、衆生度脱等）。
(5) 娯楽、遊戯。

が挙げられているが、これらが『華厳経』の音楽の意味であり、目的である。(1)と(2)は「特質の第一、仏如来の讃歎供養」と「特質の第二、衆生にも讃歎供養」として特出した。ここでは(4)法を表す、法そのものに重点を置きたい。それらは前記音楽性の諸例の中にも見られる。

三宝を歎ず。仏の声を演ぶ。十万の正法……を演出。十万の善根の妙相を顕現。三乗を悟る者には解脱を得しめ。

等である。その他、

例11　天の妙音楽は鼓せざるに自ら鳴り、又自ら無畏の音を演出せり[11]。

例12　一切宝荘厳殿は……自然に不可思議なる妓楽の音声を演出して、如来の一切種智、微妙の法言を宣揚せり。(12)

例13　無量の宝鈴は自然に諸仏の妙法を演暢し、(13)

例14　無量阿僧祇の楽器を以って……法音を出して、(14)

例15　衆宝の楽器は、妙なる法音を演べて、(15)

例16　楼観の諸の金鈴の中より、不思議なる微妙の音声……初発菩提心の声。(16)

などがあり、楽音が法を表す、または、法音そのものであると主張されている。『華厳経』において音楽、または楽音が仏法の宣揚において重要な任務を担っていることがうかがえるのである。このようにして、特質の第三『華厳経』の音楽は仏法そのものである、という規定を得る。

特質四　『華厳経』では仏国土の風等の自然現象をも音楽とする

『華厳経』の音楽はどのような楽器、音声源による音楽なのであろうか。［資料2］の楽器（音源）の欄と形式の欄によって、次のような楽音や歌声のあることが知られる。

(1)　琴、磬、簫、笛、(天)鼓、螺、鐘、妓楽(器)、娯楽具等の演奏音。
(2)　宝珠、宝鈴、宝幢、蓋幡、等の宝器の奏鳴。
(3)　雲雨、流泉、潮浪、波浪、海潮、香水、等の自然音。
(4)　鳥、人、擬神(乾闥婆《けんだつば》、緊那羅《きんなら》等)の歌声。
(5)　宝樹、楽樹、音声樹、音楽樹等の音楽。
(6)　偈、頌

(1)の楽器の類には奏者が表記されている例、無表記の例、「自然に鳴る」、「自鳴」、「自奏」と記されている例とがある。(2)の宝器の類は奏者が特記されていない例、自動の例、「風に吹動」されて鳴る等の例がある。(3)はそれ自体が自然現象の音楽である。(5)の宝樹、楽樹、声樹、音楽樹等は俗界の認識では「風の吹動」がなくては鳴らないであろうと考えられる。(4)の鳥や人や擬神の歌声はそれぞれのヴォーカル、声楽である。

(6)の偈、頌はいずれも gāthā の漢訳であるが、偈は音写である。他に伽陀、偈佗などの音写もある。「偈」という漢字自体は「はやい」「つよい」「いこう」等の意味で、「詩句」に類する意味は少しもない。頌の意味は「節をつけていう」ことであり、『詩経』のジャンルである風・雅・頌の一つでもある。祭礼のとき、祖先の徳を称える歌のことであるという（『漢字源』『字源』等より）。そこで仏典の翻訳者はこの漢字を用いて gāthā の意味を表したのである。『華厳経』の書き下し文にはしばしば「偈を以て頌して曰く」という句が出る。「gāthā すなわち詩句によって仏の徳を称えて次のようにいう」または「gāthā すなわち詩句を節をつけて以下のようにいう」という意味になる。さて、この偈、頌を音楽と見るかどうかであるが、「声明《しょうみょう》」という仏教音楽はまさに「gāthā すなわち詩句を節をつけていう」であるから、本書でも音楽として取り上げるべきであるかもしれない。しかし、本書の目的は雅楽に関するものなので、声明へとつながってゆく偈、頌は措くことにしたいとおもう。

さて、これらを概観すると、(4)の人、擬神を除く他の音楽においてその大部分は、「仏国土の自然現象」そのものであるか或いは、自然現象との協奏であるかのように見える。しかし、「自然に鳴る」、「自鳴」、「自奏」ということは、仏の神力による奏鳴として、演奏者を俟たない奏楽であり、楽器そのものが自動的に automatically 奏鳴する自動楽器による、いわば自動的演奏の意味であることに注意しなければならない。それは文脈から推定できるし、また、「自」という修飾語がそれを標示している。それに対して、俗界のわれわれの認識における風雨等のいわゆる自然現象は、経典では「風の吹動」、「微風吹動」という表記に見るように仏国土の「風」、「微風」と「雲」「雨」等であって、そこには「自然に」といった修飾語はほとんど使われていない。しかし、これらを敢えて現代のわれわれの表現でいう自然現象と解釈して、先の「自鳴」、「自奏」と区別したい。

このような観察の結果、特質の第四は『華厳経』では仏国土の風等の自然現象をも音楽とする、と規定したい。この浄土の音楽と自然との関係は、後述するように[17]日本の平安時代の音楽観に色濃く投影していると考えられる。その意味でも注目すべき特質であるといえる。

特質五　『華厳経』の音楽の心性

次にこれらの音楽はどのような音楽性、心性をもっているかを見ていきたい。［資料2］の音楽性の欄で見るように『華厳経』の音楽の音楽性すなわち音楽のもつ感性、心性は多様であって、現代の日本雅楽の音楽性が一般に「みやびやかな」音楽という表現にとどまっていることと比較すれば、経典の音楽性は遥かに豊かで精緻であるといわなければならない。これらのことを、経の文言そのものから感得したいと思うので、以下に一部を抄出する。

例17　（蓮華蔵世界の）大地の処に、……仏刹微塵に等しき香水海あり。衆宝をもって荘厳し、……**衆宝の潮浪**は**妙**なる音声を出し、……[18]

例18　宝樹羅《なら》び生じて道の側に縁どり、**摩尼宝の楽（楽器）**は**煥**として**明曜**に、無量なる**和雅**の声を演出し、荘厳せる**浄音**（は）三宝を歎ず。[19]

例19　一一の香水海に、四天下の微塵数の**香水河**あり……仏の眉間の白毫相より出で……**清浄の香水**には**雑宝**流れ、種種の**宝華**を**波浪**と成し、衆音**諧雅**にして仏の声を演ぶ。[20]

例20　爾の時に愛見善慧王、（次男　普荘厳童子の偈を聞いて）歓喜すること量り無く、偈を以って頌して曰く、『宜しく時に普く、諸王大臣等に宣告して、……一切の城を荘飾して、……**妓楽音の雲**を興して……あまねく虚空に充たしめ……』(21)

例21　（如来が夜摩天《やまてん》に向かわれるのを遥かに見て、夜摩天王は）十万種の宝を以て、荘厳と為し、……十万の**妓楽**は、自然に十万の正法、**娯楽**の音声を演出し、十万の善根の妙相顕現し、……(22)

例22　時に彼の天王（兜率天の王＝梵天）遥かに如来の来りたまへるを見たてまつりて、……百万億の**宝鈴**は微動して**和雅**の音を出し、……(23)

例23　百万億の**天の金鈴網**は、**微風**に吹動せられて**妙**なる音声を出し……(24)

例24　百万億の天の**真金の鈴**は微風に吹動せられて**和雅**の音を出し、……百万億の**天の幢宝鈴**は**微妙**の音を出し、百万億の白浄の**宝幢**は微風に吹動せられて、**妙**なる音声を出し、……百万億の**天の蓋幢の一切の宝鈴**は**妙**なる音声を出す。(25)

例25　百万億の**天螺**は**妙**音声を出し、百万億の**天鼓**は**大音**声を出し、百万億の**天琴**は**微妙**の音を出し、百万億の**天の牟陀羅**（マルダラ　三面の鼓）は**大音**声を出し、百万億の**天の娯楽具**、百万億の**天楽**の音声は十方一切の仏刹に充満し……百万億の**天の妓楽**の音は同時に倶に起こり、百万億の**天の神力妓楽**は**相和**の音を出し、……百万億の妙音は如来を讃歎し、(26)

例26　億那由他の無数の天子は、……仏を供養するが故に、阿僧祇の白浄の宝網を以て、偏く虚空に満たし以て荘厳を為し、衆の**金鈴**を懸けて之を間錯し、自然に微動して**妙**なる音声を出し、三乗を悟る者には解脱を得しめ、……如来の所に於いて歓喜恭敬を得るが故に、無数の**天の楽**を以って**微妙**の音を出して如来を供養したてまつり、……(27)

例27　菩薩摩訶薩、……菩薩の行を修せしむる時、……仏の所応の如くに以て供養したてまつり[28]

例28　阿僧祇の**雲雨**をもって荘厳し、阿僧祇の自然の**妙**音聞こえざる所無し[29]。

これらの例で太字にした語は楽器（音源）と音楽性とである。これらおよびその他の諸文句等から抄出して、特質の第五『華厳経』の音楽の音楽性は、妙、煥、明曜、和雅、浄、清浄、諧雅、娯楽、大音、相和、微妙、細微、柔軟、哀和、喜等である、と提示することができる。

❖『華厳経』の音楽のまとめ

以上のように探究した結果をまとめると、

特質一　『華厳経』の音楽は仏、如来の讃歎供養を本旨とする。

特質二　『華厳経』の音楽は衆生にも讃歎供養される。

特質三　『華厳経』の音楽は仏法そのものである。

特質四　『華厳経』では仏国土（蓮華蔵世界）の風等の自然現象をも音楽とする。

特質五　『華厳経』の音楽の音楽性は、妙、煥、明曜、和雅、浄、清浄、諧雅、娯楽、大音、相和、微妙、細微、柔軟、哀和、喜等である。

となる。このような『華厳経』の音楽の特質を記憶しながら、次に『法華経』の音楽を探求したい。

二　『法華経』に見る音楽

『法華経』では伎楽すなわち、多種類・多数の楽器による合奏や声楽、自鳴する天鼓などの記述が二二例以上認められる（全三〇例は［資料４］『法華経』に見る音楽（巻末の二五九頁より）に載せる。以下の引用文は「岩波文庫本」により、「の」を「が」に変えるなど多少の変更を加えた）。

特質一　『法華経』の音楽は仏、如来の讃歎供養を本旨とする。

『華厳経』におけるのと同じく『法華経』においてもその音楽は仏、世尊、如来に対する讃歎供養が本源的な目的である。

例29　梵天王等は、無数の天子と、亦、天の妙衣、天の曼陀羅華、摩訶曼陀羅華をもって仏に供養す。散ぜられたる天衣は、虚空の中に住して自ら廻転し、諸の天は伎楽の百千万種を虚空の中において一時に倶に作し、諸の天華を雨らして、(30)

例30　四王の諸天は仏を供養せんがために。常に天の鼓を撃ち、その余の諸天も、天の伎楽を作して、(31)

例31　虚空の中においては天の鼓、自ら鳴り、妙なる声、深遠なり。(32)

例29は王舎城の耆闍屈山《ぎしゃくっせん》における仏陀に対してである。例30は大通智勝如来という過去仏に対してである。例31では無量百千万億の諸仏と七宝の塔の中の釈迦牟尼仏と多宝如来とに供養された。

特質二　仏舎利ないし塔に対する讃歎供養楽の重視

『法華経』において特筆すべきは次の例32、例33、例34、に見るように仏舎利ないし、仏舎利を納めた塔に対する供養が重要性を帯びて説かれていることである。「舎利・塔に供養をする者は已に仏道を成就した者」であるという。この供養の功徳は仏教の最高到達点に値するというのである。そして、その供養の方法の一つに音楽があるということになる。舎利と塔に対する供養と楽の文句は他に六例あり[33]、合計九例となる。

例32　仏の滅度の後に　舎利を供養するものあり。また、仏子の　諸の塔廟を造ること　無数恒沙にして……諸の天・竜神　人・及び非人の　香・華・伎楽を　常にもって供養するを見る[34]。

例33　諸仏、滅度し已《おわ》りて　舎利を供養する者は　万億種の塔を起てて　金・銀及び頗梨と　硨磲《しゃこ》と瑪瑙と　玫瑰《まいえ》と瑠璃と珠とをもって　清浄に広く厳飾し　諸の塔を荘校し　或は石廟を起て　栴檀及び沈水　木櫁并びに余の材　甎瓦・泥土等をもってするものあり。若し曠野の中において土を積みて仏廟を成し　乃至、童子の戯れに　沙を聚めて仏塔を為れる　かくの如き諸の人等は　皆、已に仏道を成じたり[35]。

例34　（舎利弗に告げたもう偈）若し人、塔廟の　宝像及び画像《えぞう》において　華・香・幡・蓋をもって　敬心にして供養し　若しくは人をして楽を作さしめ　鼓を打ち、角・貝を吹き　笙・笛・琴・箜篌・琵琶・鐃・銅鈸　かくの如き衆《あまた》の妙音を　尽《ことごと》く持って、以て供養し　或は歓喜の心を以って　歌唄して仏の徳を頌し　乃至、一の小音をもってせしも　皆、已に仏道を成ぜり[36]。

舎利と塔に対する供養と楽の文句は他に六例あり、合計九例となる。

なお、舎利および塔に対する供養は『華厳経』にも次のような例があった。

例35　此の諸の最勝の般涅槃の後は、舎利を供養したてまつり、一切の衆生をして皆悉く歓喜し、一切の衆生の善根を摂取せしめ、一切の衆生をして無量の苦を離れて、菩提心を発さしめ、一切の衆生をして大荘厳を以て自ら荘厳し、無量の荘厳は一切の衆生の境界を超出せしめんと欲す[37]。

例36　彼の諸の如来の滅度の後は、われ当に悉く舎利を取りて、無量の塔を起こし、之を供養して彼の諸仏の法を受持し守護すべし(38)

例37　如来の滅後は……舎利の為の故に、無量の塔を起こし、恭敬し供養し、(39)

これらの例では、菩薩が舎利供養を行ずることによって衆生を苦の世界から救い悟りに至らしめようとすると説かれていて、先の『法華経』の文句のように舎利供養がすでに仏道の最高到達点に達しているとするのとは懸隔があると思われる。また、ここでは音楽の供養は特に記されていない。また、『浄土三部経』ではどうかを見ると、

例38　中輩の者というは、……まさに無上菩提の心を発して、一向に専ら無量寿仏を念ずべし。多少、善を修し、斎戒を奉持し、塔像を起立し、沙門に飯食せしめ、繒を懸け、燈を然し、華を散じ、香を焼き、これをもって廻向して、かの国に生れんと願う(40)。

いうまでもなく、浄土教では「専ら無量寿仏を念ずる」ことが最重要、究極の行であり、正行中の正行であるから、塔の供養は雑行ということになるであろう。したがって、右の例では「中輩」の回向として説かれていて最上の回向ではない。経典に現れることも希少となる。

このように見てくると、『法華経』において舎利供養・塔供養が重要視され、一般の衆生が舎利や塔という現実世界の形あるものによって、より仏法に近づく方途が用意されたことが了解される。

舎利供養・塔供養はしばしば、次項に考察する経供養と共に説かれ、この二つは等価値とされる。その文例は「分別功徳品」に二例ある(41)。

特質三　『法華経』という経典に対する讃歎供養楽

例39　若し、また人ありて、法華経の、乃至一偈を受持し、読・誦し、解説し、書写して、この経巻を敬い視るこ

と仏の如くにして、種種に華・香・瓔珞・抹香・塗香・焼香・繒蓋《ぞうがい》・幢幡・衣服・伎楽を供養し、乃至、合掌し恭敬せば、……この諸人等は、已《すで》に曽《むかし》、十万億の仏を供養し、諸の所《みもと》において、大願を成就せるも、衆生を愍むが故に、この人間に生まれたるなり。(42)

この例では『法華経』という経典を受持・読・誦・解説・書写して、その経に対して仏御自身を敬い見るように供養する人々は、実はすでに、衆生済度という大願をなし遂げて仏国土に住すべき菩薩なのであるが、なお衆生のためにこの土に人間として生まれている人々なのであると説かれている。さらに、次のようにいわれる。

例40　若し善男子、善女人にして、法華経の、乃至、一句を受持し、読・誦し、解説し、書写して、種種に経巻に、華・香・瓔珞・抹香・塗香・焼香・繒蓋・幢幡・衣服・伎楽を供養し、合掌し、恭敬せば、この人は一切世間の、……応に如来の供養を以て、しかも之を供養すべきものなればなり。当に知るべし、この人は、これ大菩薩にして、阿耨多羅三藐三菩提《あのくたらさんみゃくさんぼだい》を成就するも、衆生を哀愍するをもって、願って、この間《ところ》に生まれ、広く、妙法華経を演べ分別するなり。(43)

この例では、この経巻を供養する者は無上正等覚を得た大菩薩であって、衆生を済度するためにこの世界に生まれた人であると説かれている。経巻を供養することが、仏教の完全な体得者、体現者と等しいとされるのである。『法華経』という経において、経に説かれているもろもろの真理の一々、そのすべてが、具体物としての『法華経』という経巻に集約され、象徴されると見ることができる。また、仏舎利の象徴であり仏身の象徴である塔に対する供養と、衆生が書写し手に奉持することのできる『法華経』に対する供養が、等しいということは、常に仏を身近に感じて供養することを勧めるために大きな力になるであろう。例39に見るように「この経巻を敬い視ること仏のごとくにして」なのである。このような思想の中に音楽による讃歎供養が位置を占めている。

なお、経供養ということは『日本霊異記』にも大安寺の「修多羅供」として三例見られる。[44]聖武天皇と孝謙天皇の時代のことである。大安寺には「修多羅供」の費用としての公金があり、交易に使われたり、貸し出されたりしたことがわかる。「修多羅供」に供養された経が何であったかは記されていないが、供養の内容は、転読と講説であったとされる。音楽の供養はなかったのではないかと考えられる。現在も行われている経供養としては、毎年一〇月二二日、四天王寺の経堂の前での「経供養」がある。舞楽は高舞台ではなく、地面に置かれた平舞台で奏舞されるので、俗に「縁の下の舞楽」と称されている。この「経供養」は一切経の供養会であるが、この日、微音で黙読に近く読誦されるのは『法華経』であることを、四天王寺仏教大学教授南谷美保氏の御教示によって知った。

なお、聖霊会において六時堂前の両高座に上がられた舎利と二舎利がこれもまた微音で黙読に近く経を読み続けられるが、それも『法華経』であることを、同教授からご教示いただいた。『法華経』が『一切経』を代表するものとして読誦されるのであると考えられるが、なぜ『法華経』なのかを問えば、「経供養」が重要視され、懇切に説かれているのは『法華経』なのであるからといわなければならないであろう。

❖ 多種類の楽器

『法華経』、『華厳経』とも多種類の楽器が具体的に枚挙されている。次項で取り扱う浄土教経典に現れる楽器も併せて、対照表を作ってみた。六〇―六一頁の表［資料6］から以下のように考察する。

⑴　三種の経に共通する楽器

まず、三種の経に共通する楽器を取り出してみる。鈴・鈴網の類（表の打楽器類）は『華厳経』に二九例も多出する。しかし、『法華経』では二例のみ、『浄土三部経』では羅網が二例のみである（『阿弥陀経』の梵文和訳には

「鈴をつけた網」岩波文庫『浄土三部経』下、一二五頁がある）。このような状況から、宝網に付けられた金鈴の細美な音が満天を覆うのは『華厳経』の世界において圧倒的であるということがわかる。

例数は少ないが三種の経に共通する楽器としては法鼓と法螺がある。法鼓と法螺は実際の楽器というよりも法を宣説することの比喩的表現ないし象徴的表現と見られるから、経典にとっては必須の語句であろう。

妓楽ないし伎楽は仏世界を荘厳する代表的な音楽であることが例数の多さによって確認される。妓楽という語は音楽の一形式である器楽合奏を表す語であるが、それが記載されるときは当然、そこに用いられる諸楽器が存在するのであるから妓楽（器）としても取り扱った。但し、この諸楽器の器種は一切示されていないので不明である。大体の楽器編成といったものも推測できないが、おそらく他の箇所に記されているさまざまな楽器によって合奏されたものと思われる。

妓楽ないし伎楽の例は『華厳経』には二四例、『法華経』には一九例、『無量寿経』に三例、『阿弥陀経』に一例である。『華厳経』の長大さに比べれば『法華経』はより短いにもかかわらず、一七例という頻度は非常に高いといわなければならない。『法華経』においてはしばしば、一〇種類の供養が一連のものとして述べられ、のちに「十種供養」として整理された華・香・瓔珞・抹香・塗香・焼香・繒蓋・幢幡・衣服・伎楽（例39参照）がそれである。[45] ここに挙げられている供養品目の「華」から「伎楽」までの一〇種を、または繒蓋・幢幡を一として合掌を加えたものを一〇種として、後世、「十種供養」とされた。同様な供養の仕方は諸経に見られるが、「十種供養」として定立されるのは『法華経』によってである。その中に伎楽が位置する。このように、妓楽を含む諸供養は仏教の教義において重要な意義を有していることがわかるのである。

その他に天楽器が三種の経に共通する。

楽樹	音楽樹　五 501.　七 218.357. 楽樹　七 294.　声樹　五 501. 宝樹　七 294.410. 歓喜樹　七 294. 香樹　七 576.		七宝樹　上 174.177. 道場樹　上 176. 宝樹　上 176.184.197. 宝行樹　下 138.
水	衆宝の潮浪　五 103. 海潮　五 256. 香水の雑宝・宝華の波浪 五 105. 河　五 529. 河池の流れ　七 315. 泉流　七 319.		（浴池の）波　上 179. 池水の摩尼の水　下 54.
雲	清浄柔軟声雲　五 57. 妙音声雲　五 63.65. 妓楽音雲　五 122. 雲雨　五 529. 七 132. 娯楽雲雨　六 457.		
宝の楽器	摩尼宝の楽器　五 104. 衆宝の楽器　七 115. 楽摩尼宝・楽宝　五 444. 浄瑠璃の珠　六 26. 妙宝　六 163.		
妓楽器	五 54.122.220.235.255.256.257. 366.447.449.466.469. 六 235.245.257.270.298.303.457. 七 46.193.233.463.468.	上 36.154.320. 中 18.78.142.144.146.154. 168.210 下 32.58.64.174.228.238.316. 326	上 177.196.197. 下 55.
娯楽具	五 447. 六 235. 七 211.313.449.		
楽器	天楽器　五 447.455.　七 340. 楽器　六 164.　七 45.87.113. 235	天の楽（器）　下 222.	天の楽（器）上 190.196. 下 51. 下 137 楽器　下 51.52.

［資料6］『華厳経』・『法華経』・『浄土三部経』の楽器対照表

	『華厳経』（国訳一切経） （漢数字頁付け）	『法華経』 （岩波文庫本読み下し）	『浄土三部経』 （岩波文庫本読み下し）
打楽器	鈴　五 222.443.446.455. 六 26.161.162.169. 七 240.410.415.558.561. 鈴網　五 445.456.　六 28.29. 七 219.237.269.294. 301.364.410. 幢宝鈴　五 446. 蓋幡の宝鈴　五 446. 華網　七 410. 宝網　七 410. 宝幢　五 446 鐘　五 235. 磬　五 235. 太鼓・鼓　五 256.285.447. 法鼓《ほうく》　七 562. 牟陀羅《むだら》 mardala　五 447.	鈴　下 92.96. 鐘　下 92.96. 太鼓・鼓　上 116. 下 42.58.92.96. 天鼓　上 54.　中 78. 下 32.46. 法鼓　上 30.38.　中 46.54. 下 30. 鐃《にょう》　上 116. 銅鈸《どうばつ》　上 116.	羅網　上 184. 下 138. 法鼓　上 142.
吹奏楽器	簫　五 255. 笛　五 255. 螺　五 447. 法螺　七 562.	簫　下 58.96. 笙　上 116. 笛　上 116.　下 58.96. 螺　下 92.96. 法螺　上 38.　中 46. 貝　上 116. 角　上 116.	法蠃《ほうら》　上 142.
絃楽器	琴　五 447.	琴　上 116.　下 96. 瑟　下 96. 箜篌　上 116.　下 58.96. 琵琶　上 116.	

(2)『華厳経』と『法華経』とに見出せる楽器

鐘と太鼓・鼓と簫と笛と螺また琴がこの二経に共通して記されている。この中で太鼓・鼓・笛・琴の類は日本の雅楽で現在も用いられている楽器である。

(3)『華厳経』と『浄土三部経』とに見出せる音源

楽樹、波浪、雲等の「仏国土の自然現象」ともいうべき楽音は『華厳経』に多出していて広大無辺な華厳世界に荘厳華麗さを増大させているが、そのうちの宝樹の類と波・水のみが『浄土三部経』にも説かれている。『法華経』には皆無である。このテーマ「仏国土の自然現象」については『浄土三部経』の項で再び考察する。

(4)『華厳経』のみにある楽器

『華厳経』のみに見られる音源に清浄柔軟声雲などの「楽音の雲」がある。音源が雲であるという表現は「無量」「無限」であることを表しているのであろうか。『華厳経』では無限の数量を示す「阿僧祇」とか「百千万億」とかの語が多用されるが、この「雲」という語はそれを形象化して表現しているように感じられる。『華厳経』らしい音源の表現であると思う。

また、宝石や万能の珠などでできた楽器、そして娯楽具という、おそらくは「楽しい音楽を奏でる楽器」がある。これらは『法華経』と『浄土三部経』には全く現れない音源である。磬と牟陀羅も同様である。

(5)『法華経』のみにある楽器

鐃、銅鈸、角、瑟、箜篌、琵琶は『法華経』のみに見出せる。金属楽器である鐃と銅鈸は、西洋に渡ってシンバルとなった楽器であるが、鐃、鐃鈸[46]や銅鈸[47]については、植木雅俊訳『法華経』では〔半月形の〕太鼓[48]、ベーリー[49]〔という小鼓〕となっていて金属楽器ではないと考えられる。別のところに出るtāḍā[50]とtāḍâvacara[51]がシンバルと訳されている。また、tāḍâvacara は打楽器とも訳されている。原典には角に相当する楽器はない。

琵琶は現在に至るまで日本の雅楽で用いられている。箜篌や琵琶は仏画によく見られる。特に聖衆来迎図に描かれていることが多く、宇治の平等院の懸仏でも著名である。このような箜篌と琵琶、また琴が『浄土三部経』に記されていないのは興味あることである。

(6)　箏は三種の経典に現れない

箏という楽器は平安時代にもてはやされその後現代に至るまで雅楽演奏に用いられている。その箏が少なくとも『華厳経』、『法華経』、『浄土三部経』には見出せない。瑟はあるのであるから、同じく琴柱を立てて音程を作る箏が現れてもよいと思われるが、それがないのは箏の文字に争が入っているのでさけるべきであると考えられたのであろうか。琴《きん》（七絃琴）は琴柱を立てない。また琴も瑟も原典にはそれらしい語がない。

もっとも箏が現れないのは、私が採録した三種の経典においてであって、荻美津夫氏が『日本古代音楽史論』の第三章　第二節「経典にみられる音楽」に、『要文抄録大蔵経』、原田亨一氏の「伎楽雑考」、林謙三氏の「仏典に現れた楽器・音楽・舞踊」などを手掛かりに研究され、林氏論文によって楽器の表と、「経典に見られる楽器編成」の表を作成されているが、それによると『仏本行集経』と『大般涅槃経』、『普曜経』に「箏」がある。

また、洪潤植、蔡印幻、金知見『仏典に現れた仏教音楽の序説的研究[52]』に原典との比較による楽器、音楽の名称の研究がある。洪氏等の探求した経典は、『長阿含経』、『雑阿含経』、『妙法蓮華経』、『正法華経』、『方広大荘厳経』、『楞厳経』、『金光明経』、『普曜経』、『大般若経』、『小品般若波羅蜜経』、『道行般若経』、『大方便仏報恩経』、『須摩提女経』、『大乗密厳経』、『帝釈所問経』、『無量寿経』、『薩曇分陀利経』『宝生陀羅尼』等多数に及び、「琴箏」という漢訳の語が『方広大荘厳経』に見られるとされる。原典では vīṇa であり、ハープのことであるとされている。洪氏、荻氏とも漢訳の楽器名は原典の楽器と必ずしも一致しない、翻訳の時代に中国で用いられていた楽器を適当に当てはめたきらいがあると考えておられるようである。

また筆者の重視する『華厳経』は洪氏、荻氏とも採択経典に加えられていない。

『華厳経』『法華経』『浄土三部経』の音楽比較に戻る。前述のように比較した結果、楽器、音源の多彩さ、記述例の量においては『華厳経』が群を抜いていることが明らかである。しかし、鐃や銅鈸といった甲高い音質をもち、音量も多いと想像される楽器や、箜篌という華麗な楽器、琵琶や瑟などが記されているのは『法華経』であって、そこでは、『華厳経』とも『浄土三部経』ともかなり異なった賑やかな音楽世界が展開しているように推測される。また、宝樹の類や波、水の流れといった音源を主とする浄土教世界の音楽は繊細で静か、清浄な音楽であると推察される。

三　『浄土三部経』に見る音楽

『浄土三部経』には音楽の記述が漢訳に二〇例、サンスクリットの現代語訳に一七例ほど検出される。それらを整理し、分類してみよう（全一七例は巻末二八五頁の［資料7］『浄土三部経』に見る音楽　本文に載せる）。

特質一　阿弥陀仏に対する讃歎供養楽

『華厳経』、『法華経』におけるのと同様に、『浄土三部経』においても音楽が仏、如来を讃歎供養するものであることに変わりはない。ただし、ここでは特定の仏、阿弥陀仏に対する讃歎供養となる。

特質二　極楽浄土の荘厳

浄土教経典に現れる音楽には、阿弥陀仏の国土、すなわち極楽浄土荘厳の一つであるという性格が顕著である。『華厳経』においても音楽によって如来の刹土が荘厳されるが、浄土教経典では衆生を極楽浄土に往生させようという熾烈な本願のゆえに、仏国土の有様が魅力的に詳細に描き出され、より鮮明に衆生に示される。音楽についても同様に、俗界の人間の心に寄り添った表現になっている。

例41　仏、阿難に告げたもう。「……第六天上の万種の楽音も無量寿国のもろもろの七宝樹の（出す）一種の音楽にしかざること……また（仏国土に）、自然の万種の伎楽あり。またその楽の声、法音にあらざるはなし。清揚・哀亮にして、微妙・和雅なり。[53]」

例42　楼閣、千万にして百宝より成る。台の両辺においておのおの、百億の華幢と無量の楽器ありて、荘厳とす。八種の清風、光明より出で、この楽器を鼓《う》つに苦・空・無常・無我の音を演説す。[54]

というように、阿弥陀仏の浄土では、不断に、法音であるすばらしい万種の器楽合奏が聞こえているのである。

前出の例41において「自然の万種の伎楽」とあるように、また、

例43　法蔵比丘、この頌を聞き終わるや、……自然の音楽空中より讃えていう「（なんじ）決定して必ず、無上の正覚を成ぜん。」と。[55]

などとあるように、浄土の器楽合奏は演奏者をまたず、自動的に演奏され、声楽もまた自然に生じるという。天の鼓や太鼓もまた然りで、「天鼓自鳴」と記述されて多出している。この自動的演奏は『華厳経』『法華経』においても同様であった。

特質三　自然現象である風・水と宝樹・宝物も音源である

また、風という極楽世界の自然現象によって楽が奏されると記されている。風が楽器を鳴らす、風が吹いて樹木が楽を奏でるとか、風が楽器ではない宝樹（七宝樹）や羅網を吹いて楽が起こるなどである。浄土世界の自然現象である風と物の微妙な奏楽関係が注意深く記述されている。たとえば、

例44　また、その国土、七宝のもろもろの樹ありて……清風、時に発《おこ》りて、五つの音声を出し、微妙の宮商、自然相和す(56)。

と記されている。また、

例45　（浄土の浴池の）波、無量の妙声を揚ぐ(57)。

では、自然現象である波、すなわち「風プラス水」そのものが楽を奏でることになっている。

例46　自然の徳風、徐《しず》かに起こりて微動す。その風……もろもろの羅網および宝樹を吹くに無量の微妙の法音を演発し、万種の温雅の徳香を流布す(58)。

例47　舎利弗よ、かの仏国土には、微風吹動するや、もろもろの宝行樹および宝羅樹、微妙の声を出す。譬えば、百千種の楽、同時にともになすがごとし。この声を聞く者、みな、自然に念仏・念法・念僧の心を生ず(59)。

これらの風や波の音楽、また、風と、宝石でできた木々や飾りとの共奏楽が浄土の楽として記されている。極楽浄土の自然現象と同じ音源は『華厳経』にも現れることは先に観察したが、より華麗である(60)。

このような思想は、日本の平安時代から鎌倉時代にかけて熟成されていった音楽観の中枢に深く浸透していったと考えられる。『源氏物語』などでは、「楽の音が風に吹きまよい……(61)」といった表現がしばしば見られるが、現代に於いても、現に松風の聞こえる明治神宮本殿の前庭などで聞く雅楽は、劇場の閉ざされた人工的な空間で聞くも

のとは違って、格段に美しく、趣深い。このような感覚は地球上のすべての人間に自然に具わっているものであって、特に経典による示唆がなくても涵養されるものであるかもしれない。しかし、経典に記された自然との交響の美は、日本人の音楽観を広く、強く裏支えするものとなり、その美学の基礎に人間を超えるものへの憧憬という精神性と、超地上的、非物理的宇宙空間という空間感覚を定着させたといえるであろう。

さらに、それは天上で天人が奏する楽や、浄土で奏される楽についての音楽観から転じて、地上の人間の技である音楽と自然との交響の美学へと流れ入る。

特質四　漢訳における中国楽理の述語使用

『無量寿経』には中国の音名・音階名が出てくる。それは魏の康僧鎧《こうそうがい》による画期的な意訳（二五二）というべきであろうか。次のようである。

例48　清風時に発《おこ》りて、五つの音を出し、微妙の宮・商、自然相和す。(62)

五音とは、中国の楽理にいう宮・商・角・徴・羽のことで、五声音階の各階名である。

サンスクリットからの現代語訳では、

例49　（七種の宝石でできた木々が）風に動かされるとき、美しく快い音が流れ出て、魅惑的であり……(63)

とあるのみで、音階の階名などは影も形もない。また、

例50　四方より自然の風起こりて、あまねく宝樹を吹くに、五つの音声を出す。……自然の供養、かくのごとく絶えず。(64)

右の例のある一二行分については岩波文庫『浄土三部経』の現代語訳で「梵文がない。漢訳から現代語になおした」と注（同書二七四頁）している。(65) つまり、梵文には全くない五声音階の階名、宮・商・角・徴・羽の五音がこ

こに嵌め込まれたのであった。翻訳者の大胆な措置である。訳者は経典の音楽が儒教の礼楽の条件に照らしても、何の遜色もないこと、すなわち、「雅正の楽」であることを示そうと考えたのであろう。

わが国に雅楽が到来した時代には後世、文化と称される社会的資産すなわち精神的・技術的資産は道徳、宗教から医学、薬学、音楽、服飾、灌漑・土木等に至るまで、直接的に大陸から、または朝鮮半島を経由してもたらされたものに多くを負っている。したがって、仏教経典もそのほとんどが中国の代々の権力者によって遂行された翻訳、いわゆる漢訳によって日本文化の流れに注ぎ込まれた。このようにして、日本の雅楽の源流となる経典の音楽もまた、漢訳による仏典音楽であったわけである。私は康僧鎧訳の『無量寿経』の中に、このような中国楽理に則った記述を見るまでは、経典の音楽の記述というものは経典発生の元の地域、すなわち、西北インドか中央アジアかの音楽をそのまま翻訳したものであろうという認識しかもたなかった。経典を漢訳でしか与えられていなかった中国・朝鮮半島・日本の一般人もまた、そこに表記されている音楽、実は中国的雅楽を、原典の音楽として受けとっていたことになる。いうまでもなく、多種類の豊富な楽器にせよ、天上に昇華した音楽であるという感性にせよ、経典発祥の地のローカル性が反映されていることは明らかである。しかし、すでに音楽理論が確立していた中国ならではの音楽表現は画期的であり、驚嘆に値するといわなくてはならない。もし、康僧鎧という異邦人によって経典音楽が中国雅楽的に規定されなかったとしたら、その後の仏教音楽の方向はかなり異なったものであったかもしれない。

特質五　浄土音楽の音楽性

それでは五声音階の他に、浄土の音楽はどのような条件を具えるべきであるとされていたのであろうか。例41では「また（仏国土に）、自然の万種の伎楽あり。またその楽の声、法音にあらざるはなし。清揚・哀亮にして微妙・和雅なり。」とあり、この文の内容にかなり似ているサンスクリット現代語訳があるが、そこでは、

例51　種々の河が流れている。……種々の甘美な音や響きがある。……百千億種の音質をそなえた天上の合奏で陶然たらしめる楽器が名手に弾かれるとき、……それらの大河からは深遠な、了知し得る、聞き分けられる、純粋な、耳に快く、心に触れ、愛らしく、甘美微妙であり、魅惑的であり、（耳に）逆らわず、聞いて快く、「不思議な寂静であり、無我である」と楽しく聞かれる響きが流れ出るのであり、(66)

となっていて、感性を現す語としては「陶然とさせる」「愛らしく」「甘美微妙」「魅惑的」などが注目されるが、このような感覚的というか、やや官能的ですらある美意識は、漢訳経典には持ち込まれなかったのである。二五二年曹魏の康僧鎧は『無量寿経』を訳すに当たって、「無量寿国」（極楽浄土）の音楽性として、次の五種、清揚・哀亮・微妙・和雅、暢を挙げた。漢訳経典によって、浄土の音楽はより高雅な、あるいは精神的に奥深いものとして認識されるようになったということができる。前述の五声音階に則っているという意味で仮に「正」を入れると一

○文字になる。漢字の意味を簡略に記してみよう。

清　清浄である。
揚　あがる　あげる　称揚する。
哀　おもむきがふかい。
亮　あきらか　ほがらか　明瞭。
微　かすか　おくふかい　微妙（何とも言い表せない味わいがある）。
妙　うつくしい　おくふかい　すぐれる　たくみ。

和　（声を合わせてうたう）　やわらぐ　なごむ　調子を合わせる。
雅　みやびやか　おくゆかしい　あでやか　うるわしい　正しい　正しい音楽。
暢　のびのびする　のどか。
正　正しい　まちがっていない　まさ（に）　ちょうど　物事の主となるもの。

なお、例41の訳注では「清揚・哀亮——音の清らかで軽快にして、あわれにしてさえわたること。微妙・和雅——たえすぐれ、正しく調子のととのっていること。」となっている。[67] 清揚・哀亮・微妙・和雅は『無量寿経』に一連のものとして記載されており、[68] 微妙は他の箇所[69]にも記されている。和雅は『浄土三部経』下『阿弥陀経』（一三七頁）にも記されている。暢は暢発として同書上（一九〇頁）に現れる。注では「のびのびした音を出すこと」（同書上、三四八頁）となっている。他に美妙がある。[70]

これらは、無量寿国の音楽を規定する感性のカテゴリーと、理性的規定である。言い換えれば、「無量寿国の音楽は、これらの感性と理性を具えていなければならない」という規定であると理解してよいと思われる。

四　三種の経の音楽性の比較

ここで、三種の経の音楽性を比較してみたい。

左の表から、音楽性の表現において、種類、量ともに『華厳経』が圧倒的に豊富であることがわかる。三種類の経に共通する音楽性は妙の類である。また、一例ずつではあるが、歓喜の類が三種類の経に共通している。仏教の音楽が歓喜の楽であるということは注目すべきことであり、喧伝してよいことと思われる。仏法を初めて聞いた

［資料８］『華厳経』・『法華経』・『浄土三部経』の音楽性対照表

『華厳経』（国訳一切経）（漢数字頁付け）		『法華経』（岩波文庫本書き下し）	『浄土三部経』（岩波文庫本書き下し）
妙	五巻 63.65.103.220.220.255. 255.285.445.446.446.447. 447.447.447.447.455.529.	妙　上 116. 下 42.46.58.	妙　上 179.　下 58.
	六巻 164.246.257.284.285.301.		
	七巻 193.235.294.319.		
勝妙	五巻 447.		
清妙	六巻 235.		
巧妙	七巻 45.		珍妙　上 196.
微妙	五巻 55.256.322.446.447.455. 456.529.		微妙　上 175.177.184. 下 55.138.184.
	六巻 28.162.		
	七巻 218.237.240.294.410.561.		
細微	五巻 447.		
煥	五巻 104.		
明曜	五巻 104.		
和雅	五巻 104.220.443.446.		和雅　上 177.190. 下 137.
	六巻 26.29.		
	七巻 193.219.301.357.410.415.		温雅　上 184.
諧雅	五巻 105.185.		
相和	五巻 447.		相和　上 175.
哀和	七巻 315		哀亮　上 177.
浄	五巻 104.294.		
清浄	五巻 57.444.		清　上 175. 下 52.
寂静	五巻 447.		清揚　上 177.
			暢（発）上 196.
娯楽	五巻 366.447.	甘露　中 54.	
	六巻 108.171.505.		
	七巻 315.410.449.		
柔軟	五巻 57.224.		
喜	五巻 447.	歓喜　上 116.	歓喜　上 116.
不思議	七巻 561.		殊特　上 196.
大音	五巻 447.527.527.		

人々の欣喜雀躍がしのばれる。

『法華経』には音楽性の表現は極めて少なく、妙、甘露、歓喜の三種、五例に過ぎない。楽器（音源）の種類は特殊な楽器も含めて一七種もあり、『華厳経』の一七種と同数である。伎楽は一七例あって『華厳経』の妓楽一九例に並ぶほどであるのと対照すると、奇異な感じがする。

二種類の経に共通するのは『華厳経』と『浄土三部経』における和雅・哀・清浄・歓喜の類である。前述（六九・七〇頁）では、それらは浄土教経典の音楽性の特質と考えられたが、それとほとんど同質の音楽性は『華厳経』にも見出された。さらに、『浄土三部経』には見られない「煥」、「明曜」などの輝かしさや光、煌めきの表現があり、また大音という性質も加わる。それに比べれば、『浄土三部経』の音楽はより温雅で静やかなものと受け取られる。この感性は日本の雅楽や平安時代音楽一般に受け入れられやすかったであろうと推測する。

特質六　浄土音楽の思想性――楽即法――

仏国土の音楽が仏法を演説する（多くの人の前で説く）ものである、ないし、仏法そのものすなわち、法音である、という思想を見てみよう。『無量寿経』には四例ある。そのうちの二例を記してみる。

例52　（また仏国土に）自然の万種の伎楽あり。またその楽の声、法音にあらざるはなし。(71)

これに対応すると思われる梵文和訳の箇所では、

例53　（かの〈幸あるところ〉の大河からは）「不思議な寂静であり、無我である」と楽しく聞かれる響きが流れ出るのであり……(72)

となっていて、漢訳よりも簡略である。さらに、他の箇所で法音について詳しく、どのような法であるかが記されているので見てみよう。

例54　波、無量の自然の妙声を揚ぐ。……あるいは仏の声を聞き、あるいは法の声を聞き、あるいは僧の声を聞く。あるいは寂静の声、空・無我の声、大慈悲の声、波羅蜜の声、あるいは十力・無畏（vaiśāradya　仏・菩薩の具する徳の一。智慧が内にあるので大衆に法を説くとき恐れることがない。）・不共法《ふぐうほう》(73)（āveṇika-buddha-dharma）の声、諸々の通慧の声、無所作の声、不起滅の声、無生忍(74)（anutpattika-dharma-kṣānti）の声(75)、

これに対応する梵文和訳の箇所では、

例55　（かの〈幸あるところ〉の諸河川の）その自ら流れ出るこの響きは、……目ざめた人の声や、法の声や、集いの声や、修行の階梯の声や、力の声や、確信の声や、目ざめた人のみがもつ独特の特性の声や、神通の声や、（悟りきった者の）さまたげの無いことば（無礙解）の声や、空と無相と無願と無作と不生と無起と非有と滅との声や、寂静と遠い寂静と近い寂静の声や、大慈と大悲と大喜と大捨すなわち四無量心の声や、〈諸々の事物には自体というものがなく、生ずることもないと容認すること〉（無生法忍）の声(76)。

というように、「音楽すなわち法音」の内容が詳細に記述されている。言い換えれば法音を展開してより解しやすくするとこのようになるということである。

『観無量寿経』（宋の畺良耶舎訳、四二四―四五三）では次の二例があるのみで、そこでは「仏・法・僧を念ずる音楽」として、また、「苦・空・無常・無我の教え」として概括的、概念的に記されており、前述の『無量寿経』の記述に比べると遥かに簡略であるように見える。漢文書き下しでは、

例42　楼閣、千万にして、百宝より成る。台《うてな》の両辺において、おのおの、百億の華幢と無量の楽器ありて、荘厳とす。八種の清風、光明より出で、この楽器を鼓つに、苦・空・無常・無我の音を演説す(77)。（水想観）（『観無量寿経』のサンスクリット原文は発見されていない。）

例56　その楼閣の中に無量の諸天ありて、天の伎楽をなす。また、楽器ありて、虚空に懸処し、天の宝幢の如く、鼓たざるにおのずから鳴る。このもろもろの音のなかに、みな、仏を念じ、法を念じ、比丘僧を念ずることを説く。(78)（総観）

『阿弥陀経』（姚秦の鳩摩羅什訳、四〇二）の二例を引いてみる。漢文書き下しでは、

例57　かの国には、常に種々の奇妙・雑色の鳥あり。白鵠・孔雀・鸚鵡・舎利(79)・迦陵頻伽(80)・共命《ぐみょう》(81)の鳥なり。このもろもろの鳥、昼夜六時に、和雅の声を出す。その声、五根(82)・五力(83)・七菩提分(84)・八正道分(85)かくの如き等の法を演暢す。その土の衆生、この声を聞きおわりて、みなことごとく、仏を念じ、法を念じ、僧を念ず。(86)

というように、極楽国土には珍しい鳥がいて、その声は、五根・五力・七菩提分・八正道分などの仏法の諸真理と、その達成法を説くとされている。その梵文和訳では、

例58　かの仏国土には、白鳥や帝釈鴫や孔雀がいる。かれらは夜に三度、昼に三度、集まって合唱し、また、各々の調べをさえずる。かれらがさえずると、（五）根と、（五）力と、覚りに至るための（七つの）要件（を説き明かす）声が流れ出る。その声を聞いて、かの（世界の）人々は、仏を心にとどめる思いを生じ、法を心にとどめる思いを生じるのだ。(87)

と記されていて漢訳にある八正道がないが、極楽の鳥の声が仏法を説くという点で一致している。また、

例59　かの仏国土には、微風吹動するや、もろもろの宝行樹および宝羅網、微妙の声を出す。譬えば、百千種の楽、同時にともになすがごとし。この声を聞く者、みな、自然に念仏・念法・念僧の心を生ず。(88)

その梵文和訳では、

例60　かの仏国土ではかのターラ樹の並木や、かの鈴をつけた網が風に吹き動かされるとき、美妙なる快い音が流

れ出て来る。シャーリプトラよ、たとえば聖者らが百千億種の天上の楽器を合奏するとき美妙な快い音が流れ出てくるように、そのように、シャーリプトラよ、かのターラ樹の並木や、かの鈴をつけた網が風に吹き動かされるとき、妙なる快い音が流れ出て来るのだ。かの（世界の）人々は、その音を聞いて、身に仏を念ずる心が起こり、身に法を念ずる心が起こり、身に〈つどい〉を念ずる心が起こる。(89)

となっており、『阿弥陀経』のこの例では、仏国土においては宝樹や鈴の付いた網（漢訳では羅網となっていて鈴はない）が風に揺れるとき、すばらしい楽器合奏のような音を出し、その音を聞く仏国土の人々はみな、仏・法・僧を念ずる心を起こす、と説かれている（梵文和訳では、その音は快いとされ、快いは二度繰り返されているが、漢訳ではこのような感覚的な表現は省略されていることに注目したい）。しかし、この『阿弥陀経』の二例では音楽または楽音が法と関連することが述べられているのであって、楽が即ち法であるという思想とは距離がある。

先に見たように、『無量寿経』と『観無量寿経』の仏国土では仏教の真実義の一々が音楽となって説かれるというように記されている。言い換えれば、浄土に流れている音楽は美妙で素晴らしく、且つそれ自体が仏法の真理の表現そのものだということである。「楽即法」ともいうべきこの思想は『華厳経』においても説かれている。『法華経』においては「楽が直ちに法である」ことを意味する表現は見出せない。したがって、「楽即法」という音楽観は『華厳経』と『無量寿経』、『観無量寿経』において顕著な特質であると考えられるのである。

❖ 三種の経典に現れた音楽の特質のまとめ

以上のように『華厳経』、『法華経』、『浄土三部経』に記述されている音楽についてほぼ個別に観察してきたが、あらためて全体を捉えなおしてみよう。

(1)　三種の経典すべての音楽は如来、仏、世尊の讃歎供養を本源とする。
(2)　『華厳経』と『無量寿経』、『観無量寿経』の音楽は仏法そのものである。
(3)　『華厳経』の音楽は衆生にも供養される。
『法華経』では『法華経』を読誦する者、書写する菩薩に供養される。
(4)　『法華経』の音楽は『法華経』という経典への讃歎供養でもある。
(5)　『法華経』の音楽は仏舎利と塔に対する供養楽でもある。
(6)　三種の経典すべての音楽は仏国土（蓮華蔵世界、霊鷲山および世尊の住処、極楽国）の荘厳である。
(7)　『華厳経』と『浄土三部経』では仏国土（蓮華蔵世界、極楽国）の自然現象（風、波、水の流れ、宝樹、雲）も音楽を奏でる。
(8)　音楽の音楽的心性は、『華厳経』では妙、煥、明曜、和雅、浄、清浄、諧雅、娯楽、大音、相和、妙、細微、柔軟、哀和、喜等である。
『浄土三部経』では清揚・哀亮、微妙、和雅、暢等である。
(9)　『無量寿経』では中国音階（宮商角徴羽）の五声が訳語に用いられた。

このように、経典の音楽の本質が明らかになった。また経典の音楽をわれわれの現実世界の雅楽へと架橋する、いわば「媒介項」として中国音階が見出された。しかし、引用した僅かな文例だけでは、それらの密度の濃さを汲み取るには充分でない。そこで、『華厳経』『法華経』『浄土三部経』の音楽の全文例を巻末に掲げることにする。それを辿ることによって、二千数百年の昔、初めてこれらの教えに接し、仏法の恵みに浴したインド・西域の人々、次いで中国の人々、高麗の人々、そして一四〇〇年前の、われわれの祖先である飛鳥、奈良の人々の歓喜、讃歎を如実に感得することができ、その讃歎供養の熱い心を知ることができるであろう。

五　中世以降の楽師の意識——楽書に見る——[90]

以上、代表的な佛教経典に現れた音楽を探索した。これらの経典は奈良、平安、鎌倉、室町、江戸各時代を通じて知識階級はもとより一般の有識者によって読まれ、学ばれたものであったから、そこに記された音楽の記述も意識的であると無意識的であるとを問わず吸収されていたと推定できる。そのことを跡付けるために、先に紹介した（本書二〇—二二頁）楽書の記録を検証してみよう。

『教訓抄』　まず、鎌倉時代の狛近真の『教訓抄』を見る。

「舞曲の源は仏世界を初め、天界、人間界において伎楽・雅楽を奏して、三宝を供養し楽しむことである。仏の世界では……吹く風、立つ波、鳥けだものにいたるまで妙なる言葉、伎楽（器楽合奏、筆者注）を唱え、歌舞を奏でて諸仏菩薩を讃歎する。この道に入る者は、この心を深く抛りどころとして信心を透徹させ、勤めるべきである。その証拠を少し述べよう。安養浄土ではとこしえに伎楽を奏で、菩薩が曲をつくす。迦陵賓賀は苦空無常無我の囀りを怠ることがない。兜率天の内院では常に慈尊万秋楽[91]を奏して聖衆当来の導師を褒め奉る。天人の世界では霓裳《げいしょう》羽衣《うい》の曲を奏でて、五妙の音楽[92]が虚空に満ちている。真にすばらしいと喜んで、その世界に生まれようと願いを起こしなさい。インドでは大樹緊那羅《きんなら》衆が笛を吹き、琴を弾いたので、迦葉《かしょう》尊者は立って舞い、阿難は歌われた。昔、釈尊が比丘でいらっしゃった時、琴を弾かれた。その琴の音は『有漏の諸法は幻のようである。三界で受ける楽は虚空のように空しい。』と聞こえた。その音を聞いて五百人の皇子は生死の無常であることを観じられた。[93]」

これが鎌倉時代、北条泰時（一一八三―一二四二）の時代の楽人の雅楽観である。また、彼は言う。

「我らは舞楽一道をもって、三宝を供養申し上げる。その功徳によってかの妙声[94]のように、三悪道を離れて必ず西方兜率に往生して、楽天菩薩に混じって願のとおりに曲を奏して、弥陀・弥勒を供養申し上げよう。観音菩薩・地蔵菩薩が影のように身近にいらっしゃって弟子（私）を引導されるであろう。この願は空しいものではなく、管絃歌舞の者どもが仏の浄土に縁を結ぶことを釈尊も否定なさらない。[95]」

この優れた楽人が日頃経典に親しんでいて、それに則っていることがわかる。雅楽とは何かが言い尽くされているがあえて要約すれば、「雅楽は極楽浄土の楽である。楽人は楽・舞の演奏によって三宝を供養する。その功徳によって兜率天か、阿弥陀仏の極楽浄土に導かれる。そのような心を持って雅楽の演奏に精進すべきである。」ということになる。この思想はこの書より六四年前に後白河法皇によって著された『梁塵秘抄』の思想に近い。[96]

『體源抄』　このように、「雅楽即仏法」ともいうべき思想は、その後室町時代、応仁の乱後七〇年ぐらいのときに豊原統秋によって書かれた『體源抄』にもほとんどそのまま受け継がれている。豊原統秋は奏楽に関してはいうまでもなく、陰陽道、儒教等の教養も深く、仏教に関しても多方面にわたって教義の解釈などを記している。曲に関しては、たとえば「万秋楽《まんじゅらく》」の記述が詳しい。この楽は「慈尊万秋楽《じそんまんじゅらく》」とも称される。『法華経』の内容に因んで、弥勒品、見仏聞法品、聞者仏種品、聞離悪心品、竜女成仏品、慈尊施陀羅尼品など七品に宛てて奏することが記されている。[97]また、万秋楽は釈迦仏が弥勒に袈裟を給されたとき、万秋楽という木（菩提樹）の下で蘇合《そごう》香という草（千くさ）を座にして袈裟を付属された[98]（ことによる）と、万秋楽の由来を述べる。また、二五の演奏の仕方があり、慈尊陀羅尼楽、一乗法華楽、慈尊万秋楽、弥陀引摂楽、慈尊功徳楽、九品万秋楽[99]などの仏教色の鮮明な名称も付されている。

『楽家録』　下って、元禄三年（一六九〇）に書かれた安倍季尚著『楽家録』は冷静な客観的記録が主流で、儒学、漢学の色彩が濃いが、個人的な宗教観・雅楽観としては「音楽を仏前に奏するのは、仏と人が協和して誠心に感応させるためである。それは唯、音律の温和を尚び、曲名の当否には関らない。」と誰かの説に仮託して述べている。[100]また、「浄土三部経楽説」と「法華経楽説」という項目名で、雅楽の原点となる経文が抜粋されている。[101]

『法華経』からは三例で、その一は、

「若し人、塔廟の……若しくは人をして楽を作さしめ　鼓を撃ち、角・貝を吹き　簫・笛・琴・箜篌・琵琶・鐃・銅鈸　かくの如き衆の妙音を尽く持って、以って供養し　或は歓喜の心を以て　歌唄して仏の徳を頌し　乃至、一の小音をもってせしも　皆、已に仏道を成ぜり。[102]」

である。著者の関心は、「一の小音をもってせしも　皆、已に仏道を成ぜり」という、『法華経』ならではの讃歎供養の功徳にあったと思われる。

『無量寿経』からは三例で、そのうち第一例は筆者も引用した例[103]で、無量寿国の音楽は法音であり、清揚・哀亮にして、微妙《みみょう》和雅《わげ》であるという文、第二例は、十方世界の菩薩衆が無量覚（無量寿仏）のみ許《もと》に往《い》って供養する「往観偈《おうごんげ》[104]」からの抜粋である。第三例は岩波本上、一九七頁で〈浄土に往生した者の得益〉と解説されている文中の、

「一切の諸天も、みな、天上の百千の華香、万種の伎楽をもって、その仏およびもろもろの菩薩・声聞の大衆を供養すあまねく華香を散じ、もろもろの音楽を奏し……[105]」

である。ここでは、仏に対してと同様に、往生した者たちが供養される立場になることがはっきりと、明言されている。大乗の菩薩も、小乗の声聞も、いわば「人間の宗教的完成者」として諸天の供養を受ける。讃歎供養の対象が往生者にまで拡張され、諸天によって供養される、その供養の中に器楽合奏やその他の音楽がある、という画期的な記述を著者安倍季尚は見逃さなかった。

讃歎供養は本来、仏・如来のみが対象であった。それが、『華厳経』では衆生にも供養され、『法華経』では仏舎利や塔、また『法華経』という経典そのものも対象になった。そして、『無量寿経』においては、「往生者」である菩薩と声聞も対象になっている。天の楽は「往生者」すべての上にも響きわたるのである。著者安倍季尚自身は執筆の時点では「往生者」ではないが、往生を願う者であるなら、その列に連なることができ、やがて音楽供養を受けることができると意識したことであろう。

六　『大樹緊那羅王所問経』の諸研究等の論点と本書の論点

次に本書のテーマの一つ「第二章　経典に見る音楽の心性・精神性――雅楽の源泉――」に隣接する先行研究について記したい。

主要経典ではないと思われたが『大樹緊那羅王所問経』鳩摩羅什訳[106]という経典がある。緊那羅 Kimnara とは八部衆の一で、微妙の音声をもってよく歌舞する天の楽神である。姿は人に似ているが、神、人、畜生のいずれでもない。

この緊那羅王が主役である経に関する研究がある。

小野真「仏典における仏教――音楽的コンセプトと法会におけるその現実化」[107]である。小野氏論文のテーマである「仏典における仏教――音楽的コンセプト」を『法苑珠林』第三十六、またそこに引用された『法華経』の偈文「供養を以って尽持し、皆持って仏道を成就す」に則り「音楽を演奏することが仏道修行の一つであり、成道の方法である」と規定される。拙論の研究結果では、「経典に見る音楽の心性・精神性」のうちの「仏法そのもの」(七六頁の三種の経典に現れた音楽の特質のまとめ)に関連すると思われるが、成道の方法という一面を積極的に強調しなかった。

小野氏は大樹緊那羅王の音楽は「悟りへの導き」であり、「仏国土の荘厳」であること、さらに、このようなコンセプトを現実化している仏教法会、即ち四天王寺の「聖霊会」について考察されている。この経の音楽を「仏国土の荘厳」として静的に捉えるにとどまらず、「悟りへの導き」であるという動的な捉え方に重点を置かれ、その観点を現実の法会舞楽につなげられる。「雅楽・舞楽は法会においては仏の世界との通路を開く媒介として機能しており」(二四頁)とされるのは、実際に四天王寺楽所で演奏に奉仕しておられる体験から導かれた解釈として重みがある。

右の論文の八年前、片岡義堂著『叡聲論攷』が刊行され、中に「大乗経典に現れた音楽観――大樹緊那羅王所問経について――」(国書刊行会、一九八二)という一章がある。「大乗経典中で、全巻ことごとくが音楽的活動を中心として展開されているのは、おそらく『大樹緊那羅王所問経』を措いて外にはないであろう。」としてこの経四巻の内容が概説とはいえ綿密に述べられる。この章の前章は「原始仏教の音楽」であるが、そこでは阿含経典や律部において「世俗音楽が警戒、排除され」、一方では、梵唄のように仏道修行に利益あるものが奨励されていることが指摘される。さらに、『長阿含経』「釈提桓因問経」第十において世俗的歌曲でも優れたものは、煩悩の欲縛を歌うがまた、梵行すなわち仏道修行をも説くとされていることを取り上げ、このような音楽価値の転換は『大樹緊那羅王所問経』において確立したとされ、「世俗音楽の心理的効果を契機として、これを悟道の大目的に転換的に活用することを神話的表現に託して説く」（一二四頁）と結論される。そして、この転換の理論的根拠は天冠菩薩と緊那羅王の一種の声論の問答において明らかなように「けっきょくは空論に帰着する」と結論される。

このような論題は、現代の仏教法会に雅楽（宴楽）という世俗楽が讃歎供養楽として用いられ続けていることについての理論的根拠追究でもあるわけで、ひいては十種供養のすべてを現実世界の「物」で賄わなければならないという娑婆世界の現実についての理論的根拠追究でもあると考えられる。片岡論文を称賛し参照した前記小野論文において、この論点に関連する注記があり、「空と方便に関する論述についてやや不十分」（前記論文二五頁）と記されている。しかし、片岡説においては、原始仏教では梵唄が肯定され、伎楽（世俗音楽）が斥けられたが、それは「悟道の目的に適うか否かという価値判断にとらわれた、いわゆる分別智に縛された音楽観といわねばならない。常識的には不都合なりと判断されるような官能的音楽といえども、これに接するわれ（主体）の考えを大乗的に転換させることにより、ともに一味の法雨に浴し、そのままにして仏音ならざるはない」（同書一三六頁）という解釈が示されている。現実の世俗楽を空の理論に立つ音楽観へ包摂ないし転換する思想的道程を説き明かすことは、これ以上は、困難ではないであろうか。あるいは、空観を軸回転して得られる「縁起生」理論を投入すれば、空とその方便としての世俗音楽の関係が説明しやすくなったと思われる。

小野氏は緊那羅王の音楽が前段階として、まず緊那羅衆に愛敬と信解・増敬を得させ、次の段階でその楽音の中から一切智へ導く三宝の声が流れ出るという二段階の方便説（前記論文一九頁）を説かれる。この優れた解釈は一種の心理学的解明ということができ、現実の雅楽法会の演奏根拠や利益を説明することができる。片岡説では同じ経文を引用するが「もともとこれらの人たちが音楽好きであったところへ、緊那羅王たちの演奏がすばらしかったので、好楽心が転じて仏法への理解が深まったのであるとされている。」（同書一三〇頁）と解釈する。この解釈では「起大愛楽信解増敬。得是愛楽信解増敬已。於是音中出於仏声法声僧声。不忘菩提心声。」という経文の傍線部分が生かされていない。この句が転換の回転軸なのであり、小野氏はそこに活路を見出された。

拙論では「仏教における音楽はすでに承認されたもの」とし、それ以後の音楽について探究してきたのであるが、『大樹緊那羅王所問経』を典拠とするこの二論文から「仏教における音楽の承認の根拠」について多くのことを学んだ。

これら二論文の八年前に、洪潤植『仏典に現れた仏教音楽の序説的研究』（『新羅仏教研究』山喜房佛書林、一九七三）がある。この論文で仏教音楽に関する楽器・音楽等の記事が採録された仏典は「阿含部」から『大般若経』、『妙法蓮華経』、『無量寿経』等一九種に及ぶ広汎なものである。仏教音楽の起源から漢訳経典の音楽までの経過を採録しようとされたためであろうと思われる。拙論における採録経典は『華厳経』、『法華経』、『浄土三部経』の三種に過ぎないが、それは日本雅楽の源泉としての仏典の記録を求めるために最重要な経典と考えたためである。洪氏論文では採録された楽器に鼓類が多いことが注目される。

拙論の主題である心性についてはほとんど採録がない。僅かに、

「善哉善哉、般遮翼よ、汝はうまく清浄の音で瑠璃に調和し、如来を称賛し、その音律は悲和哀婉にして万人の心を感動させる」

という『長阿含経釈提桓因所問経』（大正蔵一、六三頁C.）の文言を記すのみである。

また、この論文では、原始仏教における音楽の禁止と推奨の問題に対して、片岡氏論文で論じられた背反、乃至

は転換といった論理構造は持ち込まれていない。反って、『長阿含善王経』、『増一阿含三十四』、『釈提桓回向経』(同書六一六頁)等に基づいて、禁止された音楽は諸比丘の修行上の妨げになるような音楽であり、他方、奨励される音楽の意味・目的は仏・如来の讃歎供養・極楽浄土の荘厳であり、成道の方途であるが、畢竟するところ法音・妙音であり、これが仏教音楽であるという平明な解釈に立脚する。このような仏教音楽論は、洪氏の次のような芸術論に基づいていると思われる。

「芸術的本質とは、直視的にして言語で伝達できない幻想を重要な原則としており、その芸術は単純な幻想ではなく、その美は真であり、単純な空想ではないという点で、宗教と芸術の本質的関係を以て究明しなければならない性質のものである。」(同書六一七・六一八頁)

このように論述の起点ないし、基盤が前記二者とは異なり、前記二論文が重視する『大樹緊那羅王所問経』は典拠として取り上げられていなかった。代わりに『大日経』の妙音天、『法華経』妙音品の妙音の本事、『金光明経』の大弁財天女等の文句を典拠として、

「『妙音』とは、信仰的な立場から見ることができるけれども、一面では芸術的な意味も同時に含んでいる」(六一九頁)

として、妙音において芸術的美と宗教的真、教化の能力とが包括されていることを重要視する。言い換えれば、宗教と芸術の真髄はもともと同一の真理領域にある、釈尊が音楽を受容されたことはその理によるということであろう。

ところで、これら三論文においては自然界の音や宇宙的な音については僅かに触れられてはいるが、本論で重要視する「樹風」「樹神」については意識されていなかったことに気付く。緊那羅 kinnara の意味は「what sort of man?」「a mythical being with a human figure and the head of horse（or with a horse's body and the head of man）」とされ、人のような生き物、いわゆる擬人なのであるが、形象化された場合は、角のある馬の頭をもった人、または人の頭をもった馬ということになって、音楽との関係は察知することが難しいが、馬の鳴き声と関係があるのかもしれないともされている。

『大樹緊那羅王所問経』においては経名をはじめとして緊那羅王に大樹という語を冠している。しばしば、大樹緊那羅王として主語となり、あるいは vocative で呼び掛けられている。大樹とは何なのか、何時、なぜ緊那羅王はこの語を冠されたのかについては何れの論者も問いを発していない。羅什（三四三―四一三）訳より約二五〇年前の支婁迦讖（洛陽滞在一四七―一八六）訳では「純真陀羅所問如来三昧経」となっている。望月『仏教大辞典』1．五四三頁下・五四四頁上には「『法華経』第一序品には法（druma 樹の義）、妙法（sudharma）、大法（mahādharma）、持法（dharmadhara）の四緊那羅を挙げ」としている。私見では、大樹とは菩提樹のことであるかもしれない。菩提樹のそよぎは法音そのものであるであろうし、緊那羅王の奏する楽音もまた法音であるから、「大樹　即菩提樹即緊那羅王」ということができるのではないであろうか。これは全くの仮設に過ぎないが、この経に説かれた緊那羅王の楽音は悟りへの導きであり、法そのものであるという大威力が、もし、樹風、樹神の威力でもあるということになるなら、われわれは、樹風・樹林への認識を新たにしなければならないであろう。

ここに建築の領域から、仏教建築において「樹風」を含む自然界の音をどのように表現すべきかを模索する論稿がある。高口恭行「仏教音楽とまだ見ぬ建築」（建築雑誌 Vol. 103, No. 1269、一九八八年二月号）である。氏は『阿弥陀経』の極楽の描写、「鳥の和雅の音」、「微風ふいて、諸の宝行樹および宝羅網を動かして、微妙の音を出だせり」などを引いて、

「まったく音楽的でないようで、かすかに音響的な状況を涅槃寂静として積極的に指向した空間。それが仏教空間と音楽のかかわりであった。そんなふうに思われる。」と微妙で含み多い表現をされている。高口氏は建築家であり、大阪市の妙香院や専念寺の設計をされた。その建築に鳥の声や樹風や宝網の鈴の音を視覚的に表現しようとされた。現代の大都会の中は騒音に満ちており、鳥の声や樹風を伽藍内に取り入れることははじめから断念して、密閉された建築物内で視覚的に表現しようとされた結果である。鳥の声や樹風、宝鈴などを「まったく音楽的でないようで、かすかに音響的な状況」とされたのは消極的な評価とも思われるが、それらを音響的な状況として意識され、建築に表現しようとされたことに賛意を表したい。

なお、前述の楽書『教訓抄』に緊那羅のことが説かれていたが、出典はこの『大樹緊那羅王所問経』なのであった。平安、鎌倉時代の楽師はこのような知識まであったことに畏敬の念を禁じ得ない。

七　経典に見る音楽　結び

以上のように、雅楽の精神的源泉、芸術的源泉を『華厳経』『法華経』『浄土三部経』の中に求めた。そこに現れた音楽は、毘盧舎那仏の刹土の天楽であり、釈尊の会座の楽であり、無量寿国の楽であった。それらは同義である。その楽の目的は根源的に仏と仏法の讃歎供養であった。讃歎供養の対象は仏・如来・世尊であり、仏舎利や塔や『法華経』でもあり、さらに衆生や往生者でもあった。

天楽は大規模な器楽合奏（伎楽）と声楽であり、音律が整い、清揚・哀亮・微妙・和雅を感性的規定とする音楽であった。この音楽はまた、仏教の主要教義を表す音楽である。すなわち苦・空・無常・無我や寂静、十力・四無畏・六波羅蜜・不生不滅・無生忍等を演説する。音楽になった仏教思想なのである。

また天楽の奏者はほとんどの場合、天人であり、また自ずから鳴ることもある。浄土の風・水・波も天の楽となり、天人の楽と交響するという。この自鳴とか、自然界の楽とか、自然との交響という思想は、人間の音楽技術が超人的な域に達し、人為を越えた場合に、感得される境地に通じると推測される。『楽家録』の「音楽が仏と人を協和させる」という言葉は、宗教的到達点と芸術の窮極に境界がないということの表現でもあるであろう。

このように、経典の音楽とは何であったかが判明になると、その条件を満たし得る地上の音楽は近・現代にいうところの「雅楽」を措いて他にはなかったということが自ずと了解されてくる。古代、中世、近世を通じて、国家権力者も演奏家たちも、そして聴衆もこのような意識を自然に、ひそかに、体得しており、日常的に「身に付けていた」と思われる。そのことを三大楽書によって証明することができた。

しかし、この、世界にも希な音楽思想と感性的規定は、現代ではほとんど忘れ去られている。雅楽は精神的源泉なしでも存続しているが、将来の雅楽教育に、三大楽書の要約の一つでも復活されるなら、雅楽は芸術としての真の輝きを取り戻せることであろう。

註

（1）本章一～五までは、筆者論文「雅楽の精神的源泉」（峰島旭雄先生傘寿記念論文集『「いのち」の流れ』北樹出版、二〇〇九年所収）に大幅に加筆したものである。

（2）審詳は日本華厳宗の初祖、天平一二年（七四〇）金鐘道場において『華厳経』を講じた。聖武天皇臨御、名僧・公卿みな聴衆となる（宇井伯寿『仏教辞典』）。
審詳以前、元正天皇の養老六年（七二二）、太上天皇元明天皇の平癒のために、『華厳経』八〇巻をはじめ、『大集経』『涅槃経』『観世音経』を写し、諸寺において供養させる（『続日本書紀』岩波書店、日本古典文学大系2、一二五頁）。孝謙天皇の天平勝宝元年（七四九）、聖武天皇の平癒と百姓の救済を願って、五大寺に莫大な施入をしたときの願文に、『華厳経』を本として一切の経を転読し、講説させると記す（同書3、八三頁）。

（3）『日本霊異記』中巻第二十八、下巻第三（岩波書店、新日本古典文学大系30）。

（4）小野功龍『仏教と雅楽』一九・二一頁。

（5）同書、三四・三五頁。

（6）『華厳経』世間浄眼品第一之二、(国)五巻、五四・五五頁。(大)九巻四〇四頁中。［資料3］一頁。No.1,54,55.（以下(国)は国訳大蔵経を示す。頁数は(国)の欄外下端の漢数字。(大)は大正新修大蔵経を示す。）

（7）同書、如来昇兜卒天宮一切宝殿品第一九の一　(国)五巻、四四二・四四七・四四八頁。［資料1］no.36-59.

（8）たとえば、世間浄眼品第二(大)四〇四中。また普賢菩薩行品第三十一(大)六〇八上では(宮)宮内省図書寮本（旧宗本）と正倉院聖語蔵本で仗となっている。

（9）宗版・高麗版について、小野玄妙『仏書解説大辞典』別巻、六七八頁上、北宗官版大蔵経、七〇四頁下、北宗官版復刻高麗版大蔵経目録。

（10）印度学仏教学研究、通号三巻二一号、一九五三年、四三・四四頁。

（11）『華厳経』(国)五巻、菩薩十住品第十一、二八五頁、(大)九巻、四四六頁中。

（12）同書、如来昇兜卒天宮一切宝殿品第十九の二、(国)五巻、四六六頁、(大)九巻、四八四頁中。

（13）同書、金剛幢菩薩十回向品第二十一之九、(国)六巻、一六一頁、(大)九巻、五三七頁中。

（14）同、(国)六巻、一六四頁、(大)九巻、五三八頁中。

（15）同書、入法界品第三十四の一、(国)七巻、一三一頁、(大)九巻、六七七頁中。

（16）同、三十四の十六、(国)七巻、五六一頁、(大)九巻、七八一頁中。

（17）『漢字源』、『字源』、小学館『新選漢和辞典』より。

（18）『華厳経』盧舎那仏品第二の二、(国)五巻、一〇三頁、(大)九巻、四一三頁中。

（19）同、(国)五巻、一〇四頁、(大)九巻、四一三頁下。

（20）同、(国)五巻、一〇五頁、(大)九巻、四一三頁下。

（21）同、(国)五巻、一一二頁、(大)九巻、四一七頁中。

（22）同書、仏昇夜摩天宮自在品第十五、(国)五巻、三六五・三六六頁、(大)九巻、四六三頁上。

(23) 同書、如来昇兜卒天宮一切宝殿品第一九の一、(国)五巻、四四二・四四三頁、(大)、九巻、四七八頁下・四七九頁上。
(24) 同、(国)五巻、四四五頁、(大)九巻、四七九頁下。
(25) 同、(国)五巻、四四六・四四七頁、(大)九巻、四七九頁下。
(26) 同、(国)五巻、四四七頁、(大)九巻、四八〇頁上。
(27) 同書、如来昇兜卒天宮一切宝殿品第一九の二、(国)五巻、四五四―四五六頁、(大)九巻、四八一頁中。
(28) 同書、金剛幢菩薩十回向品第二一の一、(国)五巻、五〇〇・五〇一頁、(大)九巻、四九二頁上。
(29) 同書、金剛幢菩薩十回向品第二一の二、(国)五巻、五二九頁、(大)九巻、四九七頁中。
(30) 岩波文庫『法華経』上、譬喩品第三、一五四頁、(大)九巻、一二頁上。
(31) 同書中、化城喩品第七、一六・一八頁、(大)九巻、二二頁中。
(32) 同書下、分別功徳品第一七、四二頁、(大)九巻、四四頁中。
(33) 同書上、三二〇頁、中、一五四・一六八頁（多宝塔）・一七二頁（多宝塔）、下、五八・六四頁。他に音楽を伴わないもの、同、上、三一二・三一八頁。
(34) 同書上、序品第一、三四・三六頁、(大)三頁中。
(35) 同書上、方便品第二、一一二・一一四頁、(大)九巻、八頁下。
(36) 同、一一六頁、(大)九頁上。
(37) 『華厳経』金剛幢菩薩十回向品第二十一の一、(国)五巻、五〇二頁、(大)九巻、四九二頁上。
(38) 同書、離世間品第三十三の二、(国)六巻、五七七頁、(大)九巻、六三七頁上。
(39) 同書、離世間品第三十三の三、(国)六巻、六〇六頁、(大)九巻、六四四頁上。
(40) 岩波文庫『浄土三部経』下、『無量寿経』一八七頁。
(41) 岩波文庫『法華経』下、五八・六四頁。
(42) 岩波文庫『法華経』中、法師品第十、一四二頁、(大)三〇頁下。ここに後世、『法華経』の「十種供養」とされる諸供養が記されている。
(43) 同、一四四頁、(大)三〇頁下。
(44) 修多羅供『日本霊異記』中巻二十四縁と注。下巻三縁（岩波書店、新日本古典文学大系30）。
(45) 本書、五六頁、例39、六一頁、十種供養参照。

(46) 岩波文庫『法華経』上、三九・一一六頁。
(47) 同、一一六頁。
(48) 植木雅俊訳『法華経』上、三一頁。
(49) 同、一一七頁。
(50) 同、一一八頁。
(51) 同書下、四二二・四二三頁。
(52) 洪潤植『仏典に現れた仏教音楽の序説的研究』巻末の「隣接研究文献」参照。
(53) 岩波文庫『浄土三部経』上、『無量寿経』一七七頁。
(54) 同書下、『観無量寿経』(第二観、水想観) 五一・五二頁。
(55) 同書上、『無量寿経』一六六頁。
(56) 同、一七四・一七五頁。
(57) 同、一七九頁。
(58) 同、一八四頁。
(59) 同書下、『阿弥陀経』一三八頁。
(60) 本書、六〇・六一頁［資料6］、『華厳経』『法華経』『浄土三部経』の楽器対照表を参照。
(61) 本書、五二頁、風と楽の協奏以下に詳述。
(62) 重出、岩波文庫『浄土三部経』上、『無量寿経』一七五頁。
(63) 同 (梵文和訳)、六五・六六頁。
(64) 同、一九七頁。
(65) 同、二七四頁、九二、師は…―以下一段下げて印刷してある部分は、梵文がない。漢訳から現代語になおしたのである。
(66) 同 (梵文和訳)、六八頁。
(67) 岩波文庫『浄土三部経』上、三三四頁。
(68) 同書上、一七七頁。
(69) 同書上、一七五・一九六頁。下、『観無量寿経』一三八頁。
(70) 同書下、『観無量寿経』五五頁。

(71) 重出、注53、例41。
(72) 重出、注66、例51。
(73) 不共法 āveṇika-buddha-dharma　仏や菩薩にのみ具り、凡夫にはない優れた特質。
(74) 無生忍 vaivārtika-kṣānti　不生不滅である真理をさとって、しかと知り、心を安んずること。
(75) 前掲『浄土三部経』上、『無量寿経』一七九・一八〇頁。
(76) 同（梵文和訳）、六九・七〇頁。
(77) 重出、注54、例42。
(78) 前掲『浄土三部経』下、『観無量寿経』五五頁。
(79) śāri, śārikā　百舌鳥とも訳され、羽根黒く脚黄色で嘴は橙色という（同書下、『阿弥陀経』註、一七一頁）。全身黒色頚部のみ黄色を帯びた鶉大の鳥。よく人語を暗誦するマイナ鳥（宇井伯寿『仏教辞典』）。
(80) kalaviṅka　訳は好声、美声、美音等。雪山（ヒマラヤ）に出る鳥で、殻中に在るうちからよく鳴き、その声は和雅であって、聞く者は飽きることがないという。あるいは極楽の鳥といい、浄土曼陀羅などには人頭鳥身の形に描かれる（宇井伯寿『仏教辞典』）。
(81) 命命鳥ともいい、人面禽形で一身二頭という（岩波文庫『浄土三部経』下、『阿弥陀経』註、一七二頁）。
(82) 同、註、一七二頁参照。
五根 pañca indriya。信根 śraddhā-i.　精進根 vīrya-i.　念根 smṛti-i.　定根 samādhi-i.　慧根 prajñā-i.。
(83) 五力 pañca balāni　信・精進・念・定・慧の五根が進歩して、五障を除く力をもつこと。
(84) 七菩提分（七覚支）sapta-bodhyaṅgāni 涅槃に至る行道のうち、仏道修行において、智慧によって諸法を観察し覚了する部門。
1　択法覚支 dharma-pravicaya-sambodhyaṅga 法の真偽を判別して、真を取り、偽を捨てること。
2　精進覚支 vīrya-s. 真の正法を選び、専心に精進すること。
3　喜覚支 prīti-s. 真の法の喜びに住すること。
4　軽安覚支 praśrabdhi-s. 煩悩の中にあるわれわれの身体は生死に縛り付けられているが、それを除き、断じて心身の軽安を得ること。
5　捨覚支 upekṣyā-s. 外界の対象を知覚・認識する心を捨て平安になること。
6　定覚支 samādhi-s. 心を一つのことに専念集中し、散漫にならないこと。

7　念覚支 smṛti-s. 道法を修するとき、定慧を平均ならしめること。心の沈むときは択法・精進・喜の三覚支を以って諸法を観察して心を励まし、心浮動するときは捨覚支を用いて身口の過を除き、捨覚支を用いて観智を捨て、定覚支を用いて禅定に入りてこころを静める。このうち前三は慧に属し、次の三は定に属し、後の一は定・慧に属す。（宇井伯寿『仏教辞典』）

(85) āryāṣṭāṅgika mārga 中正で理に叶った涅槃に至る道。いわゆる八正道。

1　正見　正しく四諦の理を見る。

2　正思惟　正しく四諦の理を思惟する。

3　正語　実ある語をなす。

4　正業　身の一切の邪業を除き、清浄の身業に住すること。

5　正命　身口意三業を清浄にして、正法に随い五の邪命を離れること。

6　正精進　涅槃の道に努めること。

7　正念　正道を憶念して、邪念ないこと。

8　正定　無漏清浄の禅定に入ること。　（宇井伯寿『仏教辞典』）

(86) 前掲『浄土三部経』下、『阿弥陀経』一三七頁。

(87) 同（梵文和訳）、一二四頁。

(88) 同書、一三八頁。

(89) 同（梵文和訳）、一二五頁。

(90) 拙論「雅楽の精神的源泉」の三、中世以降の楽師の意識——楽書に見る——、四、結び　に加筆したもの。

(91) 慈尊は弥勒菩薩。慈尊万秋楽は唐楽の万秋楽のこと。『楽家録』五（巻之四九、一六四五頁）によると異名が二五もある。その多くは一見して仏教的である。慈尊一首楽、慈尊陀羅尼楽、慈尊功徳楽、慈尊武徳楽、見仏問法楽、曼陀万秋楽、菩提樹下楽、一乗法華楽、弥陀引摂楽、蓮華万秋楽、九品万秋楽といった具合である。九品万秋楽　等ともいう。また、日本古典全集『教訓抄』一一、一一三頁にも説く。

(92) 五音　宮・商・角・徴・羽の五音で表される音階、またその音名に法って奏される音楽（宇井伯寿『仏教辞典』による。また中村元『広説仏教語大辞典』によれば『往生要集』に出ているとされる）。

(93) 『教訓抄』巻七（日本古典全集『教訓抄』巻七、二九四・二九五頁、『群書類従』第十九輯上管弦部。現代語訳筆者。

(94) 光音天。Ābhāsvara 光をことば（音声）とするものの意（中村『広説仏教語大辞典』）。

(95) 前掲『教訓抄』(日本古典全集、巻七、三枚目裏)。
(96) 『梁塵秘抄』は一一六九年後白河法皇編。なお、関連論文に南谷美保「管絃も往生の業となれり」――音楽往生という思想についての一考察――四天王寺国際仏教大学紀要、第三五号、二〇〇三年六月がある。
(97) 『體源鈔』四、十二ノ下『日本古典全集』一七三九頁。
(98) 同書、十二ノ上、一五四一頁、十二ノ下、一七四〇頁。
(99) 同書、十二ノ下、一七四三頁。
(100) 『楽家録』巻五、四十四。仏前奏楽、一四六五頁。
(101) 同書、仏前奏楽、一五〇七・一五〇八頁。
(102) 重出、注37。
(103) 重出、注41。
(104) 『浄土三部経』上、『無量寿経』一八九―一九二頁。
(105) 同書、一九七頁。
(106) 『大樹緊那羅王所問経』四巻、(大)十五巻、三六七頁以下。
(107) 小野真「仏典における仏教・音楽的コンセプトと法会におけるその現実化」『日本伝統音楽研究』第四号、二〇〇七年。

第三章　節会・饗宴・御遊びにおける心性――自然と人間の共演の心性――

さて、朝廷の部署である「雅楽寮」ないし「楽所」[1]の第一の職務は、前述のように[2]宮中の神前における「国風歌舞」であったが、それらの祭祀の他に、節会（元日、白馬、踏歌、端午、重陽、豊明、任大臣など）などの公的な祝宴・饗宴に携わった。また大貴族邸宅でのそれに準ずる祝宴・饗宴にも携わった。これらは「大饗」と称されるがそこで饗宴第一部として演奏、奏舞されたのはいわゆる「渡来系音楽」であった。

その演奏が行われた場所はどのようであっただろうか。

『中右記』（一）寛治二年（一〇八八）正月一七日、白河上皇の大炊殿に行幸があり、その南庭で舞楽御覧。（堀川）天皇は南殿に出御……先ず参音声は春庭楽、雅楽頭前行、次万歳楽、賀殿、地久、以上舞人六人、舞台に立たず、南庭を用いる。舞終わって退出音声は長慶子。

『中右記』（七）長承二年（一一三三）正月二日朝覲《ちょうきん》（天皇が上皇の御所に行幸して新年の挨拶をする儀礼）。……（崇徳天皇の御輿が鳥羽上皇の）院の御所に至る。……振鉾《えんぶ》のとき小雨が降り庭が湿ったけれども中止はしなかった。

このように、宮中や上皇の御所などで祝宴や饗宴の舞楽が奏される場所は雨天でない限り御殿の主殿である寝殿の庭上であることがわかる。殿上では衝重《ついがさね》[3]が据えられ、初献《しょこん》から五献等まで御酒が振舞われる。また、この間に舗飩・湯漬・海雲汁・鳥汁・薯蕷粥・菓子などが供される。献杯される人とする人の位階にはそれぞれ決まりがあるなど、作法は厳しいが儀式そのものよりは寛いだ雰囲気であったと思われる（酒食の供される間は奏楽、奏舞は行われない）。

舞楽も含む祝宴の部分を第一部とすると、引き続き第二部として「管絃」の「遊び」が行われ、ほとんどの場合、深更に及ぶ。「管絃」と記されているのは臣下の饗宴の場合で、前述の「御遊」と区別している。曲目は渡来系をはじめとして「催馬楽」「朗詠」すなわち歌唱も加わる。この場合は天皇や上皇は母屋の御簾の中、上卿は廂に、上達部は廂の外の簀子《すのこ》などに着座し、下官の助奏者は長橋や階下の砌《みぎり》（階段下周りの石畳）などに座を給わり、上下で奏和する。すなわち管絃の遊びは室内の遊びということになる。この場合、主催者も演奏者も区別なく、参加者全員が演奏者であり、鑑賞者であり、評論家なのである。場所は寝殿造りの邸宅の中である。しかし、後世の一般の邸宅のように閉ざされた屋内ではなく、外気に解放された空間である。そよ風や緑風、また花のさかりの季節ばかりではなく、一二月、正月、二月といった寒季においてもそうなのである。日本の美の要素としてしばしば「雪月花」や「春夏秋冬」が挙げられるが、王朝時代には、音楽もまた美的自然なしには成り立たなかった。寒気という自然さえも美として取り込まれたことに、現代人は認識を新たにすべきであろう。

周知のように、これらの饗宴や「御遊」の情景は『うつほ物語』、『源氏物語』、『栄華物語』などに描写されていて、雅楽合奏が平安貴族の生活に大きな部分を占め、大量の時間が当てられていたことに驚きを禁じ得ない。演奏空間については第四章、第六章で詳しく考究したい。

祝宴・饗宴と「御遊」の音楽には、「御神楽」と仏前奏楽によって養われた音楽性、すなわち神明や仏・法を志向する精神性を基底にもちながら、それらと異なって「人間のための音楽」という特質が全体を覆うようになる。献楽ないし音楽供養の対象であった神明あるいは仏、如来は背景に退き、奏楽者自身ないし鑑賞者のための音楽が成立する。言い換えればそれは人間のための音楽である。

一　人間の音楽

❖ 奏者・音楽・聴者の一体性

参会者はみな或るときは奏者となり、また鑑賞者となり、楽器も取り換えたりするという演奏方式をとるから、そこに居る参会者全員が共に音楽を合奏し、共に楽しむことになる。「共奏共楽《らく》」といったらよいであろうか。

この二つの特質が相俟って、特に御遊びにおいてはその陶酔はさらに、音楽を昇華させ、音楽そのものを超越的領域として体験する傾向を帯びる。それは『物語』や公卿日記をプレリュードとして、遂には後白河法皇の『梁塵秘抄』においてその極に達する、と考えてよいであろう。『梁塵秘抄』をひもとけば古今の研究書を待つまでもなく誰でもが了解するように、法皇にあっては音楽の極致はすなわち解脱の境地であったのである。それはまさに平安貴族の浄土観、現世に極楽を引き寄せ、現実化し、現前させようとする願望の現れなのであった。このような願望の視覚化されたものとして宇治の平等院、平泉の金色堂などが著名であるが、そこでも雅楽が奏され、『源氏物語』の表現を借りれば(4)「この世のことと思えない」この世のものが体験されたわけである。『梁塵秘抄』では仏、如来、仏法の讃歎が印象的であるが、それらは人間としての「われ」の往生へとつながり、法皇の目的はそこにあるのである。仏法における衆生、その代表者である人間の救済こそがテーマなのである。このことは、実は大乗仏教の基幹思想なのであった。

❖ 自然との共演性

自然と融合した音楽という特質は、すでに見てきたように、「御神楽」(5)の特質の一つでもあったし、「経典に見る音楽」の特質でもあったが、祝宴・饗宴と「御遊」の音楽においても著しく、その享受はより一層、意識的になり、感性の洗練も極度に高まった。

❖ 風と楽の協奏

風と楽の協奏では、松風との交響の例が圧倒的に多い。たとえば、

例61　木だかき紅葉のかげに、四十人の垣代《かいしろ》(6)、いひ知らず吹き立てたるものの音どもにあひたる松風、「まことの深山おろし」と聞えて吹きまよひ、色々に散りかふ木の葉の中より、青海波の輝き出でたる様、いと、おそろしきまで見ゆ。……今日は、又なき手を尽くしたる、入綾の程、そぞろ寒く、この世のこととも思えず。ものの、見知るまじき下人などの、木のもと、岩がくれ、山の木の葉に埋もれたるさへ、少しものの心知るは、涙おとしけり。(7)

例62　（野の宮に六条御息所を訪ねる）秋の花みな衰へつつ、浅茅が原も、かれかれなる虫の音に、松風すごく吹きあわせて、そのこととも、聞わかれぬ程にものの音ども、たえだえ聞えたる、いと艶なり。(8)

例63　つれづれなれば、かの御形見の琴をかきならす。折のいみじゅうしのびがたければ、人離れたるかたにうちとけて、すこし弾くに、松風、はしたなく（聞く人もいないと、気をゆるして弾いたのに、明石上がきまり悪く思うほど）響きあひたり。[9]

例64　松風も、いと、よく、もてはやす。ふき合わせたる、笛の音に月も通ひて、澄める心地すれば、[10]

などのように松風と舞楽の合奏音や、琴の音、笛の音などが協奏する。

また、川風、山風、みやまおろしとの協奏もある。

例65　琵琶、和琴ばかり、笛ども上手のかぎりして折にあいたる調子吹きたつるほど川風ふきあわせて、おもしろきに月　高くさしあがり、よろずの楽の音澄める夜、[11]

例66　日、ようようくだりて、楽の舟ども漕ぎまひて、調子ども奏する程の山風　ひびきておもしろく、吹きあわせたる、[12]

このように琵琶、和琴、笛と川風、舞楽曲と山風が合奏するように感じられ、例61のように混然として「深山おろし」のようであるなどがある。

この風、特に松風に代表される樹風は、平安時代の音楽演奏とその享受にとって天与の宝物のような音環境であったことが読み取れる。このような音環境は現代のハイパーソニックの研究によって構築された「音の環境学」の新鮮な視点を借りて科学的に解明が得られるが、そのことについては第七章で述べることにする。

❖　虫の音や鳥の声

また、虫の音や鳥の声も楽音と響き合う。

例67　かうようなる物の音に虫の声撚りあわせたる、ただならずこよなく、ひびき添ふ心ちすかし[13]、

「楽音に虫の声が撚り合わせたように」という表現は、楽音がはっきり聞こえまた、弱まる、と同時に虫の声が高まりまた、弱まるといった微妙な響き合いを巧妙に表している。一斉にハーモナイズしているのではない。現代ではまれに聞くことのできた神社での演奏では、楽の音が途切れる束の間に虫の声が響き、楽音、虫の音、楽音、虫の音というように交互に聞かれた。虫の音は鑑賞に充分な音量であったが、さすがに楽音は大きくてその間は聞こえない。あるいは、奏楽の間は虫は鳴き止むのであろうかと思われる。

例68　鶯のうららかなるねに、鳥の楽（壱越調　迦陵頻のこと）、はなやかに聞きわたされて、池の水鳥も、そこはかとなく囀りわたるに、（曲は）急になり、はつるほど、あかずおもしろし[14]。

自然の鳥の声（鶯・水鳥）と迦陵頻という鳥の曲、そして水鳥の囀りが交響する。前掲の例62では、虫の音と松風が響き合い、それに混じって遠く楽音がかすかに聞こえる。

❖ 月と夕陽

例69　入（り）がたの日影、さやかにさしたるに、楽の声まさり[15]、

例70　やうやう入日になる程、「春の鶯さえずる」といふ舞、いとおもしろく見ゆるに[16]、

例66　日、ようようくだりて、楽の舟ども漕ぎまひて、調子ども奏する程の山風　ひびきておもしろく、吹きあわせたるに[17]、

日の光が描かれることは少なく、それも日中の強い陽射しではなく、たいていこのように夕日である。また、管弦の場ではなくて庭苑で行われる舞楽の場面においてである。

それらに対して管弦の演奏にはしばしば月が伴う。

例71　笙の笛は、月のあかきに、車などにて聞きえたる、いとをかし。[18]

右は『枕草子』からの引用であるが、『中右記』にも例が多く、

例72　天には未だ月が明らかで、池上の糸竹の調べ興に入り幽玄であった。[19]

例4　その時天は晴れ、月は明らかに、歌・笛の声に自ずと感歎したことであった。[20]

などがある。月と楽音が共奏するとまではいっていないが、共存し相俟っていることがわかる。

例65　琵琶・和琴ばかり、笛ども、上手のかぎりして、折にあひたる調子、吹きたつるほど、川風ふきあはせて、おもしろきに、月、高くさしあがり、よろずの事澄める夜の、[21]

例73　月、花やかにさし出るほどに、大御遊び始まりて、いと、今めかし（風情がある）。[22]

例64　松風も、いと、よく、もてはやす。ふき合はせたる、笛の音に月も通ひて、澄める心地すれば、[23]

月は人の心のうちに射し込み、人の心を晴れ晴れとさせる。また、一二月の月は幽邃な御神楽の楽音に通う。そして、「松風に……ふき合わせたる、笛の音に月も通ひて」とは何という奏楽融合であろうか。まさに、月と人間世界の美的融合の極地を言い表している。これ以上、壮麗でありながらしみじみとした音楽空間があるであろうか。

さらに、「月と奏楽の春秋競べ」ともいうべき有名な音楽対話がある。

例74　（源）「心もとなしや、春の朧月夜よ。秋のあはれ、はた、かうようなる物の音に虫の声撚りあはせたる、ただならず、こよなく、ひびき添ふ心ちすかし」とのたまえば、大将の君、「秋の夜の、隈なき月には、よろづの、物のとどこほりなきに、琴・笛の音も、あきらかに澄める心ちはし侍れど、猶、ことさらに作り合わせたるやうなる空の気色、花の露も、色々目移ろひ、心散りてかぎりこそ侍れ。春の空の、たどたどしき霞の間よ

り、朧なる月影に、しづかに吹き合はせたるやうには、いかでか（及ばん）[24]。

よく知られている春秋の奏楽の風情比べである。光源氏は秋の風情をよしとする。秋は冴え渡った月の光に楽の音は澄み渡るが、春はたよりない。それに対して夕霧は、春はぼんやりと霞がたち月影も朧で、楽の音が柔かく調和するが、秋はすべてのものがはっきりとして、わざとらしい。花の露さえ煌き過ぎて気が散るほどである、と論じている。そして、源氏は判定は定めがたいという。

この音楽論争は繊細な情緒論とされるのが普通であろう。しかし、私の観るところでは、単なる情緒論にとどまらないものがあると思われる。空気の乾燥と湿潤や冷気と暖気、その結果としての月光の澄明と朧曖《ろうあい》、といった大自然の環境を鋭敏に感知して、意識的に演奏の要素としているわけで、一種の科学性が感じられる。その場合、いささかも人為・人工によって自然を改変するということがない。そのままの自然と共演・交響するのである。

このように「月の明きに、月明らかに、月高くさしあがり、月花やかに、春の朧月夜、秋の隈なき月」など、月と管弦は離れがたい。人工の光源が発達していなかった時代のことであるから、月光が光源としていかに重要であったかはいうまでもないが、それならば、陽光のほうが遥かに有効であるであろう。それにもかかわらず月の光がもてはやされ、楽音と緊密な関係において語られるのはなぜであろうか。現代の科学で「月光と人間の脳波の関係」と、「月光と楽音と脳波の関係」を採録、分析してみれば、平安貴族の体感していた月光と楽音のもたらす情趣が明らかになることと推測するのである。

❖　水の音

例75　（夕霧の宇治の別荘にて、匂宮）夕つかたぞ、御琴など召して、あそび給ふ。例の、かう世離れたる所は、水

の音も、（楽の音を）もてはやして（引き立てて）[25]、

宇治川は現代では上流にダム（天ヶ瀬ダム）ができて水量を調節しているが、それでも宇治橋のあたりではいつも川幅いっぱいに満々と流れている。京の都の賑やかさや世俗性を離れた宇治の別荘で、その水音は楽の音をひきたてて伴奏するように面白く聞こえたのである。

例76　（賀茂の上の社）声あはせて舞うほどもいとをかしきに、水の流るる音、笛の声などあひたるは、まことに神もめでたしとおぼすらんかし[26]。

この二例では水が楽音を引き立てるばかりでなく、合奏の域に達している。

二　心性を表す用語

ここまでに、平安貴族の音楽の特質を、(1)人間の音楽、(2)奏者・音楽・聴者の一体性、(3)自然との共演性、と捉えて考察してきたが、あらためてその中に現れた「心性」を取り出し、「仏教経典に現れた音楽の心性」とも比較してみたい。

例61から例76までの諸例の中に次のような「心性」に関わる表現がある。

[主観的表現]　あはれ[27]。いとおそろしきまで、この世のものとも思えず、涙おとす[28]。ただならず、こよなく、ひびき添ふ[29]。なつかし（親しみが持てる）[30]。なまめかし[31]（何気ないようで優雅である）、たとえんかたなし[32]。すごく（身もすくむように物さびしい）[33]。しのびやかに[34]。おどろおどろしからぬ[35]。はかなきさまに（固くない、ふわりと）[36]。ほのかに[37]。感嘆した[38]。

［客観的表現］　楽の音澄める、[39]おもしろき。[40]はなやか。[41]今めかし（風情がある、賑やか）。[42]しずかに。[43]はるか。[44]そこはかとなく（此方、彼方に）。[45]ほのかに（ほんの少し）、かしがまし、をかし。[46]幽玄であった。[47]
［中間的表現］　いと艶（さえざえとした情趣がある）なり。[48]ことごとしく。[49]神もめでたしと思すらんかし。[50]

以上のようであるが、これらの表現を内容別に分類整理することができなかった理由は、奏者であり、視聴者であり、評論家であり、あるいは芸術監督でさえあった平安貴族の音楽的心性は非常に繊細微妙であって同種性を捉えて一々の枠に納めることが困難であったからである。そのことは仏教経典に現れた音楽の心的表現と対比すると明らかである。［三種の経の音楽性の比較］（本書七〇―七二頁）に表示したように、経典においては仏教音楽そのものが具えるべき性質が表記されている。それは仏教音楽という認識対象に極めて密接した表象を表現するものである。言い換えれば客観に極めて近接した表現である。いうまでもなく、認識する主体は人間の主観であるから、対象の発する刺激によって判断に心情的な要素が生ずることは免れない。したがって客観を表現する場合の表記・言語に情感性が加わることを避けることはできない。まして、音楽という情操的対象についての表現では、主観の心情性が客観を深く捉えていることも少なくないのである。

このような見解に立って平安貴族の音楽性の表現を観察すると、音楽という対象が深く心性を刺激した結果極めて主観的な表現をとる場合と、対象そのものを表現しようとする場合と、その中間に位置する表現とに分類することができるであろう。それを前記のように区分してみた。これらを経典音楽の心性の表現と比較すると、経典の音楽については、主観的表現は少なく、娯楽、甘露、歓喜、不思議などがある。また中間的表現を別立する必要はないであろう。経典音楽は三宝に対する讃歎供養を第一義とし、人間を主要な構成員とする衆生への供養は副次的なものであるから、その衆生＝人間の主観性は音楽に関しても表面に現れてこない。客観的にどのような音楽が供養されるべきかが問題であり、その規定が求められた。すなわち讃歎供養音楽を客観的に表現することが必要とされた。結果として、静揚、哀亮、微妙、和雅、煥、明曜、清浄等の客観的表現が見られた。なお、『無量寿経』に現れた音楽についての心的表現において考察したように、「静揚、哀亮、微妙、和雅」は漢訳の独創的な訳語であって、原典からの現代語訳では「甘美な、陶然たらしめる」という主観的、感覚的乃至やや官能的な表現であったことに留意したい。それらを考慮すると、平安時代の雅楽、とりわけ管弦の遊びにおける平安貴族の音楽表現は漢訳経典の客観的規定を底流としながら、遥かに人間の繊細な主観の表出が豊かであって、その表現は経典の表現を遥かに上回って洗練されたものと見ることができる。第一節の冒頭（九六頁）で「管弦の御遊び」の音楽性は「人間の音楽」であると述べたのであるが、そのことは「管弦の御遊び」の演奏の総体が「奏者・音楽・聴者の一体性」言い換えれば「共奏共楽《らく》」によって成り立っていることによっていわれ得るのみならず、音楽の心性が客観的表現とともに主観的表現において優れていることにおいて証明することができる。

このように、『源氏物語』等の音楽描写によって、楽音と自然環境との交響・共演において人間の感覚や感性が、いかに繊細・精妙に反応していたかを、われわれは知ることができる。

註

（1）文武天皇の大宝元年（七〇一）律令によって太政官の治部省に雅楽寮が置かれた。後、村上天皇の天暦二年（九四八）楽所が置かれると、そちらに移行した。
（2）第一章一、本書、一一・一二頁参照。
（3）食器を載せる台。白木で現在の三方のようなもの。四方に穴をあけたものもある。
（4）岩波書店、日本古典文学大系『源氏物語』一、「紅葉の賀」二七四頁。以下、『源』と略す。
（5）自然との共演性は「御神楽」の特性でもある（本書、一四頁）。

(6) 舞楽「青海波」のとき、庭に立ち並んで吹奏する楽人。垣根のように舞い人を囲むことからいう。
(7) 『源』一、「紅葉の賀」二七四頁。
(8) 『源』一、「賢木」三六八頁。
(9) 『源』二、「松風」一九九頁。
(10) 『源』五、「手習」三七四頁。
(11) 『源』二、「松風」二〇八頁。
(12) 『源』二、「乙女」三一七頁。
(13) 『源』三、「若菜下」三四八頁。
(14) 『源』二、「胡蝶」四〇〇頁。
(15) 『源』一、「紅葉賀」二七一頁。
(16) 『源』一、「花宴」三〇四頁。
(17) 『源』二、「乙女」三一七頁。
(18) 『枕草子』二一八段、二五〇頁、以下、『枕』と略す。
(19) 『中右記』一―一七三頁上、嘉保元年（一〇九四）八月一五日の船楽の記録。
(20) 『中右記』一―三一〇頁上、嘉保二年（一〇九五）一二月八日の御神楽の記録。
(21) 『源』二、「松風」二〇八頁。
(22) 同、二〇八頁。
(23) 『源』五、「手習」三七四頁。
(24) 『源』三、「若菜下」三四八頁。
(25) 『源』四、「椎本」三四〇頁。
(26) 『枕』一四二段、一九八頁。
(27) 『源』一、「紅葉の賀」二七一頁、同書、五、「宿木」一一四頁。
(28) 以上『源』一、「紅葉の賀」二七四頁。
(29) 以上『源』三、「若菜下」三四八頁。
(30) 同、三四八頁。

(31)『源』二、「胡蝶」三九七頁、三、「藤裏葉」二〇五頁、四、「紅梅」二四〇頁。
(32)『源』二、「乙女」三一八頁、二、「胡蝶」三九七頁。
(33)『源』一、「賢木」三六八頁。
(34)『源』三、「篝火」四二頁。
(35)『源』三、「若菜下」三三一頁。
(36)『源』二、「胡蝶」四〇〇頁。
(37)『枕』二一八段、二五〇頁。
(38)増補史料大成『中右記』嘉保二年。
(39)『源』二、「松風」二〇八頁。『源』五、「手習」三七四頁。
(40)『源』二、「松風」二〇八頁、「乙女」三一七頁、「胡蝶」三九八・三九九頁他。
(41)『源』二、「胡蝶」四〇〇頁、三、「篝火」四二頁。
(42)『源』二、「松風」二〇八頁。
(43)『源』三、「若菜下」三四八頁。
(44)『枕』二一八段、二五〇頁。
(45)『源』二、「胡蝶」四〇〇頁。
(46)『枕』二一八段、二五一頁。
(47)『中右記』嘉保元年八月。
(48)『源』一、「賢木」三六八頁。
(49)『源』二、「胡蝶」三九六頁。
(50)『枕』一四二段、一九八頁。

第四章　自然との共奏を可能にした人工と自然の音楽空間――庭屋一如――

前章において、平安時代の雅楽の理想的演奏は自然との協演を俟って初めて完成するということ、ならびに演奏者と視聴者の理想とする心性は自然と楽音との協奏において初めて満足を得るということを明証した。次に、それらの理想的演奏を可能にする音楽空間、演奏・視聴空間はどのように構成され、造営されたのかを検証したい。

一　平安時代の建築物

平安時代以降、いわゆる雅楽演奏が行われた主たる建築物は紫宸殿、清涼殿、後涼殿、飛香舎（藤壺）、上皇の御所、左・右大臣の邸宅、大社の社殿などであったが、それらの建築構造と、庭園の構造などを念頭に置きながら、考察してゆく。いわゆる寝殿造り建築の間取りについては、『広辞苑』、古典文学大系の『源氏物語』の付図などと、倉田実編『王朝文学と建築・庭園』(1)によって、おおよその見当は得られる。母屋、廂、簀子などの床面が問題となるだけでなく、屋根や軒の内側の構造や素材が演奏音の音響効果に多大な影響を及ぼしていると考えられるが、特に屋根内については天井の有無や種類について不明な点が多い。それを推察するためには、現在の京都御所の紫宸殿、清涼殿、大覚寺の宸殿・霊殿、仁和寺御所、平安神宮、その他の平安時代風建築の体験を参考にしながら進めることになる。

❖ 紫宸殿

紫宸殿は内裏の中心的な建物でその南庭とともに、多くの即位礼、御神楽、節会など国の重要祭儀に用いられてきた。御神楽は明治維新前までは摂政や大臣等上級公卿によって奉仕されていた。平安時代には紫宸殿内部で行われたこともあった。節会には元日・白馬《あおうま》・踏歌・端午・重陽《ちょうよう》・豊明《とよのあかり》（新嘗祭・大嘗祭の翌日の賜宴）があり、雅楽の演奏を伴った。元日、白馬（七日）、踏歌（一六日）の節会の楽は立楽である。

踏歌の節会では紫宸殿の南庭で舞楽があり、催馬楽（古くは朗詠も）を歌い、その後、歌いながら後宮、院の御所、摂関家などを廻る。歌（声楽）に巧みな四位以下の殿上人・地下人が召された。

紫宸殿における配置図と略式が『楽家録』巻之四十七[2]に記されている。慶安三年（一六五〇）以前の方式と以後の方式の二様がある。古式では国栖《くず》笛があって後に踏歌舞楽があった。古式、新式とも立楽で「舞台及び楽屋なし。庭上に於いて舞う。」とある。新式の記載には楽人「五十人、常装束（襲装束）を著す。」と記されている。この楽人五〇人の中に催馬楽を歌う者

紫宸殿（『京都御所』伝統文化保存協会、14 頁）

も含まれているかのような記述である。『源氏物語』に見るような内裏での奏楽の後、後宮、院の御所、摂関家などを廻る[3]という記述はない。私見に過ぎないが、そのような慣例は応仁の乱（一四六七—一四七七）頃には失われていたのであろう。

先ず、古式の図と記述を読み解いてみよう。

『楽家録』巻之四十七旧例、第二立楽列立之図『古』一五四二頁の図と、旧例、第二御節会立楽略記一五四一頁の記事によると、舞人、笙、篳篥、笛、の楽人たちがこの図の位置に半輪（U字型）に列立する。内弁が紫宸殿を降りて軒廊《こんろう》の南端の椅子に坐し、官人を通して楽人たちに奏楽を命じる。楽人たちは調子を奏し、楽二曲を奏して後、退去する。

軒廊　奥に見える階の左側に石階がある
（前掲『京都御所』17 頁）

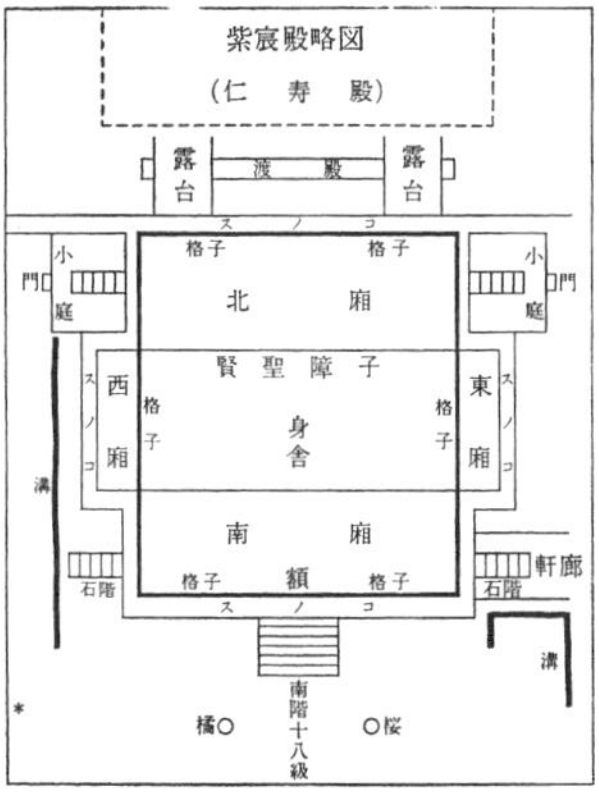

紫宸殿略図
（*の外に月華門があり、その北に近く右近の陣がある。御用水（溝）はその辺にも流れていた。今御用水の一部だけを掲げた）
（『源氏物語』三、日本古典文学大系3、岩波書店、479 頁）

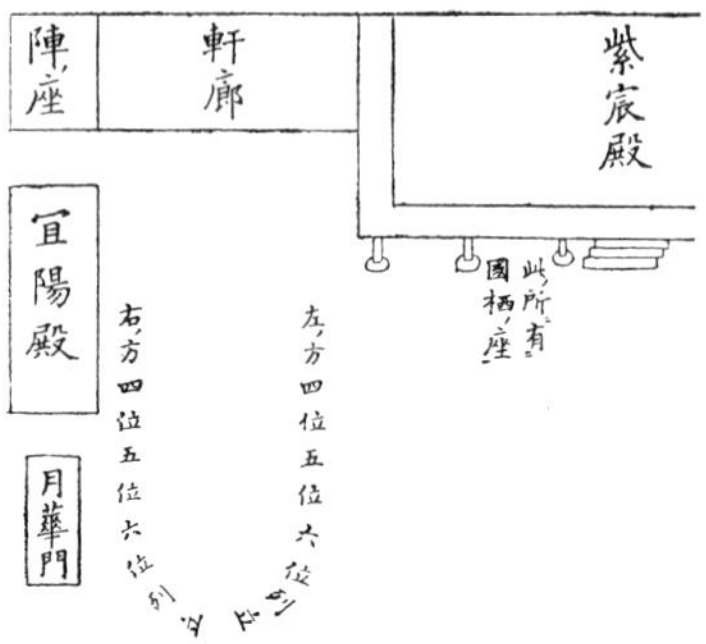

古式の配置図
（『楽家録』五、日本古典全集、現代思潮社、1543 頁）

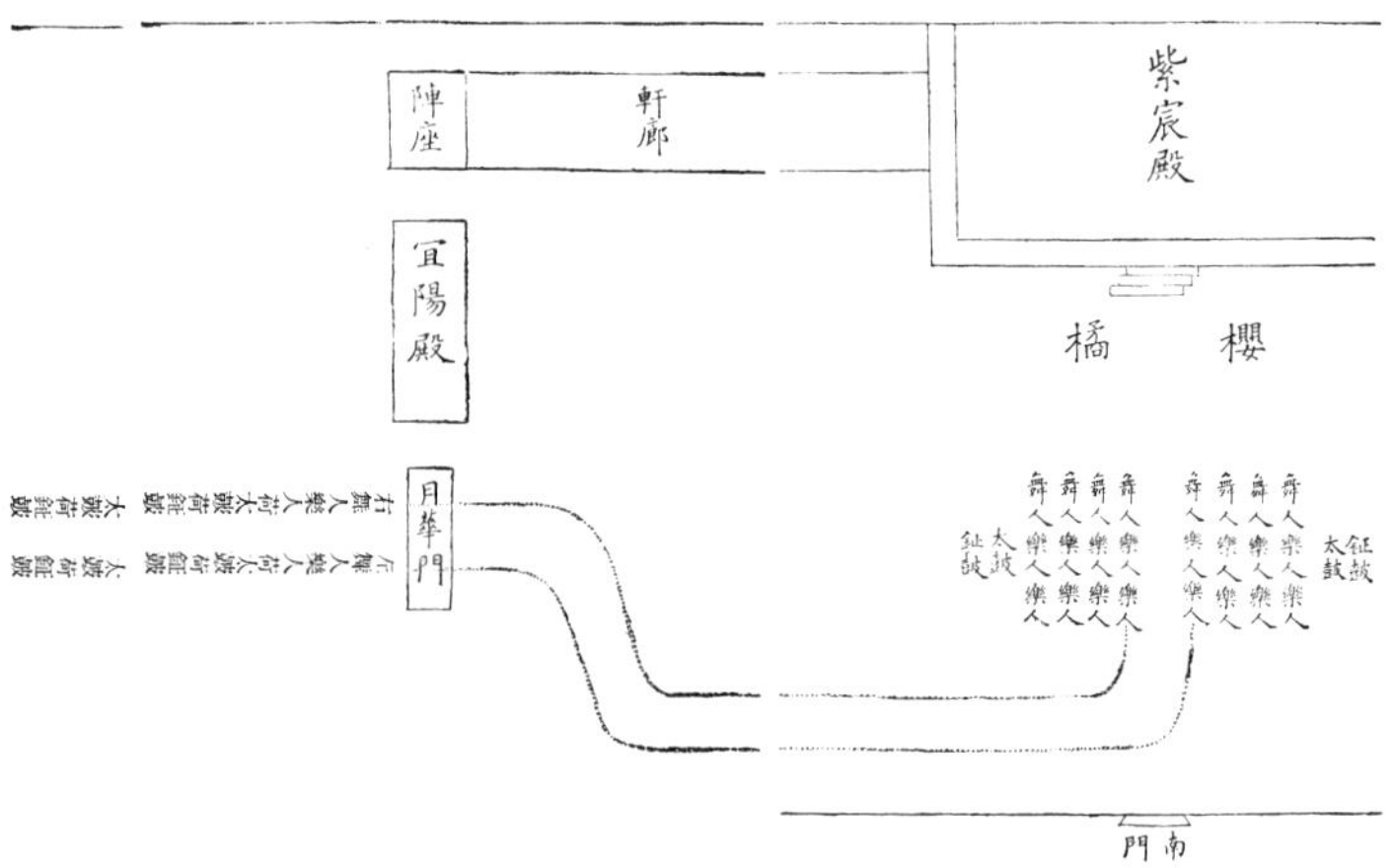

新式の配置図
（前掲『楽家録』五、1544—1545 頁）

出入は図から推測すると月華門のようである。ここには踏歌の主役である「催馬楽や朗詠を歌う人」らしいものは見出せない。『楽家録』は楽人のための書であるから、殿上人の催馬楽の合唱については省いたのであろうか。

この図からは、南殿の天皇の御座・上卿の座と奏楽の場のおおよその距離が推定できる。図上の紫宸殿を東西九柱間とし、一柱間を古法で一〇尺、一尺を〇・三メートルと仮定すると、御座所から楽人の先頭までは六間で一八メートル、U字型に並ぶ右方楽人の中頃までは七間で二一メートルとなる。楽人の総数が不明であるが、少人数なら、さほど遠くない距離といえるが、次に見る「新法」のように楽人が五〇人という大人数ならば二一メートルは近過ぎることになるであろう。

次に『楽家録』巻之四十七旧例、第三踏歌御節会舞楽略式一五四三頁と第四踏歌舞楽列立図（新）一五四四・一五四五頁、を見よう。楽人は五〇人と記されている。舞人、壱鼓と三の鼓、笙、篳篥、笛、荷太鼓《にない》、鉦鼓の楽人である。図には二八人しか記されていないが、立ち位置や進行に重きを置いた図なので省略されたものと思われる。楽人の位置は紫宸殿南階の前で、鑑賞席から見て正面である。ここから舞楽が始まるのであるが、「陵王等の装束は楽人の後ろで着し、楽人左右列立の間を通って出入する」と書かれている。楽屋が設けられていないためである。この図からは鑑賞席―舞の場の距離や、鑑賞席―奏楽の場の距離を推測することは困難である。

この二図のような配置では不都合があったからでもあろうか、次のような記録がある。同書巻之四十七旧例、第五寛永年中（一六二四―一六四四）踏歌立楽之法に「而して紫宸殿の前に式舞台を構え、その後方を楽屋とする。畳を敷き、三鼓を置く。後ろに屏風を、幔なし。」と記している。鑑賞席正面の庭上に「敷舞台」が置かれるようになり、その後に畳と屏風で楽屋が設けられた。平安時代にしばしば用いられた柱や錦織の屋根のある「平張」ではない。われわれの感覚からすると「平張」でさえも仮設の設備であると思われるが、ここではさらに簡略で、撤去に便利なもののように見受けられる。それはこの節会の主題である「踏歌」が、特に最後の「あらればしり」などで広い空間を必要としたためであろうと推定できる。この記録には付図がないので、殿舎内の鑑賞席から舞人の距離や鑑賞席から楽屋の距離は推定できない。

❖ 石段（石階）の下

『中右記』の記録にある「石段の下」について述べる。

例77　天仁元年（一一〇八）十一月十八日今夜御神楽有り。……（摂政）殿下賓筵（寝殿南庇四間）に御す。……殿上人召しにより簀子に着く。……御神楽始む。末拍子下官、元輔、時元、近方、別に仰せによって石段の下に寄り、付歌（歌のはじめの独唱に続いて斉唱すること）。この時雲晴れ月明らか、歌笛の曲自ずから幽興に入る。(4)

現代に残る京都御所の紫宸殿を見ると、石階（石段）というのは正面の南階一八段ではなくて、東端にある軒廊に降りる石段である。石段の下は軒廊の敲《たた》きで、楽人はここに直《じか》に座したわけではなく、おそらくは円座または胡床（あぐら）などを頂いて座したと思われる。胡床は折り畳み式の椅子で、次の摂関家邸宅における例では廊の板張りに「かりに」用いられた。石階の下、軒廊の敲きにおいても同様であったと推定される。「かりのあぐら」については『源氏物語』にも見ることができる。次のようである。

例78　今日は、（秋好）中宮の御読経のはじめなりけり。……わざと、平張（天井部分を平に張った幕屋）なども、うつされず、お前にわたれる廊を、楽屋のさまにして、かりに、あぐらどもを召したり。(5)

❖清涼殿

さて、踏歌の節会の翌日、正月一七日には「年始の舞御覧」が清涼殿で行われた。清涼殿は紫宸殿の北東にあり、東向きの建物である。『楽家録』の記すところを見よう。巻之四十七、旧例、第六、年始舞御覧付楽屋等図（一五四九頁）である。

清涼殿
（「京都御所」公益財団法人　菊葉文化協会）

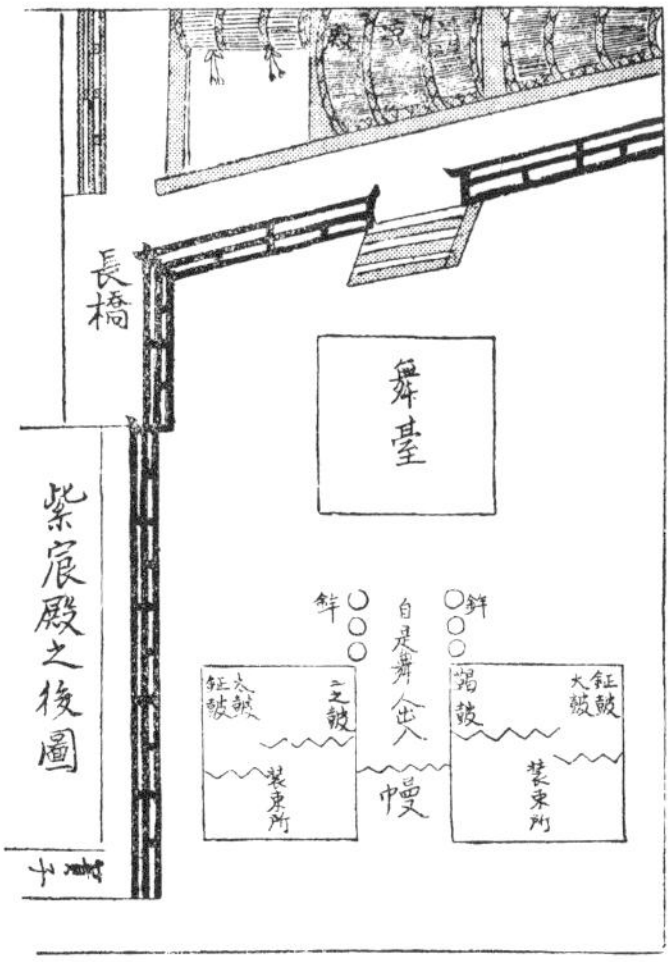

清涼殿の配置図
（前掲『楽家録』五、1549頁）

「例年舞御覧正月一七日……「凡その定式は舞台を御殿の東階の前三間ばかりに構える。……たいてい敷舞台を用いる。……楽屋は舞台より三間ばかり退けて構える。西向きに横三間、奥行き四間ばかり。但し前一間半ほどは管奏の座とし、後二間半ほどは舞人装束所とする。舞楽図の屏風をもって隔てる。左右の楽屋の間隔は一間半ほどである。」（傍点筆者）

この図からは舞台、楽屋の配置の概観を知ることができるのみである。縮尺が各部分不整合なので、距離や長さを知ることはできない。しかし、記録は詳細であり、距離や長さの実数が挙げられていることは非常に貴重である。

「左右の楽屋の間は一間半ほど。楽屋の前に幔を引く。刻限に及んで、天皇が清涼殿に出御。月卿は御簾を上げた御魂の間に着座、雲客は長橋に着座。楽屋の幔が上がり、楽所各々平伏。……」情景がよくわかる。ただし、舞台が清涼殿の東階から三間（約一〇メートル前後）しか離れていないというのは、近い感じがする。

二　演奏空間の設営

❖ 船楽

自然と楽音の協奏について考察した節（第三章一）において水の音との協奏について述べたが、水はさらに演奏会場そのものを現出する。平安貴族は壮大な邸内や別荘にこれまた、広大な池を作り、龍頭鷁首の楽船を浮かべたのである。その船は中島を廻り周遊する。棹さす水の音と響き合い、楽音そのものが遠くなり、近くなる。貴族たちはその変化を楽しんだ。舞の背景でもある楽の座がそっくり緩やかに動く、という大規模な仕掛けである。

例79　（朱雀院への）行幸には……例の楽の舟ども、漕ぎめぐりて……楽の声、鼓の音、世をひびかす。(6)

例80　唐めいたる舟（龍頭鷁首の船）、つくらせ給ひける、いそぎそうぞかせ（艤装させ）給ひて、おろし始め給ふ日は、雅楽寮《うたづかさ》の人召して、舟の楽せらる。……（中宮附の）若き女房たちの、物めでしぬべきを、舟に乗せ給ひて、南の池の、こなたにとほし通はしなさせ給へるを、ちひさき山の崎より、漕ぎまひて。ひむがしの釣殿に、こなたの若き人〳〵あつめさせ給ふ。（中宮方は）龍頭・鷁首を、唐の装ひに、ことごとしうしつらひて、楫とりの・棹さす童、みな、髪《みずら》ゆひて唐土だゝせて、さる大きなる池の中に、さし出たれば、……中島の入り江の岩かげにさしよせてみれば、……（紫の上の）お前のかたは、はるばると見やられて、……廊をめぐれる藤の色も、……暮れかかる程に、皇麞《わうじやう》という楽、いとおもしろく聞こゆるに心にもあらず、釣殿にさし寄せられて、おりぬ。(7)

六条院が竣工してお披露目の会が催される。紫の上の「春の御殿」の池を巡りながら龍頭鷁首が奏楽している。中宮方の池からは龍頭鷁首が春の御殿の池へ漕ぎ入る。唐風装束の童も皇麞《おうじょう》という楽もこの場ではおもしろく、「ことごとしく」は感じられなかった。

六条院の「春の町」と「夏の町」二町にわたる広さを想像してみよう。『王朝文学と建築庭園』朧谷寿「邸宅の売買と相続」一〇六頁の図、浅尾廣良「『源氏物語』の邸宅と六条院復元の論争点」二一一頁を参照すると、二町は東西約二五〇メートルであるからその中にある池の東西の長さは二〇〇メートル近かったと想定される。中宮附きの女房たちを乗せた龍頭鷁首が夏の町の池から二つの町の境の小山の前を過ぎて、春の町の池に漕ぎ入る。中島の入り江に寄せて春の町のありさまを愛でる。桜、藤の植栽が美しい。春の町では龍頭鷁首に雅楽寮の楽人が乗って演奏している。皇麞《わうじやう》という楽がおもしろく聞こえてくる。釣殿に若い女房たちが集まっていて、そこへ楽に引き寄せられるように、中宮方の船が着いて人々が下りる。紫式部も清少納言も唐風の大げさな、時には「おどろおどろしい」ような曲には好感がもてず、東遊びなどの国風の曲・舞を褒めるのがしばしばなのであるが、実際にこのような屋外の大宴会では、国風の歌舞では映えない。会場の面積の広さと、背景になる華麗な船や植栽、唐風装束の童たちなどによって醸成された演奏空間が、鑑賞の性質を変えたのである。

これらの大掛かりな舞台装置は物語の世界の単なる想像物ではなく、『源氏物語』から約一〇〇年後に書かれた公卿日記『中右記』にも度々記録されていて、これが現実の豪華な舞台装置であったことがわかる。

例81　嘉保元年（一〇九四）八月十五日（白河上皇が鳥羽殿に行幸）御船を東の渡殿に寄せ、上皇がお乗りになった。摂政・関白以下が乗り、別に上達部の船、殿上人の船。このほか御随身の小船が先導。先ず御遊び。先ず双調。……盤渉調。……その時雲収まり、天には未だ月が明らかで、池上の糸竹の調べ興に入り幽玄であった。(8)

例82　嘉保二年（一〇九五）十一月七日　主上（堀河天皇）御釣殿、予（藤原宗忠）筝を弾く。興余り未だ尽きず。仰せによって船に乗る。予笙を吹く。蔵人宗仲笛を吹く。左馬頭師隆朝臣龍舟の棹さす。鳳池の中島を廻る。一廻の間に蘇合急七遍、又一廻、秋風楽二遍。(9)

例83　嘉承元年（一一〇六）正月十九日（関白殿の大饗）雅楽寮棹舟《とうしゅう》して参来る。春庭楽を吹く。(10)

例81では楽船のみならず上皇以下摂政、関白の乗られた船、上達部の船、殿上人の船も池を廻る。楽人ではないそれらの貴顕が船上で奏楽されたかどうか定かでないが、例83では船上で吹いている。緩やかに水上を行く船には風も吹くであろうし、通過する中島や奥の山には樹々もそよいでいるであろう。鑑賞者はあるときは殿上であり、またあるときは船上である。楽音は植栽の樹々に調整されて船上を覆い、あるいは殿舎の屋根内に流れ入る。殿舎の屋根内も音響調整の機能をもっている。

楽船については「楽の船ども」としばしば複数であることに注意したい。

『中右記』二、一七〇頁を見ると、康和四年（一一〇二）三月、白河上皇の五〇の賀が鳥羽殿で行われたが、その後宴では「先ず龍頭（鷁首）船楽六艘相儲けらる。」とある。北殿の南岸池頭より、第一の龍頭と鷁首にはそれぞれ殿上人の舞人・楽人が一二人乗り、近衛府の将監四人ずつが操船した。第二の龍頭と鷁首には舞師・召人楽人各一〇人、第三の龍頭と鷁首には下﨟の楽人各一〇人が乗った。皆、「鳥向楽」を吹いて左右おのおの進み出る。上皇と主上が出御になる。第一と第二の龍頭鷁首の人々は南池の岸辺より下船、楽屋に入る。第三の龍頭鷁首は遥かに「鳥向楽」を奏して差し隠れ、別れて島中に奏し終わる。(11)ここから、盛大な祝宴楽が始まり、「御遊」へと続くのである。何と、大掛かりな舞台装置・舞台転換であろうか。

しかし、それは視覚的な変化、空間の変化を望んだだけにとどまらない。かれらの繊細な音楽的感性は、楽の音の強弱を、音源を移動させることによって巧みに調整しようとしたのである。今でいえば音響効果の操作である。雅楽の演奏を至近距離で聞いたことのある人なら、おそらく誰でも感じたに違いないのだが、それは耐えがたいものである。殊に篳篥の音は、「うたてけ近く聞かまほしからず」といわれたとおりであり、たまに弱く細くなるときを待ちとって束の間ほっとするという感じである。平安貴族はそのような忍耐はしなかった。舟楽では舟は必ず漕ぎ巡る。一ところに停っていない。中島の向こうに隠れると楽の音は弱音になり、また現れて次第に強くなる。このようにして楽の音の強弱を楽しむのである。

以上のように大饗宴においては、最良の音響効果を狙った舞台装置が設営された。そのようなものが必要とされ、現実化された背景には、平安貴族が日常の生活の中で楽音の強弱に極めて敏感であったからである。音源の移動について『枕草子』は次のように記す。

例84　横笛いみじゅうをかし。遠うより聞こゆるが、やうやう近うなりゆくもをかし。近かりつるが、はるかになりて、いとほのかに聞こゆるも、いとをかし。……笙の笛は、月の明かきに、車などにて聞き得たる、いとをかし。……篳篥はいとかしがましく、轡虫などの心地して、うたてけ近く聞かまほしからず(12)。

ここでは、船楽のように計画的な音源移動ではなくて、偶然的な楽の音の遠近による強弱が望まれている。奏者が移動している場合と、聞いている自分が移動している場合をいっている。また、しばしば吹き迷うという表現が用いられるが、これは空気の流れ、風によって楽音が揺れることを言い表している。揺らぎも楽音のうちなのである。この「揺らぎ」や「吹き迷う」ことが可能になるためには外気が必須の条件となる。平安時代の宮廷音楽を考える場合、この要件を見逃すことはできない。

❖ 夕陽に輝く紅葉

建造物だけでなく植栽された植物も音楽空間を形成する重要な構成要素であった。

例61　木だかき紅葉のかげに、四十人の垣代、いひ知らず吹き立てたるものの音どもにあひたる松風、「まことの深山おろし」と聞えて吹きまよひ、色々に散りかふ木の葉の中より、青海波の輝き出でたる様、いとおそろしきまで見ゆ(13)。

冷泉帝が朱雀院へ行幸された。「朱雀院は代々、上皇の御所で三条朱雀にあった。(14)」『源氏物語』一（日本古典文学大系14、岩波書店）の巻末の図2によれば、朱雀大路に沿って三条から四条まで八町を占める。一町は約三〇〇〇坪であるから八町では約二万四〇〇〇坪ということになる。その朱雀院の御殿・庭園での舞楽である。四〇人の垣代《かいしろ》

（列立して演奏する人）が紅葉のかげに立ち並んで演奏する。紅葉の散り交う中を、青海波が舞い出でる。この場面では視聴席は南殿の廂の間と簀子であろう。南庭の奥に紅葉の多い築山があり、通常は築山手前の裾の左右に楽所が設けられるはずであるが、この描写では楽所には触れていない。垣代が四〇人もいて「いい知らず吹き立て」ているといって、垣代だけで演奏するように書かれている。しかし、後世の『楽家録』(15)によれば、垣代は二〇人あるいは三六人でそのうち三管（笙・篳篥・笛）は各一人のようで、その他は歌のときに反尾（三十数センチの長さの柔軟な箆状のもので、振るとぴしぴしというような音がする）を取るとされ、垣代の三管と楽所が交互に演奏するようである。舞の始まる前に、楽所と舞台との間に輪になって立つ。それが垣代である。舞人が中に入る。その後、垣代の三管が舞台に上り、東側の落縁に立つ。残りの者が舞台下を囲む。また交互の演奏があり、輪台の舞、青海波の舞と続く。おおよそこのように複雑な演出であるから、『源氏物語』のすっきりとして美しい情景とはずいぶん違うように思われる。それはさておき、この場面の音楽空間に散り交う紅葉が重要な役割を果たしていることに注目したい。

❖ 廊、平張

例85（紫の二条院）舞台の左右に楽人の、平張《ひらばり》うちて、（その）西東に、屯食《とんじき》（強飯を握って卵形にしたものを台に載せて下級官人などに賜るもの）八十具、碌の唐櫃《からびつ》四十、つづけて立てたり。未のときばかりに、楽人まいる。万歳楽・皇麞《おうじょう》など舞ひて、日暮れかかるほどに、高麗の乱声《らんじょう》して、落蹲《らくそん》の舞ひいでたる程ぞ、猶、常の目なれぬ舞のさまなれば、舞ひ果つる程に、権中納言（夕霧）・衛門督（柏木）おりて、入綾をほのかに舞ひて、紅葉の蔭に入りぬる名残、「あかず興あり」と人々おぼしたり。(16)

紫の上が主催して源氏の四〇の賀を催す。二条院の庭に舞台を設け、その左右に奏楽の場所として絹張りの幕と屋根で楽屋を設営する。それが平張である。舞台と楽屋は近いようである。当時の舞台は後の高舞台ではなく、多くの絵巻に想像によって描かれているように、直接、庭上であったようである。このような大きな饗宴の場合、楽は先ず専門の楽人が前奏のように、しかし、本格的に全曲を通していくつかの舞楽を奏舞し、そのあとで、上臈が舞う。ここでは夕霧や柏木が舞の退出部分で、一列になり交互に左・右の舞振りになるように舞う「入綾」を仰々しくなく舞って、紅葉の蔭に入るという演出である。入綾は全員が同じに舞うのではなく、綾なしていて面白いものである。上級貴族が舞う場合は、このように全曲通して舞うのではなくて好もしい部分をさりげなく舞うのが通例のようであった。それならば退屈することもなく感興も深かったことであろう。

ともあれ、これらの例からは築山の紅葉が演奏の背景として際立った効果をあげていること、垣代に四〇人もの楽人を並ばせる演奏の場の広さに注目したい。

例78　今日は、（秋好）中宮の御読経のはじめなりけり。……わざと、平張（天井部分を平に張った幕屋）なども、うつされず、お前に渡れる廊を、楽屋のさまにして、かりにあぐら（交差した足の付いた折りたたみ式の椅子）どもを召したり。[17]

ここに現れる「廊」は現代の渡り廊下のイメージとは違って、立派な建物である。殿舎と釣殿とか泉殿をつなぐ細長い通路の建物ではあるが、床が張ってあり、かなり幅のある建物で、渡殿よりは幅が狭い。

舞楽のある演奏会では普通は庭上に「平張」を設けて楽所とする。御殿の鑑賞席から見て階の下の庭上一〇メートル、あるいは三〇メートルに舞の場を定め、その後方左右に平張が位置する。古い絵巻にもしばしば見られるが、錦の幕が現在でも使われ、「窠《か》の幕」と称されている。「平張」には平らな屋根部分があり、同様の「揚張」には棟を作って曲面状の屋根がある。

「平張」も「揚張」も現代ではほとんど用いられない。春・秋に赤坂御所の御苑などで陛下が催される園遊会では、池の彼方の楽所に「窠の幕」が用いられる。それは幕だけで屋根はない。明治神宮で春・秋、奉納される舞楽では窠の幕を一・二メートルほどの高さの柵に折り掛けた状態で用いている。楽人の後方から視聴する参詣の人々に配慮したものと思われる。これらは音響的には何の役に立っているのであろうか。

さて、例78ではわざわざ平張を移さず、仮の楽屋を御殿の廊に設けた。そこを楽屋にすれば屋根によって楽音はいたずらに上昇拡散せず、母屋（主屋）の鑑賞席に届くことになる。錦織の屋根の平張よりも遥かに効果的であったであろう。

しかし、「お前に渡れる廊」の位置はどこであろうか。六条院の建築については近代以降だけでも非常に多くの研究があり、「六条院想定復元図」というものも枚挙にいとまないようである。倉田実編『王朝文学と建築・庭園』には六図ほどが引用掲載されている（同書論文、浅尾広良「『源氏物語』の邸宅

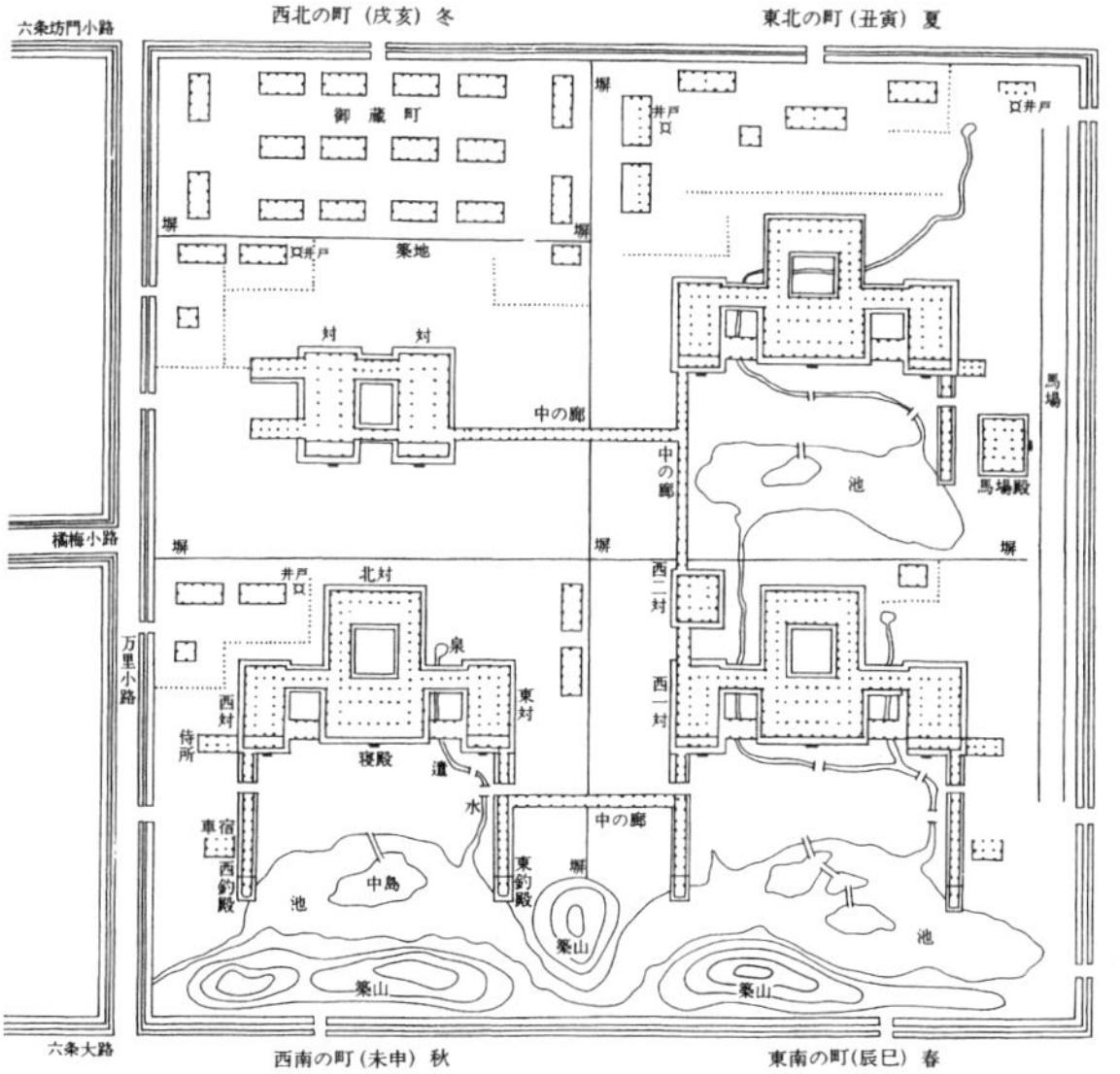

六条院想定復元図
（倉田実編『王朝文学と建築・庭園』平安文学と隣接諸学 1、竹林舎、210 頁）

と六条院復元の論争点」二〇八・二一〇・二一一頁）。中の一図を引用掲載する。

これらによって秋好中宮の御殿を見ると、ある図では、秋の御殿には東の対、西の対から南の池に向かってそれぞれ廊があり先端に釣殿がある。別の図では西の対からのみ廊がのびていてその先に釣殿がある。この図の釣殿への渡殿には局はなく通行用のものと思われる。また、母屋からそれぞれ東の対と西の対をつなぐ渡殿がある。これは局も備わったもののように見える。

例80の前後の文によって、この日は春の御殿から舞楽の「迦陵頻」と「胡蝶」の童が船（おそらく龍島鷁首）に乗り、中宮方に向かう。花を捧げて後、舞い始める。その楽を中宮方の楽所が奏していると考えるのは奇妙過ぎる。しかし、春の御殿のどこかに設けられた楽所では遠過ぎる。そうだとすると紫の上方の楽人は舞の童と同様に船で中宮方の池に来たと思われる。中宮方の楽所は秋の御殿の西側にあるであろう。東からの舞の童を迎える形にするべきで、東に背を向けることは考えられない。では、廊か渡殿かということになると、池から来る舞人を迎えとるのであるから、池に近い釣殿に至る渡殿ではないであろうか。その座は母屋の方向にも向けられるから、お前で舞われる舞と観覧席である廂や簀子にも楽音が通りやすい。「六条院想定復元図」前記書二〇八頁の高橋①、二一〇頁玉上琢哉⑦、二一一頁池②なら、それが可能になる。

例86　楽人三十人……辰巳のかた（紫の上邸）の釣殿につづきたる廊を、楽所にして、山（築山）の南のそばより御前に出づるほど、仙遊霞といふもの遊びて、……（源は）廂の御簾のうちに、おはしませば、式部卿の宮（紫の父）、右のおとど（鬚黒、玉鬘の夫）ばかり、さぶらひ給ひて、それより下の上達部は、簀の子に。[18]

六条院の紫の上の御殿で朱雀院五〇の御賀の試楽が行われた。「わざとならぬ日のこと」とはいうものの、楽人は三〇人である。楽所は釣殿に続いた廊であるから楽はそこで奏されると考える。すると、「山の南のそばより御前に出る」のは舞人ということになる。その間、仙遊霞が楽所で奏された（舞人が舞台ないし舞の場に出るまでの曲を参音声といい、四季、行幸、還幸などで決まった曲がある。仙遊霞は斎宮が伊勢に向かわれるとき、瀬田の唐橋でお見送りのために奏される曲であるという。この場合は朱雀院五〇の賀ということなので院を仙人に擬えて、特別に仙遊霞が用いられたと思われる）。

視聴者である源氏は廂の間の御簾のうちに紫の上の父宮などと共にいらっしゃる。それより下位の四位・五位などの上達部は廂の外の簀子にいる。廂とその外の簀子と庭を広く使った音楽空間である。

この例は春の御殿なので、「山」というのは西にある秋の御殿との堺の「小さい山」ということになる。舞人がその山ぎわから御前に出る。釣殿に続く廊で楽人たちが奏楽する。鑑賞席は寝殿の「廂の御簾の内」が上卿の座、上達部の座は簀子である。ここでは女性方の鑑賞席について記述がない。紫宸殿における桜の宴の記述を参照すると、

例87　廿日あまり、南殿の桜の宴せさせ給ふ。后・春宮の御局、左右にして……(19)

とあり、后・春宮の座は主上の御座の左右の別室に設けられることがわかる。六条院の試楽の女性鑑賞席はこれに準ずるものと考えられる。

さて、寝殿造りの構造では組み入れ天井が用いられる場合のあったことがわかる。組み入れ天井は小屋梁上に折上天井を組む形式で、一般には骨組となる組子の格縁を格子状とし、寺院の古い例として唐招提寺金堂などに見ることができる。なお、内裏の紫宸殿、清涼殿などは江戸時代後期における復古の形式では天井を張らず、化粧屋根裏の形式とするとされる（倉田実編『王朝文学と建築・庭園』参照）。実際に現在の紫宸殿、清涼殿では天井を張らない化粧屋根裏である。

さて、南庭の楽屋から発せられた楽音は、先ず殿舎の軒裏の垂木や斗栱、そして半蔀に達し、簀子の殿上人の耳に入る。それから、御簾が巻き上げられていれば廂の間に入り、上卿に聴取され、母屋の天皇の御座に達する。御簾が下りていればそれを透過して廂の間から母屋に至る。このような楽音の流れが生じるためには、先ず、寝殿造りの入母屋の屋根、あの優美で壮大な屋根構造が重要な役割を果たしていると思われる。南・北の大きな傾斜面と東・西斜面の上部に設けられた雨除けと通風を兼ねた格子は、外気・樹風を屋内に呼び込む大通気構造であると考えられる。

摂政・関白・大臣邸における舞楽の場合、御殿の規模に差はあってもほぼ同様な楽音の流れとなるであろう。このようなプロセスを経る楽音を何も透過物のない場合と比較すると、どうであろうか。何の相違もないとは考えられないであろう。少なくとも楽音は微妙で複雑な反響や濾過によって、荒々しく耳障りな要素を消していると推測されるのである。清少納言は「篳篥の音は近くで聞きたくない。」といっているが、距離が遠いだけでなく、その間にはさまざまな微妙なものが存在して、優雅な音響効果を生成しているのであろう。

❖ 現代に残る宸殿と舞台（大覚寺）

現代においては、京都御所の紫宸殿や清涼殿の南庭で舞楽が奏せられ、殿上で鑑賞されるということは皆無である。しかし、京都の宮門跡寺院には「宸殿」と称される建物があって、平安時代の面影を知るためには貴重な建造物といえる。山科の勧修寺の宸殿は女帝明正天皇（在位一六二九―一六四三／一六二三―一六九六）の宸殿を移築したと伝えられるが、女帝の御殿らしい小規模で繊細な感じの御殿であるため、往昔の雅楽空間を偲ぶよすがには不十分かもしれない。

しかし、嵯峨の大覚寺には、後水尾天皇の女御東福門院（明正天皇御母）の女院御所の宸殿が移築されていて、それは九間の寝殿造り、入母屋、檜皮葺で階は四段、細部の金属製飾り、蔀格子なども立派であり、縁を巡って廂の間や母屋も鑑賞することができる。階の左右には左近の梅、右近の橘もそなわっている。それに隣接して御影堂があり、これは大正天皇の即位式の饗応殿を移築したもので、七間、瓦葺、階段は六段の寝殿造り風の建物である。

大覚寺石舞台（写真提供：大覚寺）

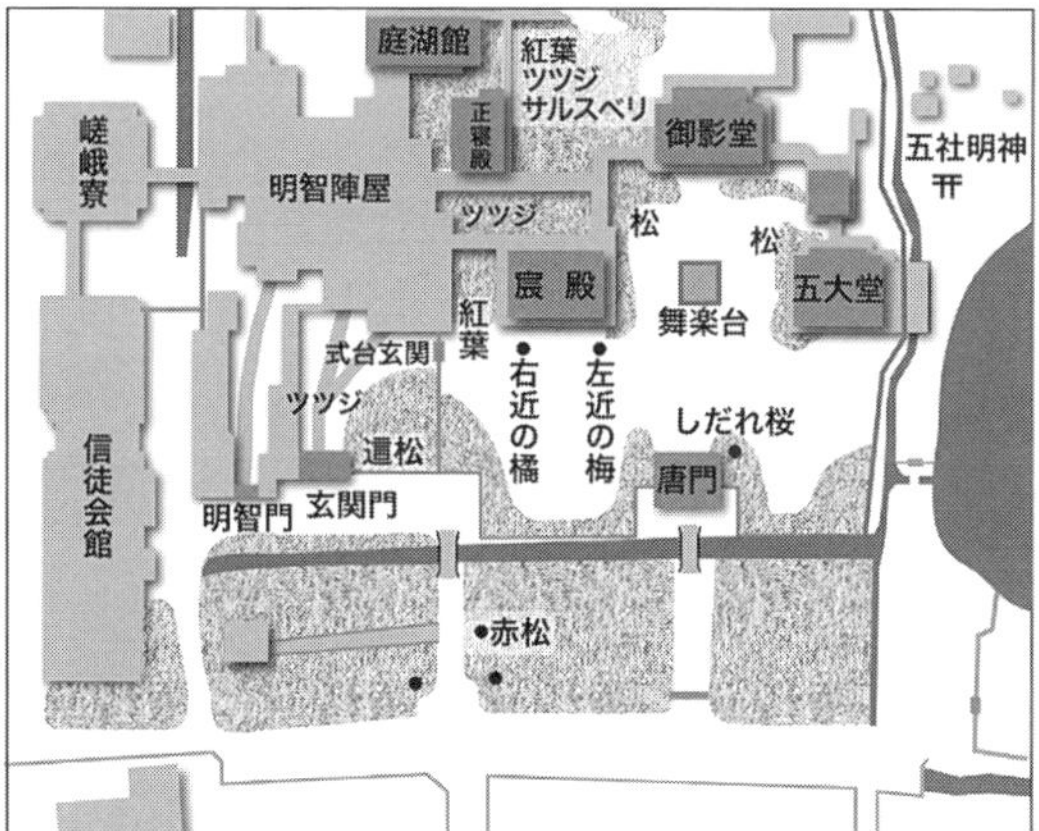

大覚寺境内の配置図

全体の雰囲気は宸殿のほうが遥かに平安時代の香りをとどめているが、御影堂の白砂の南庭には何と「舞楽台」が設けられていた。その南には唐門があり、回廊が巡らされている。舞楽台は白い石造り、高舞台とするための斜面は芝張りで清雅な趣である。御殿との距離は一〇メートルほどであろうか。一般の参観者も御影堂の縁に坐して南庭を見渡すことができ、奏されていない楽音と舞を幻視・幻聴することができる。本堂の縁に沿って松の植栽もあり、先ほど通ってきた宸殿の優雅な趣と合わせてこの音楽空間に浸ることができる。

江戸時代に復元された一四世紀当時の「大覚寺伽藍図」（大覚寺蔵）には御影堂は載っているが舞楽台は描かれていないから、今、見る舞楽台はおそらく新しい御影堂（大正天皇の即位式饗応殿）が移築された後に新設されたものかと思われる。

また、「御影堂」という建造物の前庭に舞楽台を設けている例は東寺にあった。それは『楽家録』に見える。貞享元年（一六八四）に行われた「弘法大師八百五十年東寺曼荼羅供」の記事である（『楽家録』巻四十四、仏前奏楽、五、一四七七頁、図一四七九頁）。この図から盛大な遠忌であったことがうかがわれる。また、右下の注によって、このような舞楽大法要ではことのほか雨天が心配され、そのために寺側が対応策を考え、楽所側と打ち合わせを行っていたことがわかる。これは現在も続く慣行であろう。雨儀では屋根と平滑な床が用意されただけでなく、外

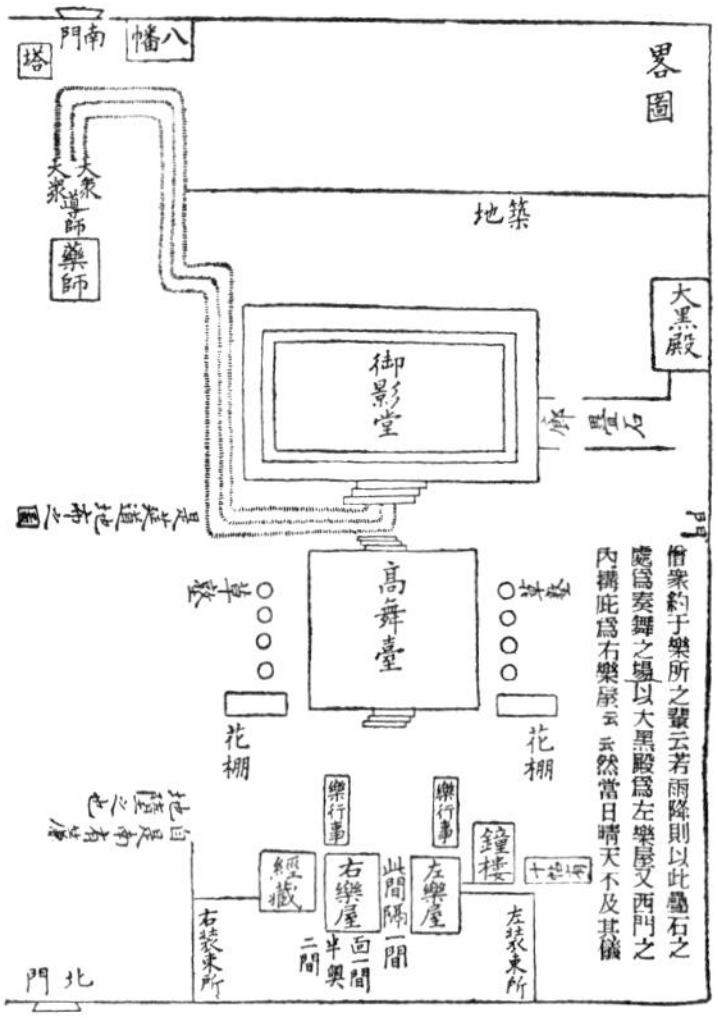

仏前奏楽な寺院
（前掲『楽家録』1479 頁）

気の流れが確保されていることに注目したい。雨天でも、決して閉鎖された屋内が用いられたのではない。

これまで、紫宸殿における節会等の儀式や摂政・関白・大臣家の饗宴における舞楽の演奏空間について述べてきた。これらの演奏空間は寝殿造り形式の殿舎と南庭といわれる庭園から成っていた。鑑賞席は殿舎内にあり、舞台、楽屋（奏楽の場）は庭上にある。このような演奏空間は近代以降の西欧に発達した音楽空間からすれば、おそらく、未発達で不完全な音楽空間とみなされるであろう。そのような見解では、第一段階として原始的な音楽空間、舞台も奏楽席も鑑賞席もすべて野外である音楽空間が発生し、第二段階として奏楽席は屋根のある舞台、鑑賞席は野外に設定された音楽空間が出現し、第三段階として現代の音楽空間が継承しているような舞台、すなわち奏楽席、鑑賞席のすべてが一つの屋内にある音楽空間へと発達したと想定されているのではないであろうか。原始的な第一段階の音楽空間の例を日本に限っていえば、神話に現れる高天原の天の岩戸の前の音楽空間や、歌舞伎の発祥である出雲の阿国歌舞伎の極く初期の音楽空間、つまり何もない河原を挙げることができるであろう。しかし、このように音楽空間の変遷を発展と捉えることは果たして、正しいであろうか。第三段階の音楽空間は第一、第二段階で最大の問題であった悪天候に悩まされることがない。また、大量の鑑賞者を収容することが可能であり、大部分の鑑賞者に好適な鑑賞を可能にさせる。鑑賞すべき楽音を妨げる雑音を遮断している。さらに、鑑賞空間そのものではないが休憩空間や衛生設備も完備している。確かに、現代の音楽ホールはこれらを完全にクリアーしているということができる。その上西欧近代の音楽ホールの建築は絢爛、華麗であり、それに追随して発展してきた現代日本のホールにも現代建築の粋を尽くしたものが数多く、その点でも鑑賞者を惹きつける。そのような理由で現代の視聴者は、第三段階の音楽空間、コンクリート建造物に取り込まれ、閉鎖された音楽空間を当然のこととして受け入れている。

しかし、前節までに探査した平安時代以降の音楽空間を脳裏に描き出してみると、それが包含している音楽要素の豊かさは現代の音楽受容の域を遥かに超えていたことに気付かされるであろう。

われわれが失ったそれらの音楽要素を続けて探索して行きたい。

❖ 御遊びの空間

紫宸殿の御神楽や、清涼殿の東庭、摂関家の南庭で舞楽が催されたあと、引き続き御遊、御遊びに移るのが恒例であった。御遊びとはこの時代の芸術世界の主役である天皇や上級貴族が自ら演奏し楽しむ演奏会のことである。しみじみとした風情ある演奏会である。以下に、『源氏物語』に描かれた清涼殿や院の御所、摂関家の邸宅における御遊びの音楽空間はどのようであったか、探査してみたい。

例88　廿日あまりの月、さし出でて、こなた（清涼殿西廂）は、まだ、さやかならねど、大方の空をかしき程なるに、ふんの司の御琴召し出でて琴・箏・琴・琵琶・拍子いみじうおもしろし。明けはつるままに、花の色も、人の御かたちも、ほのかに見えて、鳥のさへずるほど、心地ゆき、めでたき朝ぼらけなり。(20)

これは清涼殿の西廂で行われた盛大な絵合わせのあとの情景である（（　）内は山岸徳平傍注）。

例89　藤壺（飛香舎）に、うへ渡らせ給ひて、藤の花の宴せさせ給ふ。南の廂の御簾あげて、御椅子、立てたり。……（藤壺の）南の庭の藤の花のもとに、殿上人の座はしたり。（藤壺の南の）後涼殿のひむがしに、楽所のひとびと召して、暮れ行くほどに、双調吹きて。上の御遊びに、宮（女二）の御方より、御琴ども笛など出ださせ給へば、おとど（夕霧）を始めたてまつりて、御前に、（楽器を）とりつつ参り給ふ。(21)

朱雀帝が女二の宮を薫に降嫁させるお別れの宴である。清涼殿と後涼殿の北にある飛香舎（藤＝藤壺）が会場で、帝の御椅子も母屋ではなくて、南の廂の間に立てられた。殿上人の座は清涼殿ならば階のあたりに頂くのだが、この宴では南庭の藤の花のもとになった。楽所の楽人は藤壺の南庭のさらに南、後涼殿の「ひむかがし」に座を賜い、御遊びの助演を受け持つ（後涼殿の東には開けた庭はなく清涼殿との間に坪庭があるのみで、そこが楽人の座であるとすると、音は後涼殿の建物の中を通ることになり、不自然である。後涼殿の西なら、藤壺の南庭に続いて庭がある。あるいは『源氏物語』の時代には後涼殿と清涼殿は続いていなくてそこに庭があったのであろうか。または「後涼殿のひむがし」とは後涼殿の建物の東の一部を指すのであろうか）。ともあれ、これも庭屋一如の空間である。藤の花の下が楽座とは何と優雅なことであろうか。視覚的に美しいだけでなく、藤の花房は音響を和らげ、適度に保持して、御殿の廂の間におわす帝や高位の人々の耳に達したのである。

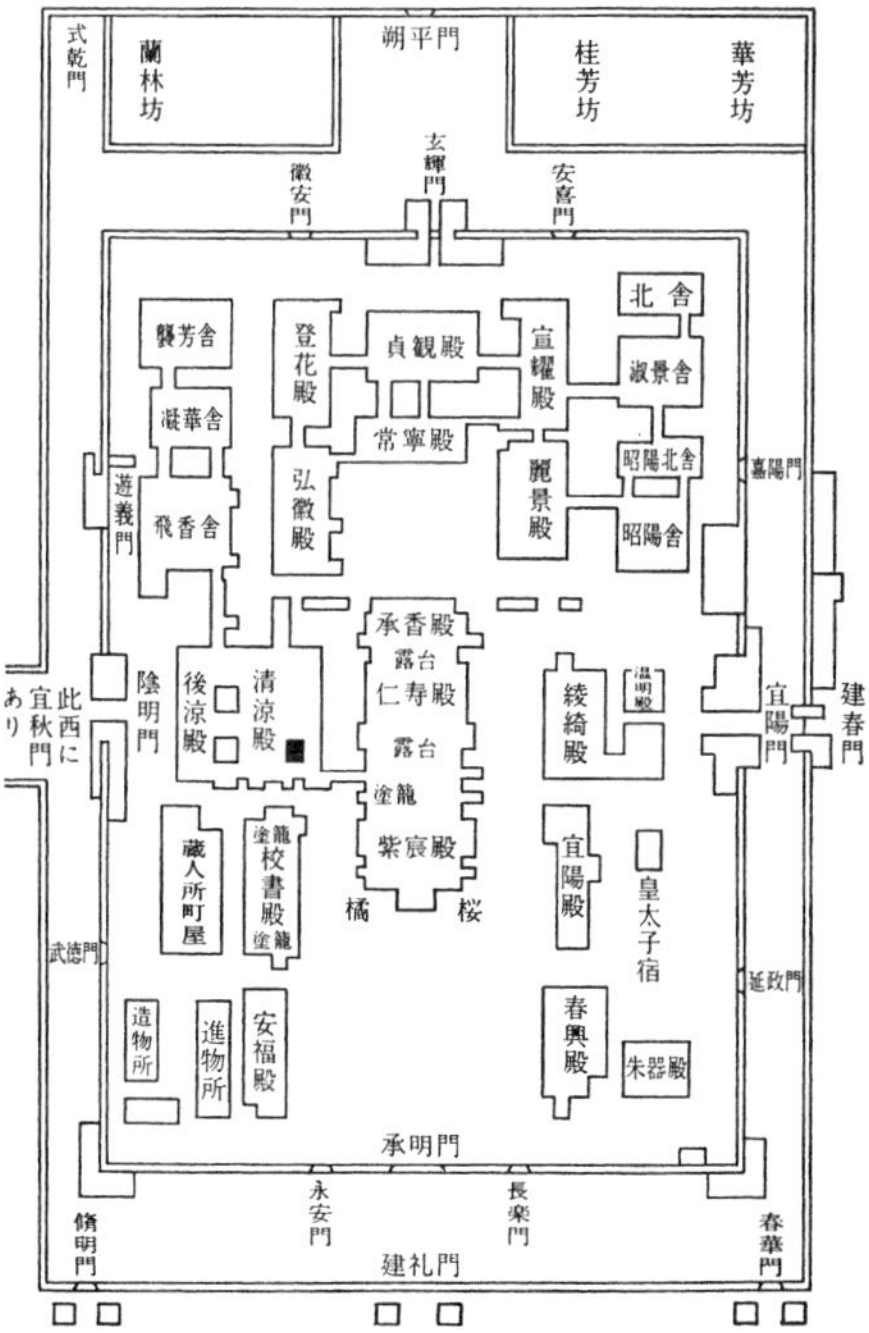

内裏の配置図
（『源氏物語』一、日本古典文学大系、岩波書店、487頁）

❖ 御階の下の苔の上

例90　御階の下の苔の上に楽人めして、上達部・親王達も、みな、おのおの、弾物・吹物、とりどりにし給ふ。物

の師ども、ことにすぐれたるかぎり、雙調ふきて、上にまちとる御琴どもの調べ、いとはなやかにかきたてて[22]

これは摂関家邸である源氏の六条院における御遊びの場の様子である。船楽のあと「いとあかぬ心地して」御遊びとなった。摂関家の邸宅では階の下は敲きや石敷きではなくて、苔で覆われていたのであろう。苔の上というのは特に蔑まれているわけではないと見るべきで、青々として柔らかい苔は楽人の座を設けるのに適当と考えられていたかもしれないし、苔のあたりの適度に湿潤な空気が楽音に良い効果をあたえると考えられていたのかもしれない。

また他に、中国文化の影響も否めない。この時代、和歌と漢詩は趣味・教養の重要部分であったことは周知されているが、そのために重宝された『和漢朗詠集』には、「青苔」、「蒼苔」、「緑苔」、「苔」があり、多くは紅葉と対置され、好ましいものとして描写されている。たとえば次のようである。

例91　青苔の池の上に残暑を銷《け》す　緑樹の陰の前に晩涼を逐《お》ふ[23]

例92　堪へず紅葉青苔の地　又是れ涼風暮雨の天[24]

❖ 唱歌の人々御階に召して

紫宸殿で行われた御神楽の歌唱の席は石階の下であったが、公卿邸ではどうであろうか。

例93　ことごとしからねど、かぎりなくおもしろき、夜の御遊びなり。唱歌の人々、御階に召して　すぐれたる声のかぎり出だして、かへり声になる（呂調から律調になる）。夜の更け行くままに、物の調べども、なつかしくかはりて、青柳遊び給うほど、げに、ねぐらのうぐひすも、おどろきぬべく、いみじくおもしろし。[25]

これは六条院の玉鬘邸での御遊びである。「唱歌」（しょうが、そうが）は『源氏物語』の時代には催馬楽や朗詠を唱うことをも指した。御遊びにおいては殿上人が召され、その座は必ず御階であった。

例94　楽所など、おどろおどろしくはせず、うへの御遊びはじまりて、書《ふん》の司《つかさ》の御琴ども召す。……唱歌の殿上人、御階にさぶらふなかに、弁の少将（柏木の弟）の声、すぐれたり。(26)

六条院に冷泉帝が行幸、朱雀院も御幸された場面である。殿上人がこの母屋の階で唱歌する。

例95　楽所とおくておぼつかなければ、（帝）御前に御琴ども召す。兵部卿の宮琵琶、内の大臣和琴、箏の御琴、院の御前にまいる。琴は、例の、太政おとど賜り給ふ。さる、いみじき上手の、すぐれたる御手づかひども、つくし給える音は、たとへんかたなし。唱歌の殿上人、あまたさぶらふ。安名尊《あなとう》あそびて、つぎに、桜人《さくらびと》。月、おぼろにさし出でて、をかしき程に、中島のわたりに、ここかしこ、篝火《かがりび》ともして、大御遊びはやみぬ。(27)

朱雀院の御所での御遊である。庭園は楽所が遠くて聞こえにくいほど広い。そこで、上卿だけによる御遊に移る。唱歌（ここでは催馬楽・朗詠などの歌唱）のためには殿上人が召される。

声楽の座が必ず御階であるということには意味があるのであろう。全く推測に過ぎないが、階段に片足は一段下に下ろして座るという姿勢が歌いやすいのであるかもしれない。他の唱歌の人も段々に下に座ることが合唱の声を聞きやすくしているのかもしれない。殿上人なのであるから簀子に座せるにもかかわらず、唱歌のためにだけは御階に召されるということには、意味があるに違いないと思われる。

管弦と声楽の場所を同一空間にしないという配慮は、音量と音質の配分に留意していることを示している。楽音は母屋・廂・簀子・階から立ち上り、柔らかく屋根内や軒裏に満ちて、たゆたう。また、屋外の松風と撚り合わされるように協奏する。そのような音楽空間である。

このように殿上には楽器を奏する上臈、階には唱歌する殿上人、階下には管楽器の下官という配置は単なる身分社会の慣習として看過されがちであるが、それだけではないように思われる。雅楽寮の楽人たちは舞楽の管方を勤めるときは通常少し離れた楽所にいるが、上記の例では奏楽位置を特に階段の下に指定された。そこが上臈たちの音楽を邪魔せずに支えるために、最良の位置だからである。階段の下の石畳や苔の上で吹く管楽器の音は、しっかりしていながら、強過ぎず、好ましい音量で聞こえるであろう。階下から専従の楽人による三管の音が序奏のように聞こえてくると、階上の簀子やさらに奥の廂の間の上卿方がそれを「待ちとるように」合奏を始めるというのである。序奏や伴奏は少し遠いほうがよいし、姿も見えないほうがよいのであろう。絶妙な配置といえるのではないだろうか。

❖ 音楽空間としての虫の音、鳥の声

源氏物語では鳥の声や虫の音がほとんど楽音に近い音として語られている。このようなことは西欧では考えられないことであるらしい。しばしば見聞するところであるが、西欧人にとってそれらは単なる雑音に過ぎないということである（角田忠信『右脳と左脳——その機能と文化の異質性』小学館など）。しかし、現代のわれわれもまた、鳥の声や虫の音を好ましいものとして聞くことはあっても、演奏を共にするという感覚も意識もない。平安の奏楽と現代の演奏感覚のこの差異について改めて考察する必要があるのではないであろうか。「平安時代にはそうだった」だけで済まされないのではないであろうか。

さて、鈴虫の音は確かに美しいが、秋の虫が盛大に聞こえる場所で管弦の会が催された折の体験（後述の乃木神社の演奏会）では、管弦が奏されている間は虫の音は聞こえなかった。虫たちは鳴くのを止めていたと思われ、楽音が途切れると一斉に鳴き出したと感じられた。したがって、これは協奏とはいえないであろう。しかしまた、

例74（源氏と夕霧、秋の楽と春の楽くらべ）（源）「心もとなしや、春の朧月夜よ。秋のあはれ、はた、かうやうなる物の音に、虫の声撚りあわせたる、ただならず、こよなく、ひびき添ふ心ちすかし」と、のたまへば、(28)

このように物の音に、虫の声撚り合わせたるという表現はまことに微妙で、心地よい和音を形成するのか、楽音と虫の音は別々に独立していながら強弱で現れるのか判定しがたい。しかし、いずれにしても、楽音と虫の音の両方が聞こえているわけである。このようなことは、乃木神社における或るときの演奏のように「かしがましい」ほどの大音響と虫の音では成り立たないのではないかと思われる。

例96　鶯のうら丶かなるねに、鳥の楽（壱越調、迦陵頻のこと）、はなやかに聞きわたされて、池の水鳥も、そこはかとなく囀りわたるに、（曲は）急になり、はつるほど、あかずおもしろし。(29)

この例は管弦ではなくて、舞楽の場面であるが、自然の鳥の声すなわち、鶯のうららかな音と水鳥のそこはかとない囀りが、迦陵頻という浄土の鳥の声を表した楽音と交響する。それが可能なのであった。「うららかな」は声についていえば「声の明るくほがらかなさま」という意味（広辞苑）であるが、鶯の声が大音声であるはずもない。水鳥の囀りも「そこはかとなく」である。

例97（夕霧と柏木が玉鬘の住む対の屋にいた源氏のところに来る）「風の音秋になりけりと聞こえつる笛の音にしのばれでなん」とて、御琴ひきいでて、なつかしきほどに弾きたまふ。源中将は、盤渉調に、いとおもしろく吹きたり。……弁の少将（柏木の弟）拍子うちいでて、忍びやかに謡ふこえ、すず虫にまがひたり。……。(30)

源氏の御殿の一部である玉鬘《たまかずら》の対の屋に、秋風と笛の音に誘われて公達が集い、自然に内輪の演奏会が始まる。演奏空間は寝殿造りの対の屋の母屋と廂の間《ま》ぐらいであろう。舞楽のある大演奏会の空間とは異なって、「なつかしきほど」「しのびやかに」という風情にふさわしい空間である管弦の音と唱歌の声が合わさり、その声は鈴虫の音かと思われるほど美しい。「まがふ」は「入り乱れて区別できなくなる。入りまじる。」（全訳古語辞典）という意味であるから、実に、管弦や歌の声が虫の音をかき消すなどということはなかったのである。なお、盤渉調は秋の調子である。もし、乃木神社の管弦が「虫の声」を大切にするなら、聴衆に説明して、一部分でも虫の音との合奏を実現してはどうであろうか。乃木神社の虫の音はかなりな音量であるから、多人数の管弦でも、少しの心遣いによって可能であると思われる。尤も、たとえば篳篥を微音で吹くことは高度な技術を要するのだということであるが。

❖『源氏物語』における浄土への超越を誘う音空間

さて、そのような協奏ないし共奏であるとして、「鳥の声や虫の音が聞かれる空間」で演奏する素晴らしさの意味は何であろうか。源氏物語の筆致はあまりに流麗、華麗であるために、現代人の心はその表現の表面を滑って行ってしまいがちである。その結果、鳥の声や虫の音が人為を超えたものなのであったと気付くことは少ない。また、現代のわれわれはなまじ、科学的、生物学的な知識をもっているために、それらが人間の力の範囲内にあると錯覚しているのではないであろうか。そうでないまでも、美しい自然現象を人為を超えたもの、さらにはそれをも超える崇高の世界へわれわれを導くものとは意識しないのであろう。そのようなわれわれであるが、それでもたとえばアルプスなどの秀麗な高峰を臨むとき、素晴らしい感動を受けるが、平安びとは邸宅に居ながらにして聞く鳥や虫の声にも、超人為の働きを感受し、心を委ねることができたのであろう。それは人為ではない美しい音の空間という意識から、人為を超えた空間、つまり無為の空間を覚知し、そこに人の演奏という有為が包まれるという意識ではないであろうか。言い換えればその全体が「浄土につながる空間」であったのではないであろうか。浄土教経典に限らず、諸経典には鳥の声あるいは緊那羅のような歌神や、迦陵頻という雪山あるいは極楽に住むという鳥がしばしば登場する。次の例の「鳥の楽」はその迦陵頻を表した舞曲のことである。現代のわれわれが迦陵頻の楽舞を見聞きするとき、極彩色の羽を付けた童子がシンバルのような楽器を打ちながら可憐に舞うのを見るだけである。解説書には極楽の鳥ということも記されているであろう。極楽とは俗界を超え、俗人の思念を超えた清浄無垢の広大無辺な国であるのだが、そこに思いを馳せ、束の間でもそこに心をとどめるということは希であろう。

これまで私は「庭屋一如」ということを現実に眼前に見る具体物としての建造物と庭園、また、物質的な空間として考えてきたが、『源氏物語』の「庭・屋」や屋内における法会の調度など、眼前に展開する物と、耳に満ちる音は著者紫式部にとって何であったであろうか。それら「庭・屋」の部分や調度は一つ一つ筆を極めて華麗・典雅に描かれている。さらにまた屢々「極楽かと思う」、「極楽のありさまが想像される」と記されるのである。われわれはそれらの表現を単なる表象か比喩として見過ごしてしまいがちではないであろうか。乃至は超越的世界を現実に引き寄せて享受しようとする現実謳歌主義ではないかと疑ったりもする。たとえば、松濤基道氏は論文「平安朝貴族と仏教音楽」（『鴨台史報』第5輯、大正大学史学会、一九七三年、五九頁）において、「彼らの官能的快楽は、彼らの持つ仏教観と相俟って種々な方面に現れたが、殊に音楽に於いて現世利益的仏教観・現世極楽再現観は其の妙味・華麗なるを要求し、彼らの生活と関係を持つすべての機関は之に迎合して必然的に形式化する結果となったのである。」と述べる。これは現代の研究者一般の通説であるであろう。私もかつてそのような理解をしていた。

しかし、それは豪奢というものに不慣れな者の見解ではなかったであろうか。豪奢あるいは贅美を道徳的規範によって判断し、「不善」として分類していたのではなかったであろうか。それならば、仏典に現れる供養物の超絶的な豪華・絢爛さはどう理解すべきであろうか。

改めて、それらの表現に真摯に立ち向かい、紫式部の心底に迫ってみたい。そこに秘められたもの、紫式部の超越的世界への願望を汲み取ってみたい。

例69　入りがたの日影、さやかにさしたるに、楽の声まさり、物のおもしろき程に、おなじ舞の、あしぶみ・おもち、世に見えぬさまなり。詠などし給へるは、「これや仏の、迦陵頻伽の声ならむ」と聞ゆ。(31)

例98　極楽という所には、菩薩なども、皆、かかる事をして、天人なども、舞ひ遊ぶこそ、尊かなれ。(32)

これは横川の僧都が妹尼の音楽に熱心なことを戒めたのに対して、妹尼の娘婿である中将が反論する場面である。経典に造詣の深い著者は中将の口を借りて、音楽と極楽の関係を明らかにしているのである。

音楽との関わりは現れていないが、

例99　十二月十余日ばかり、中宮の御八講なり。いみじう尊し。（四日間）日々に読ませ給ふ。御経よりはじめ、玉の軸・羅の表紙・帙簀《ちす》の飾りも、世になきさまに、整へさせ給えり。……仏の御飾り、花机のおほひなどまで、まことの極楽思ひやらる。……(33)

例100　神無月に、対の上（紫）、院（源氏）の御賀に、嵯峨の御堂にて、薬師仏供養じたてまつり給ふ。いかめしき事はせちに諫め申し給へば、「しのびやかに」と、おぼしおきてたり。仏・経箱・帙簀のととのへ、まことの極楽おもひやらる。最勝王経・金剛般若・壽命経など、いと、ゆたけき御祈りなり。(34)

仏事の設《しつら》えが絢爛豪華であって、その現実の「物」が極楽という超越世界へ心を向かわせる発起点となるのである。この項の「鳥や虫の音の空間」も同じく超越世界への発起点、跳躍台なのであった。転換点というのも近いかもしれない。媒介者という語は用いたくない。なぜなら媒介者の両側にある被媒介物が同一思惟レベルにある感じが強いからである。

ともあれ、源氏物語に描き出された舞楽や仏前荘厳は決して、前述のように「超越的世界を現実に引き寄せて享受しようとする現実謳歌主義」ではなく、超越への起点であったと理解したいのである。仏典の至るところにちりばめられている仏国土の荘厳や、仏、如来への供養物、諸々の国王たちの行う布施の品々の意味を考えるなら、この娑婆世界に於いてそれらに最も近い現実化は、平安朝貴族の祝賀や法会におけるしつらえや音楽であったというべきであろう。仏典の意味するところは、それらを空観によって超過し、菩提（悟り）と涅槃へ渉入することである。決して、その豪奢・贅美に耽溺し、その次元にとどまることではないのである。『源氏物語』全巻を覆う風韻は華麗さの彼方に漂う空観であるといえるのではないであろうか。

❖ 紫式部の「国風歌舞」観とその音空間

しかしまた、『源氏物語』の著者を含めて平安人一般は決して極楽一辺倒ではなかった。その「国風歌舞」観を見てみよう。

例101　十月中の十日なれば、神の忌垣にはふ葛も、色変わりて、松の下紅葉など、おとにのみ秋をきかぬ顔なり。ことごとしき高麗・唐土の楽よりも、東遊の、みみなれたるは、なつかしく、おもしろく、波・風の声に響きあひて、さる木高き松風に、吹きたてたる笛の音も、ほかにて聞く調べにはかはりて身にしみ、琴に打ち合はせたる拍子も、鼓を離れてととのへとりたる方、おどろおどろしからぬ（仰々しくない）も、なまめかしく（優雅で）・すごく（物さびて）・おもしろく（興味深く）、所がら（住吉社前）は、ましてきこえけり。(35)

住吉大社の神域は平成の現在では狭まっているとはいえ、猶、広大な松林に囲まれて、四つの本殿と回廊をはじめ、小ぶりながら石舞台まで備えた広大な神域を保っている。難波の渚は千数百年の変遷を重ねた結果、今では住吉社から遠く六キロメートル西に後退してしまった。そこは工業や海運の大阪港である。なお、『源氏物語』の時代には石舞台はなかった。

さて、この場面、住吉社前の演奏空間は海辺続きの松に囲まれた広壮な社殿群空間である。そこで、松風と海の波音と楽音が社殿に向かって協奏される。かつては遣隋船や遣唐船がこの渚から船出し、また華々しい成果を挙げて帰港した、その海を背景にした空間である。この初秋の住吉詣でにおいては、仰々しい外来音楽ではなく神前における通例として東遊びが奏舞された。それは「国風歌舞」で、自然に耳になじみ、なつかしく、おもしろい。波や風に響き合い、かの「有名な木高い松」の松風に笛の音が高く吹き合わされて、他の場所たとえば賀茂社や石清水などとは違って身に沁みて聞こえる。東遊びは鼓類なしで和琴に笏拍子《しゃくびょうし》を打ち合わせるが、それは唐楽や高麗楽のように仰々しくなく、うるさくもなく、優雅で、ものさびて、おもしろいと、紫式部はここでは「国風歌舞」を絶賛する。

ところで、かの清少納言も国風歌舞を賞賛している。ただし、「高麗、唐土の楽よりもおどろおどろしくなくてなつかしく、おもしろい」とはいわず、「太平楽」「鳥」「抜頭」「落蹲」など高麗、唐土の楽もおもしろいといっ

住吉大社（写真提供：住吉大社）
中央一番奥が第一社殿、この前で神楽女によって大和舞が舞われる。

て、両者の優劣はつけないように見える（『枕』二一六段）。とはいえ、次のような国風歌舞を称賛した深い思い入れの長い一段がある。

例102　なほめでたきこと、臨時の祭ばかりのことにかあらむ。試楽もいとおかし。……承香殿《しょうきょうでん》の前（清涼殿の東北方、露台がある）のほどに笛吹き立て拍子打ちて遊ぶを、とく出で来なんと待つに、有度浜《うどはま》（駿河舞の一節）うたひて、竹の笆《ませ》のもとにあゆみ出でて、御琴《みこと》うちたるほど、ただいかにせんとぞおぼゆるや。一の舞（舞人）の、いとうるはしう袖をあはせて、二人ばかり出で来て、……「あやもなきこま山」（駿河舞の一節）などうたひて舞ひたるは、すべて、まことにいみじうめでたし。大輪など舞ふは、日一日見るともあくまじきを、果てぬる、いとくちをしけれど、また（次の舞が）あべしと思へば頼もしきを、御琴かきかへして、このたびは、やがて竹（清涼殿の呉竹）のうしろより舞ひ出でたる、さまどもはいみじうこそあれ。掻練のつや、下襲などのみだれあひて、こなたかなたにわたりなどしたる、いでさらに、いへば世のつねなり（口にすれば一通りのほめかたでしかない）。……いみじうこそ果てなんことはくちをしけれ。(36)

例103　……賀茂の臨時の祭は、還立の御神楽などにこそなぐさめらるれ。庭燎《にわび》の煙のほそくのぼりたるに、神楽の笛のおもしろくわななき吹きすまされてのぼるに、歌の声もいとあはれにいみじうおもしろく、さむく冴えこほりて、うちたる衣もつめたう、扇持ちたる手も冷ゆともおぼえず、才の男召して、声ひきたる人長の心地よげさこそいみじけれ。……里なる時は、ただわたるを見るが飽かねば、御社までいきて見るをりもあり。……松の煙（松明の煙）のたなびきて、火のかげに半臂の緒、衣のつやも、昼よりはこよなうまさりてぞ見ゆる。橋の板を踏み鳴らして、声あはせて舞うほどもいとをかしきに、水の流るる音、笛の声などあひたるは、まことに神もめでたしとおぼすらんかし。(37)

東遊びや御神楽に、女性たちは直接臨席できなかったので、試楽か還立《かえりだち》を心待ちにしたのである。例102は賀茂の祭りの試楽の場面で、東遊びが奏された。清涼殿の母屋や廂が観覧席で、楽や舞は承香殿の露台で行われたのではないであろうか。清涼殿の呉竹も趣を添えている。例103は同じく賀茂の祭りの楽であるが、実際の楽が奉納され終わってから、御所へ帰って天皇、皇后や中宮のご覧に供する還立の様子である。本番と同じく夜、篝火のもとで行われている。「庭燎《にわび》の煙のほそくのぼりたるに、神楽の笛のおもしろくわななき吹きすまされてのぼるに、歌のこ

東遊び　参進（明治神宮）

唐楽　胡飲酒

えもいとあはれに、いみじうおもしろく、さむく冴えこほりて」とある。現代の宮内庁楽部首席楽長であった東儀俊美から聞き及んでいたとおりで、庭燎《にわび》の煙もほそく、神楽笛と篳篥の音も、歌の声も細く幽明、深遠、繊細、またさむく冴えこほりてなのである。神もめでたしとおぼすらんかし、という感動は『中右記』の「神明も自ずから感応されたのであろうか」（本書一三頁）と相即するものである。

二一世紀の現在では、「国風歌舞」と渡来系雅楽は「雅楽」として一括されていて、あたかも同一ジャンルの音楽であるかのように印象付けられているが、それらは全く異種の音楽なのである。たとえば装束だけを取り上げてみても、国風歌舞の装束は平安朝貴族の正装や日常着を基にしているのに対して渡来系舞楽の装束は唐風であったり高麗風であったりする。一見して異国風である。また、国風歌舞では面を用いないが、渡来系雅楽では面を着けるものも多い。用いる楽器も両者には違いがある。

神楽歌	歌、	神楽笛、	篳篥、	笏拍子、	和琴
倭舞（大和舞）	歌、	竜笛、	篳篥、	笏拍子	——
東遊	歌、	高麗笛、	篳篥、	笏拍子	和琴
久米歌（舞）	歌、	竜笛	篳篥	笏拍子	和琴

（笏拍子とは、笏を縦に半切したもの。またそれを打ち合わせて拍子を打つこと。）

右の表のようである。日本古来の楽器は神楽笛と、和琴、笏拍子で、その中でも神楽笛は「御神楽」のみに用いられる。他の竜笛や高麗笛や篳篥は外来楽器であることに注目したい。笛類のうちで神楽笛の音程は低く、次が竜笛で、高麗笛が一番高い。歌の音程に相応しい笛が用いられるということなのであろう。外来楽器の笙、現代では天空の音などといわれている笙が国風歌舞には全く使われないことにも注目したい。もっとも笙は右方の楽（高麗楽等）にも用いられないのである。この和音楽器が用いられないために、右方の楽、ことに高麗楽を聞くとき、非常に透明な一種の哀調を帯びた楽という感じがするが、国風歌舞においても非常に澄んだ透明な感じをうける。一般に日本音楽には和音がないということが、音楽的に劣っているようにいわれたり、国民性が単純であるからであるとか、いわれたりすることがあるが、この特質は探究してゆく必要があると思う。その一つの方向が、自然環境を音空間とした日本人の音楽性にあるように思う。自然環境の音空間で演奏することによって、人為的な和音空間の音楽ではない自然との共響音楽が生まれたのではないだろうか。

『源氏物語』などが描き出した「御遊び」の音楽空間とは、このようなものであった。さて、この空間を構成する諸要素は、それぞれどのような機能をもっているのであろうか。

❖ 階級別の奏者席の効用（寝殿造りにおける母屋と廂と簀子（縁）、階と階下の砌という空間）

寝殿造りの中心部分である母屋（または身屋、身舎）は天皇の生活される清涼殿にあっては天皇の御座所のある部分であって、御遊びという合奏の集いがある場合、ここで天皇が演奏されることもある。大貴族の邸宅では母屋は主人の居住空間であって、合奏の場合、ここで主人が演奏することはほとんどない。貴族たちの合奏の場は、廂と簀子か時には簀子のみである。廂には上級貴族、簀子には上達部が座す。天皇が廂にお出になるようなときには、上達部は階のあたりに座す。そして、助管の専門楽人（平安時代には地下といって、普段は殿上を許されない四位から六位の官人）は階下の砌という石敷で奉仕する。これが演奏者の建築物内の位置である。これは、階級区別の厳格な社会においては、全く当然の慣習であったに違いない。

「階下の砌」と「苔の上」については先に考察した（一一二・一二九・一三〇頁）が、唱歌の上達部が召される

「御階のあたり」とはどのような場所であろうか。一〇九頁の「紫宸殿」の図に、階について「南階十八級」と付記されている。この場合「級」とは「階」または「段」の意味であるから、紫宸殿の主階は一八段であるということになる。清涼殿の階段数は紫宸殿より少ない。

殿舎の中心は「身舎」（母屋）で清涼殿の場合、その東と西に「廂」があり廂の外に「簀子」がある。東の簀子には、二本の「階」が付いていて、御遊びの際に使われるのは南の階である。この「階」のあたりに唱歌の上達部が座るのである。そして、この高い「階」の下に専門楽師の管楽器奏者が控える。巨大な屋根は簀子の上まで覆っている。その音響効果はどのようなものであっただろうか。現代の清涼殿で雅楽演奏をするなどということはまず、実現不可能であろうから、推測もままならない。現代にのこる神社建築或いは、伽藍で演奏される楽によって、僅かに偲ぶことができるばかりである。

❖ 御遊びの楽器担当

さて、「御遊び」の担当楽器についていえば、母屋ないし廂の御簾のうちで演奏される楽器は、和琴・琵琶・箏・笛で、時には笙や篳篥を奏する貴族もある。公卿日記には笛の他に篳篥を奏した博雅三位（源の博雅）などがあるが、『源氏物語』では御簾のうちの楽器は和琴・琵琶・箏・笛に限られる。和琴・琵琶・箏・笛は位の高い楽器とされていた。階に召された上達部は唱歌（『源氏物語』や公卿日記では、催馬楽・朗詠・神楽歌を歌うこと）するためである。

音楽の世界でのこのような階級制限は演奏にどのような影響を及ぼしたのであろうか。現代にもその遺風を尊重する旧華族の会である「霞会」に「絲竹会」という雅楽の会がある。その演奏会では、席順は旧華族の身分順であって、上座のほうに篳篥の方がいらっしゃって、ずっと離れた下座のほうに笛の方がいらっしゃるとか、筝の方が末のほうだったりして、合わせにくいことがあるという。このような管弦演奏時の配置状態から推測して、『源氏物語』の時代には、和琴・琵琶・筝といった音量の小さい弦楽器を、母屋ないし廂の間にある主要人物が演奏・鑑賞した。そして、その演奏をバックアップする専従楽人の三管は離れた階下にいる。笛と笙は堂上にあってもさして邪魔にならない音量であるはずだが、それでも主要メンバーと同座では音量が大きくなる。篳篥は大音量であるから離れた楽座のほうが好ましいことは前に述べたとおりである。階下の助奏者席というのは、現代のオペラやクラシック・バレエのオーケストラ・ボックスを連想させる。このように見れば、階級別の演奏席というのも演奏効果、そして同時に視聴効果の点で問題はなかったということができる。

三　自然との共演性・交響性を構成する空間要素

さて、平安時代の音楽は「自然」を除外しては論じ得ないということが明らかになったが、そのような音楽を成り立たせている要素として、

(1) 共演する好ましい自然音とゆらぎ。
(例) 松風、山風、水の流れる音、棹さす音。外気、春の暖気、秋の冷気、池水の湿潤、青苔の湿潤。

(2) 共演する自然を取り込む装置。
(例) 公的な広庭、開放的な殿舎、階下の砌、苔の上、平張、泉殿、池庭、龍頭鷁首、社殿の庭、仏殿の庭。

(3) 楽音の強弱・遠近を作り出す装置。
(例) 殿上と階下、龍頭鷁首の巡航、牛車での移動。

などを挙げることができた。

これらを総体的に眺めると、雅楽演奏というものが開放的な殿舎と美しい植栽のある屋外空間無しには成立し得ないということが了解できる。といっても、牧歌やアルペンホルン演奏のように全くの野外音楽ではないことに注意したい。つまり、開放的な殿舎と植栽のある屋外が緊密に提携した空間が必要なのである。

また、ギリシャ・ローマの円形劇場が優れた音響効果と大観衆の観覧を可能にしていたことはよく知られているが、それらが野外空間の自然風との共演を意図したものであるという見聞はない。

ただ、最近（二〇一一年七月）テレビで視聴したことであるが、デルフォイの神殿の劇場遺跡で歌った日本人声楽家の体験では、遺跡と空と風が歌唱に特別な感覚を付加して、歌声も歌う人も人間を超えた何かに包まれて、総毛立ち、震えるようであったという。音楽演奏における自然空間の偉大さは洋の東西を問わないのであろうと推察したことである。

さて、日本の平安時代に戻るが、雅楽の演奏空間の絶対的条件は、「開放部分を大量に有する建築物と広大な庭」であり、それは観賞空間でもあるということになる。

では、なぜこのような演奏空間が必要であったのかを再検討してみたい。まず、上記の要素は何のために必要であったかといえば、繰り返しになるが、

(1)　楽音のゆらぎと硬・軟を作り出すため。

(2)　楽音の強弱・遠近を演出するため。

である。しかし、一体、楽音のゆらぎと硬・軟、強弱・遠近といった要素は楽器の性能と演奏技術によって解決できなかったのであろうか。一般に西洋音楽では解決されていると見てよいのではないであろうか。

ここで、雅楽の楽器の性能が問題になってくる。

まず、音の大小・強弱に関していえば、弦楽器の和琴、箏、琵琶の音は小さい。それに対して管楽器の笙、笛、篳篥の音は総じて大きい。鼓類では太鼓は大きく、鉦鼓は小さく、鞨鼓、三の鼓は中ぐらいである。これらの楽器の中で音の大小を加減できるのは太鼓と笙ぐらいで、他の管楽器・弦楽器はほとんど加減できない。というより、弱く弾く、弱く吹くと、その楽器らしい音色になりにくいのである。厳密にいえば、笛には竜笛・高麗笛・神楽笛の三種があり、音域が異なることはよく知られているが、その中で神楽笛は最も低い音域で、静かに吹き、幽玄で且つよく透る。篳篥は舌（リード）によって強・中・弱を使い分ける。即ち、神楽には最も弱い舌を使い、管弦には中くらいの強さの舌、舞楽吹きのときは最も強い舌を用いる。篳篥専門の楽師の管函にはいつもこの三種類の舌が用意されている。それを使い分け、神楽の篳篥は静かに幽邃に吹かれるわけであるが、名演奏に到達するのは決して簡単ではないといわれている。

篳篥の音が大きいことは度々経験するが、最近の経験を一つ記そう。二メートルほどの至近距離で三管合奏を聴く機会があった。よい演奏であったが、時折、篳篥が最強音になったとき、筆者の耳朶が実際に、びりびりと震動して、篳篥の楽音とは違う音程の音がダブって聞こえた。野外の樹木の下であったから、至近距離でも特に支障はなかったが、耳朶の振動には驚いた。それほど、篳篥の音は大きく吹けるのである。度々引用するように、清少納言のいうとおり、

例84　篳篥はいとかしがましく、轡虫などの心地して、うたてけ近く聞かまほしからず(38)。

なのである。しかし、清少納言の篳篥に対するこの見解については、付言しなければならないことがある。確かに、時と場所を弁えず大音響で吹かれる篳篥は耐えがたいものである。しかし、それは下手な篳篥だからであり、

多くの場合がそうなのである。『中右記』には「御神楽」の笛（それには篳篥の笛もはいっている）が優美であった、と記されているし、『続教訓鈔』下には次のような記述がある。

例104　或記云、志賀僧正明尊（天台座主、平等院執印。九七一―一〇六三）ハ、本ヨリ華篥ヲニクム人ナリ、月ノ夜、湖上ニ管絃和歌頌物、三ノ船ヲウカヘテ、宴遊シケルニ、……楽人等議シテ云、華篥イミシクニクマル、人ナリ、……用枝ヲノセシトイヒケレハ、用枝カ云、打物ヲツカマツラントテノリニケリ、泛遊ノアヒタ、深更ニオヨフ、用枝湖水ニ　ヒソカニヒチリキヲイレテ、霑シテケルヲ、……華篥カト、ヘハ、手洗フナリトコタヘテ、左右ナク華篥ヲ吹出スニ、楽人等……事破ヌケトナケクニ、万人コレヲ聞テ涙ヲナガス、僧正又感ニタヘスシテ流涕シテ云、聖教ニ華篥ハ迦陵頻ノ声ヲ学トイヘリ、此事年来信ゼラレス、今夜ハシメテコレヲアラワシヌ、……其後ニモ僧正ハ常ニ云出シテナカレケリトイヘリ、[39]

例105　或人語テ云。……後白河院鳥羽院ニテ御船楽アリシニ、華篥ヲメシクセラレス、（三宅）守正此事ヲナケキ存スルアマリ、兼テカノ池ノ島ノアシノ中ニカクレテアリ、御船楽…数返ニ及フ、諸卿興ヲモヨヲシ、上皇感ヲウコカシマシマスキサミ、守正アシノ中ニシテ華篥ヲフク、諸人耳ヲ、トロカシテコレヲ求ラル、ニ、守正ヲモトメイタサレヲハンヌ、上皇御感アリテ、管絃ノ船ニメシクセラレヲハヌ、[40]

このような清雅な篳篥もあるのである。先述のように清少納言の時代には、女性は「御神楽」に関与できないが、賀茂の臨時の祭りの還立《かえりだち》の御神楽、といって社頭での祭りが終わってから、御所に帰って御前で奏する御神楽や、在宅の日に、賀茂社での御神楽に車で出かけて、聞くことができた。繊細な「御神楽」を本来の場で聞いたわけではないが、それでも、

例106　臨時の祭の日、まだ、御前には出でで、もののうしろに横笛をいみじゅう吹きたてたる、あな、おもしろ、

と聞くほどに、（篳篥が）なからばかりよりうち添へて吹きのぼりたるこそ、ただいみじゅう、[41]

というように、篳篥の素晴らしさにも言及しているのである。

さて、管弦の演奏、つまり御遊びの場合、堂上では和琴、筝、笛、笙などが演奏されるが、それを楽しむためには、支えとなる篳篥が必要である。しかし、並の篳篥吹きが同席すると、音が大き過ぎてアンサンブルは成功しない。そこで、篳篥を含む地下楽人を階下に配置したのではないであろうか。地下の笛と笙も一般的には階下であるが、笛の音は遠くてもよく透る。階の下の楽音は石畳に反響して、簀子の木質に和らげられ、堂上に届く。こうして、絶妙な音楽空間が形成されるわけである。御所や貴族の寝殿造り邸宅では中心になる母屋があり、その外側に廂と呼ばれる部屋、現代見る大寺院の外陣に相当するような広い空間があり、御簾が掛かっていて、外側には上げ下げできる格子がある。簀子はその外側にあり、屋根は伸びているが、戸や格子はない。現代の濡れ縁の大幅なものと考えればよいであろう。

このような、贅沢極まりない楽器配置や自然の取り込みを含む音楽空間を追求させた原因の一つは、楽器の性能からくるものでもあったことが明らかになった。その奥に和漢の文学によって培われた自然礼賛の心性があることは上述のとおりであり、そのまた背景には、「仏教経典に現れた音楽と自然」の思想があることは前章で詳しく述べたとおりである。

❖ 液体の水、気体の水、水面、の音響効果

前出の例104、例105の逸話はいずれも、華篥嫌い対、名演奏の対比として興味がある。しかし、ここには華篥演奏の音楽境について注目すべき点が隠されている。これら名演奏の場はいずれも湖上と池か川の水上である。用枝と

いう楽人は華簗を湖の水に浸して潤した。三宅守正は水辺の葦の中で吹いた。さらにわれわれは、用光という華簗の名人が海上で賊に襲われたが、この世の名残に華簗を奏して殺害を免れたという有名な話を知っている[42]。華簗ばかりでなく笛や琵琶などの名演奏の場が水上や水辺であった記述にもしばしば遭遇する。現代の劇場雅楽からは程遠いそれらの記述から、水面と水蒸気と水そのものが雅楽演奏にとって音環境の重要な条件であることを了解しなければならないであろう。

先に「船楽」の項（本書一一四頁）では、池を巡る龍頭鷁首の船上で奏楽することによって、楽音に大小、遠近に変化が得られるという効果が得られることを述べた。しかし、この項で探索し得た水上演奏の効果は、さらに、繊細で重要な科学性を秘めていると考えられる。この水が関わる演奏効果が、新時代の雅楽空間建設に貢献するように、優れた方策が探求されることを願う。

註

（1）倉田実編、平安文学と隣接諸学1『王朝文学と建築・庭園』竹林舎、二〇〇七年。
（2）『楽家録』巻四十七旧例、五一一五四〇頁。
（3）『源』一、「末摘花」二六五頁、二、『初音』三八九頁、頭注16補注157。
（4）『中右記』三増補史料大成、四一八頁下、臨川書店、二〇〇一年普及版。一九九六年第七刷では「石段の下」は「砌下」となっている。
（5）『源』二、「胡蝶」三九九・四〇〇頁。
（6）『源』二、「乙女」三一七頁。
（7）『源』二、「胡蝶」三九五―三九七頁。
（8）『中右記』嘉保元年八月。
（9）同、嘉保二年一一月。

(10) 同、嘉承元年正月。
(11) 同、康和四年三月。
(12) 『枕』二二八段、二五一頁。
(13) 『源』一、「紅葉賀」二七四頁。例62の重出。
(14) 『源』一、「紅葉賀」二七一頁、頭注。
(15) 『楽家録』三、七七〇頁。
(16) 『源』三、「若菜上」二七一・二七二頁。
(17) 『源』二、「胡蝶」四〇〇頁。
(18) 『源』三、「若菜下」四一四頁。
(19) 『源』一、「花宴」三〇三頁。
(20) 『源』二、「絵合」一八七頁。
(21) 『源』五、「宿木」一一五頁。
(22) 『源』二、「胡蝶」三九七頁。
(23) 岩波書店、日本古典文学大系73『和漢朗詠集　梁塵秘抄』和漢朗詠集、上159、白一二三頁。
(24) 同、上301、白一二三頁。
(25) 『源』三、「若菜上」二四五頁、六条院の玉鬘邸。
(26) 『源』三、「藤裏葉」二〇六・二〇七頁。
(27) 『源』二、「乙女」三一八頁。
(28) 『源』三、「若菜下」三四八頁。
(29) 『源』二、「胡蝶」四〇〇頁。
(30) 『源』三、「篝火」四一頁。
(31) 『源』一、「紅葉賀」二七一頁。
(32) 『源』五、「手習」三七四頁。
(33) 『源』一、「賢木」三九九頁。
(34) 『源』三、「若菜上」二七〇頁。

(35)『源』三、「若菜下」三三一頁。
(36)『枕』一四二段、一九六・一九七頁。
(37)同、一九七・一九八頁。
(38)同書、二一八段、二五一頁。
(39)『続教訓鈔』下、日本古典全集、四六七・四六八頁。
(40)『枕』二一八段、二五一頁。
(41)『続教訓鈔』下、四五六・四五七頁。
(42)第二次世界大戦前の小学校教科書には載っていた。

第五章　曲名に表れた心性・精神性

前章で演奏の場（演奏目的と物質的空間）を探究領域として、心性・精神性を採り出した。しかし、それぞれの場で、実際に演奏される楽曲一々の心性はというと、「日本古来の祭祀の場」においてさえも一様ではない。そこで、この章では楽曲、特に曲名に注目して、そこに、心性・精神性を見出してゆきたい。

一　古来の祭祀における楽曲と祭祀後の饗宴における楽曲の違い

現代において宮中三殿で行われる「御神楽」では「神楽歌」が奏される。皇霊祭・賀茂祭・氷川神社（埼玉県大宮市にあり、出雲大社から勧請された。皇居のある武蔵国の鎮守社である）などでは「東遊《あづまあそ》び」が奏される。大嘗祭後の饗宴すなわち大嘗会で舞われるのは「久米歌・舞」「悠紀・主基の歌舞」、大嘗会と新嘗祭後には「大歌」とともに「五節の舞」が舞われる。それらの曲名からは、日本古来の音楽であるということが直接的に感受され、その心性の基底は先に探究した「御神楽」における幽遠の神明に奉る畏敬と「神・人・自然の交感の心性」である。その心性の現れ方は一聞・一見にして渡来系雅楽と異なることが明らかであるが、今また『源氏物語』の「東遊」の記述を引くならば、次のようである。

例101　ことごとしき（形式ばった）高麗・唐土の楽よりも、東遊の、みみなれたるは、なつかしく、おもしろく、波・風に響きあひて、さる木高き松風に、吹きたてたる笛の音も、ほかに聞く調べにはかはりて身にしみ、琴（和琴）に打ち合わせたる拍子（笏拍子）も、鼓を離れてととのへとりたる方、おどろおどろしからぬ（仰々しくない）も、なまめかしく（優雅で）・すごく（ものさびて）・おもしろく（興味深く）、所がら（住吉社前）は、ましてきこえけり。(1)

天皇讃歌、国家賛歌であってさえも、このようにことごとしくない、おどろおどろしくないというのであるが、それは曲節によるのみでなく、楽器編成にも原因がある。「琴に打ち合わせたる拍子」、「鼓を離れてととのえたる」とあるように太鼓・鉦鼓・鞨鼓・三の鼓等の鼓類を用いずに和琴と笏拍子によって拍子がとられることにもよるであろう。また、紫式部の「国風歌舞」観とその空間の項（一三七―一四二頁）で表示したように、管楽器には笙が用いられず、弦楽器は和琴のみであることにもよるであろう。また、舞人、楽人の装束が日本の貴族社会の礼服や常装束を基本とした変化形であることも、ことごとしき高麗・唐土の装束とは異なって、目慣れたる、なつかしきさまであったに違いない。

このような祭祀楽のあとに催される饗宴では、所謂渡来系の音楽が奏された。

二　渡来系雅楽の「曲名の由来」を分析・分類する

さて、このように「国風歌舞」とは大きく異なるとされる渡来系の楽舞は内裏で行われた祭儀や国家儀礼、またその後に続く饗宴においては中心的な音楽なのであった。「ことごとしく、おどろおどろしい」がゆえの価値が評価されたといえる。それらの曲一々の成立には、契機となった思想や故事、発生地の習慣などが混然としていて、日本の古代・中世の楽書に「曲名の由来」として解説されてきた。現代のわれわれにとって、それらの解説は一見するところ煩わしいし、今日、演奏を聴いてそのいうところと合致すると思えるものは少ない。しかし、その知識を踏まえないわけにもゆかない。避けては通れないわけである。この項ではその多彩、煩瑣な「由来」を検証し、分析し分類を試みることにする。

外来系の雅楽は、西域、天竺、インド支那半島、中国、匈奴、朝鮮半島等の諸文化の中において発生したものであるから、渡来後もその痕跡を色濃くとどめているであろうことは、一般的な常識であるし、現代の演奏会ではパンフレットに解説が載っているから、周知のことといえよう。

しかし、分析、分類の結果を具に見ると、雅楽が映し出している外国文化の内実がいかに深く、多彩であるかを思い知らされるのである。また、一方では、この基本的には外来楽である音楽が、実に、わが国の天皇とその治国の繁栄讃歌として、大役を担ってきたことに驚嘆の念を禁じ得ない。この歴史的、また記録上の事実は、現在の日本において、雅楽といえば「皇室の音楽」と心得ている人が多いこと、また、その認識はある意味で当を得ているといわざるを得ないことの根拠となるであろう。以下の「天皇と、その治世ないし国家を賛美する曲」に分類した一八曲は直接的に天皇即位を奉祝する楽であったり、新元号制定の祝賀であったり、盛大な行幸の讃歌であったりというように、直接、天皇に関わる曲である。その他に、「儒教系統の思想を表した曲・舞」に分類した儒教の徳目は結局、天皇の治国の理想を示すものとなっている。「祝賀」と、「花鳥風月、季節を愛でる心性の曲・舞」に分類した「春鶯囀」等でさえ、別名を見れば「天長宝珠楽」「天長最寿楽」「天寿楽」「天長宝楽」となっており、これも天皇奉祝の意が込められるようになったことがわかる。さらに、天皇の作られた曲、天皇の命によって作られたり、移調させた曲もある。このように検証してみると、「雅楽とは皇室の音楽である」という過去から現在にわたる認識は妥当なものとしなければならないであろう。しかし、再考を加えると、古代、中世の雅楽視聴者は楽曲の由来、言い換えれば曲名の由来が背景とする内外の文化を教養として身につけていた。その教養の上に、雅楽の鑑賞と理解が成り立っていた。また、皇室のあり方はまさに国の統治者であり、文化の源泉であり、庇護者でもあった。雅楽はそのような文化と社会における音楽なのであった。翻って、第二次大戦後の現代では天皇は、統治者ではなくて僅かに国の象徴であるに過ぎず、皇室は文化の源泉でも、庇護者でもない。雅楽に関しても、その観が著しい。僅かに皇居の一郭で春秋の演奏会があり、一般公開されているという現実があるのみで（国賓の接待に雅楽演奏があることなどは、国民に周知されていない）、そのことによって「雅楽は皇室の音楽」という認識が成立しているわけであろう。しかし、それとても、厳密には皇室の主催されるものではなく、政府の一部局が業務を行っているのである。加えて、演奏会のプログラムに載る楽曲の解説には、天皇讃歌、国家賛美といった部分は現れて来ないのが、普通になっている。国歌「君が代」の斉唱に起立しない教師がいる今日の社会情勢に鑑みて、雅楽の世界もできるだけその機微に触れたくないのであろう。そうすることによって、雅楽の存立を守りたいのであろう。このような次第で「皇室の音楽」という表現の内容には、過去と現在で雲泥の差があるのである。

それでは、古代・中世・近世にわたる雅楽演奏者と鑑賞者が、教養としていた「曲名の由来」を具体的に探索してみよう。以下に分類した楽曲は、『明治選定譜』に載っている曲と昭和、平成になってから復活演奏された曲、つまり、現在演奏されている楽曲のみに限った（『明治選定譜』に採用されなかった曲は「廃絶曲」と称されていたが、昭和後半から平成にかけて復活されるものも出てきた）。

❖ 儒教系統の思想を表した曲・舞

「五常楽《ごじょうらく》」（平調）　『教訓抄』によると、(2)唐の貞観（六二七―六四九）の末頃、太宗が作った。仁・義・礼・智・信を五常といい、これを五音に配したこの曲は、よく五音の和をそなえているという。一説に、天皇が初めて楽を習われるときの曲とされていることからも、平安朝の政治や倫理を支えた精神の一つを表現しようとするものと考えられる。多くの楽書では五常を仁・義・礼・智・信とする『白虎通』の説をとっているが、『孟子』では父子の親・君臣の義・夫婦の別・長幼の序・朋友の信であり、『書経』では父は義・母は慈・兄は友・弟は恭・子は孝になっている。それらの徳目は概念であるが、それを感性に昇華させて楽曲となっているのである。現代の演奏家に、強いてこの曲の感じを言い表してもらうと、「ゆったりとしていて、たいへん真面目な感じ、格調の高い感じがする。」ということであった。

「（煬帝）万歳楽《まんざいらく》」（平調）　古代の聖王のとき、鳳凰が来て、賢王万歳と囀る。その声、姿を象る。

「鶏徳」（平調）　鶏には頭の冠に文、足の搏距（けづめ）には武、闘うのは勇、食を見て呼ぶのは仁、夜を守るのは信の五徳があるとすることによる曲。(3)

儒教と日本雅楽に関する研究として、吉備真備《きびのまきび》を主題とする南谷美保氏の論文(4)があり、日本雅楽に中国古代の儒教思想、楽理が取り入れられた歴史的経緯が明らかにされている。しかし、雅楽が儒教思想とともに輸入されたことは確かであるけれども、儒教の楽である宗廟の楽としての「雅楽」は日本では全くといってよいほど行われなかったのである。それは、日本においては儒教の宗廟の祭祀に比肩する古来の祭祀が厳然と伝承されていたからであろう。その古来の祭祀に輸入音楽が介入することはなかった。国風歌舞に中国の篳篥が用いられていることが介入といえばいえるのかもしれない。即位礼の儀式と、その際に用いられる楽器の合図はあきらかに中国的であり、儒教の礼楽に範を取っていると考えられるが、それを音楽というとしても、雅楽曲とは言い難い。

日本思想史において儒教・仏教・神道がそれぞれ適用領域を分担して、政治・道徳・宗教に貢献し、調和ある国家体制を保ってきたことは、周知のとおりである。雅楽もまた、政治・道徳・宗教・芸術の顔をもち、任務を担ってきたというべきなのである。雅楽が政治・道徳に関わらせられるとき、そこに儒教の影を濃く現してくる。その例が、天子の最初に学ぶ曲が「万歳楽」であり、諸家は「五常楽《ごしょうらく》」とされることであったり、中世・近世に現された楽書には必ず、「楽」（雅楽を意味する）というものは「斯く斯く然々でなければならない」という儒教的というか礼楽的というか、或いは道徳的というか、非常に堅苦しい定義といってよい記述となるのである。

音楽は朝家（帝室、皇室）の政務である。したがって、慶賀の日、慶賀の月には必ず音楽を奏せられる。(5)

楽は国を協和させ、神と人を和合させる。……けれども、音楽は本は聖人が作ったものであって、性を養い、欲を去る徳がある。それ故、天子と雖も自ら之を修す……(6)

このような雅楽観は、儒教の古典から直接的に導き出されたものとは言い難いかもしれないが、それではどのような思想かと問われれば、やはり儒教以外には考えられない。このような形で、儒教思想は雅楽に遍満しているといえよう。

なお、儒教における音楽理念、いうなればコンセプトに関して言及する優れた論文があった。天納傳中「仏教儀礼における音楽の位置——仏前奏楽の意味——」（『印度学仏教学研究』一九八五年）である。氏は『呂氏春秋』巻第五・侈楽を引いて、「楽者為同、礼者為異、同則相親、異則相敬、……楽は人間関係における調和の原理であり、礼は差別の原理であると意義づけている。……『楽者為同』の一語に、宗教儀礼における音楽の意味と位置づけが顕示されていると考えるのである。」（前記論文、四五四頁）。ここに採択された「楽は人間関係における調和の原理」という思想は、拙論にも述べたように（本書七九頁）遥か後世の日本の楽書『楽家録』に記す、

音楽を仏前に奏するのは、仏と人が協和して誠心に感応させるためである。

という思想の淵源であったであろう。天納氏は天台声明の権威であるが、儒教の学識に優れておられたから、仏前奏楽の根拠を遂に『呂氏春秋』に探り当てられたのである。

❖ 天皇と、その治世ないし国家を賛美する曲

「承和楽《じょうわらく》」（壱越調）　仁明天皇の即位のとき（八三三）、または黄菊の宴に作られた。

「勇勝急《ようじょう》」（平調）　「勇勝楽」。文武天皇（在位六九七―七〇七）の即位楽。藤三品正風作。

「海青楽」（黄鐘調）　「海仙楽」「海山楽」「海旋楽」「清和楽」ともいう。承和帝（仁明天皇、在位八三三―八五〇）が神泉苑に行幸されたとき、船が池を三周する間に新曲を作り、中の島で奏せよと勅命があった。笛師の清上と篳篥師の尿麿が一回廻る間に作り南池院で奏した。

「仁和楽《にんならく》」（高麗壱越調）　光孝天皇の仁和（八八五―八八九）の年号を取る。

「拾翠楽《じっすいらく》」（黄鐘調）　仁明天皇（在位八三三―八五〇）の大嘗会のとき、武楽殿の前に海浜を作り、砂石を集め、樹木を植え、丘を作り、水色の布を敷き、海藻を散らして、渚にかたどった。そこに舟を曳いて、海人の藻を拾うさまを象させた（笛は清上、舞は浜主作）。

「河南浦」（黄鐘調）　承和のとき（八三四）、仁明天皇の大嘗会に尾張の浜主が作る。魚を捌き作る舞という。

「千秋楽」（盤渉、黄鐘調）　後三条院在世の近衛天皇の康治三年（一一四四）、大嘗会に王監物頼吉が作る。

「白柱」（盤渉調）　一名「徳貫子」「児女子」　元明女帝の即位のとき（七〇七）作られた。

「鳥向楽」（盤渉調）　弘仁（八一〇―八二四）のとき、南池院行幸の際、船楽のために作る。鷁首に向かって奏するので、鳥向楽と名づけた（『教訓鈔』）。

「太平楽」（太食調）　故事または武勇の項にも分類したが、泰平を祝うものとして即位礼の祝賀には必ず舞われるからこの項に入れたい。

「還城楽」（太食調）　武勇、エキゾチズムの項にも分類できるが、その名称から行幸、還御に奏されたのでこの項に入れる。武勇の項参照。

「散手」（太食調）　『教訓抄』によると、率川明神が、新羅の軍を平らげ、喜んで舞った。『楽家録』では一説に、釈迦誕生のとき、師子喔王が作る。

「朝小子」（太食調）　唐の王子の誕生のときに奏する（『楽家録』）。また、太平楽の「道行」の楽として用いる。

「天人楽」（太食調）　東大寺総供養の日、天童が楼上に行道して奏する（『教訓鈔』）。また、一条天皇の即位楽という（『楽家録』）。現在は用いず。

「王仁庭」（高麗壱越調）　仁徳天皇の即位のときに、王仁が難波津歌を作って賀したのがこの曲であろうという。

「仁和楽」（高麗壱越調）　仁和年間（八八五―八八九）に勅命により貞雄という者が作った。年号を名とする。

「延喜楽」（高麗壱越調）　延喜八年（九〇八）に藤原忠房、または和邇部逆麿、舞は式部卿親王が作る。年号を以って曲名とする。

「敷手」（高麗壱越調）　一名「重来舞」「廻庭楽」。主上の元服に用いる。

❖ 中国・天竺の故事、風習を表す曲

「北庭楽」（壱越調、渡し物として双調がある）　別名「北亭楽」「北亭子」「北庭子」「双鼻麗」。亭子院（宇多天皇、在位八八七―八九七）のとき、不老門の北庭で作った。一説に中国の法で婚姻の日に、家の北面で奏した。

「蘭陵王」（壱越調、双調）　武勇の項参照。

「皇麞《おうじょう》」（平調）　「海老葛」ともいう。景竜年中に黄麞という谷で宰相の孝傑が戦死した。明帝の即位のときに奏した。明帝は後漢第二代の皇帝、儒教を奨励し、また、班超を西域に派遣し、仏教を求めさせたという。

「甘州」（平調、唐楽）　「甘州楽」「甘州塩」「衍台」ともいう。唐の玄宗の作。甘州の国に海〈湖〉があって、竹が多く生えているが、根ごとに毒虫が満ちて、切る人の多くが死ぬ。しかしこの曲を奏して切れば、害がない。この曲が金翅鳥の鳴き声に似ているからである。

「慶雲楽《きょううんらく》」（平調）　もと両鬼楽、唐で飲食を好む二鬼を追い払うために奏した。日本には慶雲年間に渡来したのでこの名を付けた。

「裹頭楽《かとうらく》」（平調）　唐で蜂の大群を払う曲。

「扶南」（平調）　地名、男子が女子の家に行くとき奏した。

「小郎子」（平調）　身長三尺の大国の太子が八一歳のときに作った。

「王昭君」（平調）　王昭君が夷国の王に稼がされるとき、馬上でこの曲を琵琶で弾いた。

「太平楽道行・破・急」（太食調、左舞）　道行は「朝小子」、破は「武昌楽」、急は「合歓塩」、「武将破陣楽」、「武昌太平楽」、「小破陣楽」、「項荘鴻門曲」、「五方獅子舞」、「城舞」ともいう。漢の高祖と項羽が覇上で会見した

とき、項羽の臣の項荘が剣を抜いて舞いながら高祖を殺害しようとした。項羽の季父の項伯もまた剣を抜き舞いながら、高祖を守った。この剣舞の形を模した（「武勇」の曲にも分類している）。

「平蛮楽」（黄鐘調）　元は平調であったという。中国の曲。元朝に餅を人に与えるとき、この曲を奏した。

「蘇合香《そこう》　序・破・急」（盤渉調、渡物として黄鐘調）　一説に、もとは中印度の曲、阿育大王が病気になったが、蘇合草によって治癒した。

「振鉾《えんぶ》」　周の武王が商郊の牧野で殷の紂王を討って天下の平定を誓った。初節は天神に供え、中節は地祇に和し、後節は先霊を祭る。これを三節という。現在では、一般に、舞台を清めるためと理解されている。

「貴徳」（高麗壱越調）　紀元前神爵年中（前六一―五八）に匈奴の先賢が漢に降った。漢は日逐に封じ、帰徳侯になす。

「埴破《はんなり》」（高麗壱越調）　一名「登玉舞」「弄玉」。

「新靺鞨《しんまか》」（高麗壱越調）　『楽家録』によると靺鞨国（中国東北地方にあったツングース族の国。筆者注）の曲。舞はその国より中国の朝廷に来て、拝礼舞踏する形。高麗より伝来した。また一説では、白河院（在位一〇七二―一〇八六）のとき、法勝寺供養に勅命で藤原俊綱朝臣が作った。舞人四人、唐冠を付ける。

❖ 陰陽道

「安摩」（壱越調）　陰陽地鎮曲。元天竺の楽、承和の頃大杜清上が旋律を改めた。舞人二人、雑面を付け、笏をもち、左方の襲装束で舞う。雑面を付けるのは、祈禱的なものを思わせる。

「二の舞」（壱越調）　「安摩」の答舞。右方の襲装束で、一臈は咲面、二臈は腫面を付ける。「安摩」の舞う姿を真似て舞うが、うまく行かず、滑稽なさまになる。

「地久」（高麗双調）　由来不詳というが、「天長地久」の地久であろうから、天皇の治める天下の永遠の安泰を願う思想が込められた曲であろうと思われる。

❖ 老荘思想による曲・舞

「西王楽」（黄鐘調）　花の宴のとき、仁明天皇作という。花はおそらく桃で、西王とは西王母のことと思われる（花鳥風月の項にも入れた）。

「仙遊霞《せんゆうが》」（太食調）　「仙人河」「仙神歌」ともいう。一説に巌嶺山の仙人が宮陽河で遊行のときに奏したとされる。仙人が霞の中に遊ぶという俗世を離れた高雅な思想を含んでいると推定できるが、此の曲は斎宮が伊勢に下られるとき、勢多橋上に楽人が参り、奏してお見送りする、といわれている。俗界を離れて皇祖に仕える斎宮を仙女に擬《なぞら》えてお見送りしたのであろう(7)。

「八仙」（高麗壱越調）　正式の曲名は「崑崙八仙」であるが、たいていの場合崑崙を略す。一名「鶴舞」。崑崙山の仙人が帝徳に化して、来朝し、新曲を奏し舞う。

❖ 祝賀・付　葬送

「春鶯囀」（壱越調、左舞）　第三楽章に「颯踏」、第四楽章に「入破」を用いる。一名「和風長寿楽」「天長宝珠楽」「天長最寿楽」「天寿楽」「天長宝楽」「梅花春鶯囀」。中国の法で春宮の立つ日に楽官が奏すれば、鶯が来て百囀するという。高宗（唐の三代）が晨朝に鶯の声を聞き、楽工の白明達にその声を写した曲を作らせた。

「颯踏」　音節が活発で、物の盛んなさまを形容する。「入破」とは破の別称であるという。この二曲には渡し物として双調がある。

「賀殿破《かてん》」〈壱越、渡し物として双調〉　「嘉殿楽」「甘泉楽」「含泉楽」ともいう。

「老君子」〈平調〉　または「郎君子」、唐で男子誕生を祝う曲。

「央宮楽」〈黄鐘調〉　春宮が初めて立つとき、勅命で林真倉が作った。

「長慶子《ちょうげいし》」〈太食調〉　『楽家録』では用命天皇〈在位五八五―五八七〉の王子誕生のとき作られた。『教訓抄』では源博雅〈醍醐天皇の皇孫〈九一八―九八〇〉〉が作ったとされる。

葬送
「竹林楽」〈盤渉調〉　中国では葬送のとき奏した。

❖　武勇

「蘭陵王」〈壱越調〉　一名「羅陵王」「没日還午楽」。略名「陵王」。北斉の蘭陵王長恭は才知武勇に優れていたが形が美しかったので、兵が見惚れて戦に差し支えた。そこで、仮面を着けて周の軍を金墉城下に撃ち、武勇は三軍〈各一万二五〇〇の軍〉の首位といわれた。その武勇を現した曲、舞。また脂那国の王が隣国と戦っているとき、崩じた。その子が即位して戦ったが、争いは止まなかった。太子が陵に向かって悲しんでいると、父王の神魂が落日を招いた。空は再び青くなり、戦いに勝利することができた。人々は歓喜し、歌舞し、その楽・舞を「没日還午楽」と名づけた。

「武徳楽」〈壱越調、渡し物として双調、唐楽〉　「武頌楽」。漢の高祖が作り、武徳殿で小五月会に奏した。また、相撲の節会のために勅命により藤原忠房が作った。

「陪臚《ばいろ》」（平調）　「陪臚《ばいろ》破陣楽」。天竺楽。陣の日にこの曲を奏して死生を知る。この楽七返のとき、舎毛音といわれる音があれば、勝つという。楽は婆羅門僧正が伝え、舞は聖徳太子が守屋と対したときに、この曲を奏して、舎毛音があって、勝ったのを模して作るという。唐招提寺で四月四日の陪臚会にこの曲を奏するので、この名があるといわれる。

「夜半楽」（平調）　唐の玄宗が夜半に韋后を誅したことによる。

「太平楽道行・破・急」（太食調、左舞）　道行は「朝小子」破は「武昌楽」急は「合歓塩」、「武将破陣楽」、「武昌太平楽」、「小破陣楽」、「項荘鴻門曲」、「五方獅子舞」、「城舞」ともいう。漢の高祖と項羽が覇上で会見したとき、項羽の臣の項荘が剣を抜いて舞いながら高祖を殺害しようとした。項羽の季父の項伯もまた剣を抜き舞いながら、高祖を守った。この剣舞の形を模した。

「還城楽《げんじょうらく》」（太食調、左舞、右舞）　「見蛇楽」「還京楽」ともいう。西域の人は好んで蛇を食す。蛇を求め、発見して喜ぶ様を現した曲。唐の明皇〈玄宗皇帝〉が韋后を誅して都に還ってこの曲を作ったともいう。後に宗廟で奏すると、霊魂が蛇となって出現し、これを喜んだので一名見蛇楽という。また、中国で王の行幸、還御のときに大官がこれを奏する。

❖ 花鳥風月、季節を愛でる心性の曲・舞

「春鶯囀」（壱越調、左舞）　第三楽章に「颯踏」、第四楽章に「入破」を用いる。一名「和風長寿楽」「天長宝珠楽」「天長最寿楽」「天寿楽」「天長宝楽」「梅花春鶯囀」。中国の法で春宮の立つ日に楽官が奏すれば、鶯が来て百

囀するという。高宗（唐の三代）が晨朝に鶯の声を聞き、楽工の白明達にその声を写した曲を作らせた。

「颯踏」　音節が活発で、物の盛んなさまを形容する。「入破」とは破の別称であるという。この二曲には渡し物として双調がある。

「春鶯囀」　「颯踏」「入破」は祝賀の項にも入れる。

「相府蓮《そうぶれん》」（平調）別字　「想夫恋」「想夫憐」「相夫憐」。篳篥は晋の王倹が蓮を愛して作った。

「春楊柳」（平調）

「春庭楽《しゅんでいらく》」（双調、唐楽）　「春庭子」「春庭花」「和風楽」「弄春楽」「和風長寿楽」桓武天皇の延暦年間（七八二—八〇六）遣唐使舞生の久礼真蔵が伝え、太食調であった。仁明天皇の承和年間に勅命で双調に改め、春の節会の参り音声として用いた。

「柳花苑」（双調）　桓武天皇（在位七八一—八〇六）のとき、遣唐舞生の久礼真蔵が伝え、元は太食調。仁明天皇の承和年間に双調に改めた。

「喜春楽」（黄鐘調）　立春の日に春宮の大官が奏した。

「（赤白）桃李花」（黄鐘調）　元は内教坊で奏したが、舞は断絶したので「央宮楽」の舞を借用し、三月三日の曲水の宴に奏する。

「西王楽」（黄鐘調）　花の宴のとき、仁明天皇作という。花はおそらく桃で、西王とは西王母のことと思われる（老荘思想の項にも入れた）。

「輪台」（盤渉調、元は平調、唐楽）　輪台は国の名、その国の人は蒼海波の衣装を着て舞う。輪台の舞を「序」として「青海波」を「破」として、連続して舞う。

「青海波」（盤渉調、元は平調）　承和帝仁明天皇（在位八三三—八五〇）のとき盤渉に変える。渡物として黄鐘がある。唐楽。青海という名称によるものか蒼海波の衣装を着けて舞う「輪台」とともに舞い、「青海波」の起源については不明。現在の装束からは異国趣味はうかがえない。

「秋風楽」（盤渉調）　『教訓抄』によると、弘仁（八一〇—八二四）に南池院行幸のとき、勅により常世乙魚が舞いを、大戸清上が楽を作る。現在は廃絶曲であるが『源氏物語』には度々出る。

「胡蝶」（高麗壱越調）　醍醐天皇の延喜六年（九〇六）太上法皇（宇多法皇）が童相撲をご覧になったときに作る。一説に前栽合せに藤原忠房が作る。

❖ 西域風の曲名または舞様

「胡飲酒《こんじゅ》」（壱越調）　一名「酔胡楽」「宴飲楽」「飲酒楽」。胡国の人が酔ってこの曲を奏した。その様を舞に写す。承和年中（八三四—八四八）に大戸真縄が舞を、大戸清上が楽を作った（『教訓鈔』）。

「酒胡子」（壱越調、渡し物に双調）　「酔胡子」「酔公子」「清酤子」「酒飲子」。

「抜頭」（太食調、右舞）　天竺の楽。また、唐の后が嫉妬で鬼となった形の舞（『教訓鈔』）。また、西域の楽で、胡人が猛獣に噛まれ、その子が猛獣を求めて、殺す形の舞であるという（『楽家録』）。

「胡徳楽」（高麗壱越調）　舞は平舞で舞人四人は右方襲装束、赤い面を付ける。勧盃は左方襲装束、唐冠、笏、雑面を付ける。瓶子取りは右方襲装束（袍なし）、腫れ面、左手に手盞、右手に瓶子を抱える。酒宴の様子を表すが、瓶子取りが酔って面白おかしく振舞う。胡がついているから西域の様子かとも思うが、不明。

❖ 怪異

「蘇《そ》莫者《まくしゃ》」（盤渉調）　役の行者が大峯を下るとき笛を吹くと、山神が愛でて舞った。あるいは聖徳太子が河内の亀瀬を通るときに馬上で尺八を吹くと、山神が愛でて舞った。姿は金毛の猿のよう。

「抜頭」（太食調、右舞）　天竺の楽。また、唐の后が嫉妬で鬼となった形の舞（『教訓鈔』）。また、西域の楽で、胡人が猛獣に噛まれ、その子が猛獣を求めて、殺す形の舞であるという（『楽家録』）。

「蘇《そ》芳《ほう》菲《ひ》」（太食調）　中国の曲で天変のときに奏する。『教訓鈔』では五月節会の競馬のとき、御輿の御前で舞う。身は獅子の姿で頭は犬のよう、中に入る人は左の乗り尻装束。

「納曾利」（高麗壱越調）　別字「納蘇利」一名「双竜舞」「落蹲」。雌雄の竜が楽しげに遊ぶ姿の舞といわれる。昔は勝負のときに右方の勝者を祝って奏したことが多かった。

❖ その他

「新羅陵王」（壱越調、渡物として双調がある）。**「回盃楽」**（壱越、渡し物として双調）。**「酒清司」**（壱越）。**「壱団嬌」**（壱越）。**「三《さん》台《だい》塩」**（平調）。**「春楊柳」**（平調、一名「大陪臚」）。**「林歌」**（平調、唐楽、高麗楽）。**「越天楽」**（平調、渡物として黄鐘、盤渉）。**「宗明楽」**（盤渉、大唐では卯のときにこの曲を奏すという）。**「剣気褌脱」**（盤渉、相撲の節会の猿楽に用いる）。**「輪鼓褌脱」**（太食調、別字「臨胡褌脱」、一名「春木楽」）。**「庶人三台」**（太食調、三台というのは三大臣家のことで、太政大臣、左大臣、右大臣を指す。庶人とは庶民のことであり、この社会的階級の両極端を連ねた「庶人三台」というのは意味不明）。

「採桑老《さいしょうろう》」（盤渉調）　『教訓抄』では唐代に作られたとする。『楽家録』によれば、百済の国の採桑翁が老いて、鳩杖を取る。その屈んだ姿を舞の形にしたものという。老人の姿、老人の面。鳩杖をもち、薬袋を付けて舞う。用明天皇（在位五八五―五八七）の頃、太神《おおが》公持が伝えたとされる（そうだとすると、唐代に作られたという『教訓抄』の説は時代が合わない）。

現在用いられている装束は平安時代の高位の貴族が着る白色の袍に浮織物の指貫《さしぬき》である。私見であるが、五月の節句に「薬狩り」、「着襲狩《きそいがり》」（転じて「競い狩」）という行事がある。狩の衣服を整えて、山野に出て薬草を採集する行事である。万葉集17にも「かきつばた　衣に摺り付け　ますらをのきそいがりする　月はきにけり」と詠まれている（広辞苑による）。薬草を採集することは、息災、長寿につながるので、このような曲・舞ができたのではないであろうか。採桑老には詠があり、初老から次第に老耄に至るさまが詠まれている。平安時代にはたびたび童舞として舞われていたことを勘案すると、薬狩りと長寿の願いが結びついた曲・舞であると考えてよいのではないだろうか。

重ねて、私見を述べるなら、高位の貴族の装束であることから、秦の始皇帝が東方の海中にあり、仙人が住むという蓬莱山に不老不死の薬を求めさせた故事が、連想されたのではないかとも思われる。

現代の哲学者梅原猛氏は、秦の始皇帝と、その後裔と伝える渡来人の大集団、秦氏の首長で、聖徳太子の重臣であった秦河勝とを、この「採桑老」に重ね合わせ、赤穂市坂越の生島にある伝秦河勝陵墓に因んで新作能「秦河勝」を作った。その上演に際して、舞楽「採桑老」を併せて上演することを企画公演した(8)。

「長保楽《ちょうぼうらく》」（破は高麗壱越調、急は高麗平調）　「長宝楽」「泛野舞」ともいう。長保年間（九九九―一〇〇四）に伝来した。長保楽破の元の名は「保曾呂久世利」であるという。「ほそろぐせり」というのは『源氏物語』紅葉賀に出ているが、意味不明とされていた。

「打球楽」（太食調、左舞）　胡国で球を打って遊ぶときに馬上でこの曲を奏するという。武徳殿の騎射の後、唐装束で馬に乗り、球を走らせる。これを打球といい、そのときに用いる曲。

「傾盃楽　急」（太食調）　「傾盃酔郷楽」ともいう。貞観元年（八五九）の内宴のために作られた。

「綾切」（高麗壱越調）　一名「愛嗜女」「高麗女」「大鞍鞨」「綾箱舞」。由来不明。優しい女の面を付ける。

「古鳥蘇」（高麗壱越調）

「胡徳楽」（高麗壱越調）　もとは横笛の曲であったのを、承和（八三四―八四八）のとき、常世乙魚（八一〇―八二四）が高麗曲に改作した。舞人四人と、勧盃、腫れ面を付けた瓶子取りが所作をする。酒宴のやり取りを面白おかしく演ずる。

「新鳥蘇」（高麗壱越調）

「新鞍鞨」（高麗壱越調）　『楽家録』によると国の曲。舞はその国より中国の朝廷に来て、拝礼舞踏する形。高麗より伝来した。また一説では、白河院（在位一〇七二―一〇八六）のとき、法勝寺供養に勅命で藤原俊綱朝臣が作った。舞人四人、唐冠を付ける。

「蘇利古」（高麗壱越調）　雑面を付け、笏、白楚をもつので、何らかの祈禱の意味があるかと思われる。

「退走禿《だいしょうとく》」（高麗壱越調）　由来不明。

「白浜」（高麗平調）　一名「栄円楽」。由来不明。

「登殿楽」（高麗楽、双調）　一名「登天楽」由来不詳。

❖ 仏教思想を表した曲・舞

これらの曲は本来、大寺の供養会で用いられる曲であったが、はじめの二曲、「師子」と「菩薩」を除いては、宴楽。

「師子」（壱越調）　笛と太鼓と鉦鼓のみの曲。御願供養のときに舞う。今は四天王寺でのみで舞われるが、舞台を廻る動作のみである。

「菩薩」（壱越調）

「十天楽《じってんらく》」（壱越調）　東大寺講堂供養の日に、天人一〇人が空より降り、仏前に花を供養した。嵯峨天皇（在位八〇九―八二三）の宣旨によって常世乙魚（八一〇―八二四）が曲を作った（『教訓抄』、『楽家録』では聖武天皇（在位七二四―七四九）のときとされる）。この曲は供養楽であったことは明らかであるが、現在では演奏会にも用いられる。

「陪臚《ばいろ》」（平調、武勇の項にあり）　唐招提寺で四月四日の陪臚会にこの曲を奏するので、この項に加えたが、現在では一般の演奏会にも用いられる。

「万秋楽《まんじゅうらく》」（唐楽、盤渉調）　三楽書に詳しく記されているように、二五の別名をもち、そのうちの半数は仏教に関わる名称で、この曲がいかに法会に重用されたかがうかがえる。

慈尊一首楽　慈尊陀羅尼楽　慈尊万秋楽　慈尊功徳楽　慈尊武徳楽　見仏聞法楽　菩提樹下楽　一乗法華楽　弥陀引摂楽　蓮華万秋楽　九品万秋楽等[9]。

代表的な名称は「慈尊万秋楽」であるが、慈尊とはいうまでもなく弥勒菩薩のことである。天平八年（七三六）

に天竺僧菩提仙那と林邑僧仏哲が伝えたとされる曲であるが、この時代の弥勒信仰が阿弥陀信仰に移って後も、此の曲が盛んに用いられたことは、引き続いて弥勒の浄土である兜率天往生が願われたことを証するものであろうか。

三楽書とも「此の曲は仏世界の曲である。」と記している。仏法讃歎がこれらの曲の心性・精神性であることは歴然としているが、現代は一般の演奏会で舞われており、仏教に関わる解説を目にすることは全くないといってよい。

「散手」（太食調）　『教訓抄』によると、率川明神が、新羅の軍を平らげ、喜んで舞った。『楽家録』では一説に、釈迦誕生のとき、師子喔王が作る。現在では釈迦誕生のときに作られたという説は全く無視されていて、一般の演奏会で舞われる。

「天人楽」（太食調）　東大寺総供養の日、天童が楼上に行道して奏する（『教訓鈔』）。また、一条天皇の即位楽という（『楽家録』）。

「迦陵頻　破、急」（高麗壱越調、渡し物として「破」は双調、「急」は双調と黄鐘調）　一名「迦婁賓」「不言楽」。仏典に出てくる迦陵頻伽（kalavinka 訳は好声、妙声）で、雪山にいる鳥、極楽の鳥とされ、その声は和雅で仏徳を讃えて歌うという。天竺の祇園寺の供養の日、迦陵頻が飛来して、妙音天がこの曲を奏し、阿難がひろめた（『教訓抄』による）。

以上、雅楽曲の曲名の由来を心性、精神性の観点から大別してみると、一二種になった。曲名の由来が蔵しているさまざまな心性・精神性を捉えて、それを分類してみたのであるが、その結果は、先に演奏の場の分類から得られた心性・精神性とは聊か趣を殊にしている。それはなぜであろうか。

❖ 演奏の場の分類から得られた心性・精神性

演奏の場	精神性	心性	根底的な音楽性
1　神前	神明との感応	澄明	自然との共演
2　仏前供養	仏法の讃嘆供養	敬虔・歓喜	
3　饗宴	君臣共楽	人の和の喜び	
4　御遊	共演の楽しみ	楽の調和	

表に纏めるとこのようになろうか。これらは楽と奏者と音空間全体を包んでいる心的作用であるが、それらは象徴的にしか表現し得ない。根底的・普遍的な心作用であり、楽の根本精神である、ということができる。言い換えれば、それぞれの場において、奏者を包んで来る基本的な雰囲気であり、奏者と場そのものの根本的な心性・精神性である。

それに対して、後者、曲名から抽出された心性・精神性は、かつて創られ、時間的・文化的な変遷を経て現存し、現行する曲の履歴において付属する心性・精神性である。したがって、前者に比べれば具体的で現実的な要素であるといえる。

そして、実際の演奏に際しては、この具体的である要素は、ストーリー性の顕著な数種の舞楽を除いた多くの場合、象徴的・根本的心性・精神性の蔭に隠れてしまうのである。「演奏の場の区分から見た心性・精神性」と「曲名から探し出された心性・精神性」との関係はこのようなものである。

以上のように曲名について考察したが、創作時においてこれらの曲名は確かに、それぞれの内容を表していたに違いない。しかし、現代の演奏会では演奏者も鑑賞者もそれを明瞭に識別することはできないし、あまり拘らない。それらはすべて、雅な音楽であり舞なのであって、王朝文化の遺風として受容される。この風潮は何も現代に限ったことではなくて、『楽家録』に、

或る人曰く、「仏寺において楽を奏することは三国の通例である。」と。また、或る人曰く、「太平楽・万歳楽などは元々、慶賀の名の付いた楽である。それにも拘らず凶礼に奏するのは、名実を伴わない。一歩譲って、法会の施主を祝うのだといっても、その責めを逃れることができるだろうか。」と。それに対して或る人が言うには「音楽を仏前に奏するのは、仏と人が協和して誠心に感応するようにするためのみである。そのためには唯、音律が温にして和であることを尚《たっと》ぶ。曲名の当否には関わらないのである。[10]」

とあることによってこの時代においてすでに、雅楽は音律が温にして和であることが尚《たっと》く、曲名によって表された心性・精神性はその音楽的感性として昇華して、具体的なものではなくなり、極めて象徴的に心性・精神性を表すものとなっていたことが知られる。現代では曲名によってその心性・精神性を喚起されるような曲は希になった。たとえば、

「五常楽」、「万歳楽」、「太平楽」、「還城楽」＊、「蘭陵王」＊、「胡飲酒」＊、「裹頭楽《かとうらく》」＊、「王昭君」、「八仙」、「迦陵頻」＊、「春鶯囀」＊、「賀殿」、「相府蓮」（「想夫恋」として）＊、「春庭楽」、「春楊柳」、「柳花苑」、「喜春楽」、「桃季花」、「青海波」、「打球楽」、「仙遊霞」、「胡蝶」、などが挙げられる。これらの曲の中には、舞振りや装束・面などによって、一層、曲の由来や意味が感得されるものもある。また、曲名だけでは理解が届かないが、舞振りや装束・面などによってその心性・精神性が伝達されるものもある。たとえば、「散手」、「裹頭楽」、「蘇合香」、「振鉾」、「迦陵頻」、「春楊柳」などである。またストーリーのあるもの（＊印）は感受しやすいことは言を俟

たない。これらの曲が所謂、わかりやすい曲といえるのであるが、現行曲数全体からすれば、六分の一といったところであろうか。

❖ 曲の由来なるものの学習は必要であるか

では、雅楽曲の心性を感得する、あるいは感得させるために、曲名とその由来を知ることは果たして有効であるのだろうか。曲によっては、中国の込み入った史実などもあるが、曲の由来すべてを承知していることは必要なのであろうか。演奏者または、演奏家にとって実際に演奏の段階で、曲名とか由来とかは、雑念ではないであろうか。この問いに対して、「演奏の最中には一切、思考ということをしない。」というのが多くの演奏家の答えである。曲に没入するということであろう。最高水準の演奏においては、楽そのものと奏者は一体となり、演奏しているという意識も、舞っているという意識も昇華して、そこには楽の響きと舞の姿が現出するのみなのであろう。数少ない体験ではあるが、筆者も鑑賞者として、そのような至上の楽・舞に遭遇することがあった。

では、曲の由来の知識、或いはその教育は全く無意味であり、不要であるのだろうか。研究者にとっても、「曲の由来」なるものは鬱陶しい項目である。創作時の由来の一種である中国の故事は、なるほど倫理的であったり、宗教的であったりしてありがたいものであるには違いない。しかし、一つの曲に対して、時代も国も全く異なった起源が付されていることもあり、しばしば、趣を異にする別名が併記されている。このことが、われわれに「曲の由来」なるものの信憑性を疑わせる根拠となる。そのように根拠が希薄で、悪意をもっていうならば「いいかげんな」、古人の恣意的な思い入れに過ぎない伝承であるなら、現代の奏者と鑑賞者にとっては、もはや無用のものなのではないであろうか。

三　楽曲の自由感受と解釈

そこで一旦、目を雅楽からそらしてみよう。現代、演奏されている西洋音楽のクラシック音楽、これは雅楽に比べれば極めて歴史の浅い音楽であるが、その中の標題音楽について考えてみよう。ベートーベンの「月光」などはどうであろうか。この曲を題名を知らずに初めて聞くとすると、おそらく「月光」以外にも別の感受が少なからずあるはずである。ただ、西洋音楽の世界では、題名を変えたりしないというだけである。その他オーケストラ曲の「運命」にしても、ハイドンでもシューベルトでもモーツアルトでも、そのほとんどの標題楽について、同様のことがいえるであろう。

音楽とはそのような感受自由という本性をもっている芸術といえる。そうであるとすると、雅楽解説における「曲の由来」なるものは、本来の起源や発祥となる史実や事実に加えて、その後のさまざまな解釈、さまざまな感受、さまざまな演奏目的などをひっくるめて一つの項目にした、音楽史上の項目であった、或いは、音楽解説上の項目であったということができよう。雅楽鑑賞史の一節一節を切り捨てることなく、大きな袋にゆったりと収めてきた歴史をありがたいとも、ほほ笑ましいとも思うのである。

最近の経験であるが、或る楽師の墓前で「相府蓮」の三管合奏（一五名）を聞いた。大臣邸の池の蓮を愛でた曲というのが本来の由来であって、『平家物語』に小督局《こごうのつぼね》が嵯峨の奥深く逃れ住んで、高倉帝を偲びつつ箏を弾いた。それで「想夫恋《そうぶれん》」というとされるのは全くの僻事《ひがごと》と『楽家録』あたりは否定する。(11) しかし、この清らかな、しみじみとした曲は、「相府蓮」というよりは、「想夫恋」という曲名が相応しいように、筆者の心には響いた。それは、桜の花の散り初める霧雨の日であった。実は、「相府蓮」も「想夫恋」もともに名をとどめるに相応《ふさわ》しいというのが真相であろう。

そのように見ると、『教訓抄』の記すところと『楽家録』の記すところが、時代も内容も異なることに説明が付き、納得できることになる。このような理解が成立するなら、現代において、積極的な曲の解釈、新鮮な感受を表明することが可能になってくるのではないだろうか。

古来の「曲の由来」を歴史的変遷に沿って順序立て、それに加えて現代の感受を促すような「楽曲紹介」といった項目が、雅楽教育の一単位になることが必要であると考える。いうまでもないことであるが、至上の演奏が出現するのは、そのような知識を超越し去った先々、後々のことである。

註

(1)『源』三、「若菜下」三三一頁。
(2) 日本古典全集『教訓抄』巻第三嫡家相伝舞曲物語、一五丁裏。同『楽家録』三、巻之三十一、本邦楽説、九三二頁。
(3) 同『楽家録』九三四頁。
(4) 南谷美保「『続日本紀』に見る唐楽演奏の記録と礼学思想の受容について―吉備真備が唐楽伝来に関与した可能性についての一考察―」四天王寺国際仏教大学紀要、第四三号、二〇〇六年一二月。
(5) 前掲『楽家録』五、巻之四十七、舊例、一五四〇頁。
(6) 同、一五六五頁。
(7) 前掲『教訓抄』六、二八三頁、日本古典全集『體源鈔』(一)二ノ上、一五一頁。
(8) 二〇〇九年NHKホール、二〇一〇年赤穂市文化会館。復元者・舞人は東儀俊美。
(9)『楽家録』巻之四十九、疑惑、日本古典全集『楽家録』五、一六四五・一六四六頁。
(10) 同書、巻之四十四、仏前奏楽、一四六五頁。
(11) 想夫恋の『楽家録』説。笛説に曰く、唐土に一女子有り。無比女という。夫の名は量勝、彼女を去らしめ新妻を娶る。時に無比五弦の琴を弾じて悲しむ。或る時量勝無比の門前に来って之を聞き、後妻を去らしめて復本妻を還らしむ。故に想夫恋という。華箓説に曰く、想夫恋とは本は想府蓮である。晋王倹が蓮を愛して作った曲である。大臣を蓮府というのは此のことによる。世（間）がみな想夫恋と記すのは非である（正しくない）。『楽家録』三、巻之三十一、本邦楽説、九三三頁（書き下し筆者）。

第六章　理想的雅楽空間へ向けて

一　心性・精神性の要約とその忘却の歴史

雅楽の演奏の場が三種に区別されることから、その各々の場において楽・舞が発信する心性、精神性を観察してきた。その結果、雅楽の心性・精神性を次のように要約することができる。

(1)　悠遠なる神明への畏敬と共楽の心性。

(2)　無窮なる仏・法への讃歎供養の精神性。

(3)　自然との共奏の心性。

(3)の「自然との共奏の心性」は(1)の「悠遠なる神明への畏敬と共楽の心性」と(2)の「無窮なる仏・法への讃歎供養の精神性」の基底でもある。

これらすべての心性は先にも触れたように、飛鳥・奈良時代の源流においてはすべて兼備されていたが、平安時代の最盛期を経た後、東京遷都によって遂に終末を迎えたのであった。幕末にあってさえ、朝廷に所属する大内楽所は、上記の三つの心性に支えられて万全の機能を果たしており、日本の雅楽を総合的にリードする立場に立っていたにもかかわらずである。

しかし、明治政府によって施行された「神仏分離令」は、宮内省雅楽寮の機能から「仏・法讃歎供養」の雅楽を廃棄させた。また、京都御所ではなく西洋建築洋式を基本とする東京宮城の宮殿は、雅楽に対して、外気を遮断した閉鎖的な大広間を使用させることしかできなかった。鑑賞席と演奏席は同一平面にあった。庭園や外苑に鑑賞席と舞台が設けられることはあったが、「自然との共奏」というには程遠いものであった。[1] 二一世紀の宮内庁楽部も、上の三つの心性を兼備することはない。また、できない。公務員法によって、公的には特定の宗教に関わることが禁じられ、国家的な仏教の法会そのものが催されないのであるから、雅楽を仏・法に供養することができないのは当然のこととなる。ここに重大な心性・精神性の脱落が生じた。

❖ 本来の場を維持し続けている演奏

それでは、本来の場における雅楽は現在、日本のどこに見出すことができるのであろうか。

憲法改正後、賢所の祭祀は皇室の私的な祭祀となったので、宮内庁楽部楽師は公務外の職務として休暇をとって奉仕している。苦肉の策とはいえ、賢所の祭祀とそれに含まれる御神楽が古代のままに伝承されたことは幸いなことであった。この賢所における奏楽奉仕によって、「神明に対する畏敬」と「自然との共楽」の心性は高い純度を保って、兎にも角にも継承されているといえるであろう。

また、宮内庁楽部からは排除された「仏・法の讃歎供養楽」を、今日もなお、ほぼ完全な形で継承している雅楽団体がある。その一つは「天王寺楽所」（雅亮会）であることはすでに述べたが、東京遷都後数十年間は断絶した時期があったのである。一二〇〇年間継続されてきた「天王寺楽所」の楽人のほとんどが、明治政府の雅楽寮に召集されて大阪を離れてしまったため、「天王寺楽所」は事実上機能できなくなった。明治一〇年代になって、廃仏毀釈の嵐も沈静化した頃、大法会に欠かせない雅楽の復興が始まり、本願寺派の僧侶が中心となって「雅亮会」を創立し、現在に至っている。雅亮会の奉仕する四天王寺の舞楽供養は「仏・法の讃歎供養」の精神をよく伝えている。四天王寺の陽光や風や伽藍の風致とも調和し、大勢の参詣人の和やかな雰囲気に包まれて雅楽法会が進行する。そのような「聖霊会」の次第については本書に記したとおりである。(2)

また、声明と雅楽から成る法会は天台宗や真言宗で盛んであり、劇場で公演されることもある。これらは「仏教雅楽」として独立した演奏形式のもとに行われ、「管弦」や「催馬楽」「朗詠」はもとより、「国風歌舞」は含まない。

このように今日、稀少ながら、大規模な仏寺で執り行われる雅楽法会がある。そこでは、平安時代のように、経巻などの供物や衆僧の法衣、また参列者の着衣の豪華絢爛さに目を奪われるということはないかもしれないが、声明や梵唄および雅楽演奏によって、仏法と仏国土の荘厳を偲ぶことができ、讃歎供養の心性が呼び覚まされるのである。

また、「三方楽所」の一である「春日楽所」（興福寺楽所）は、これも明治の初期にほとんどの楽人が雅楽寮に召集されたため、専従楽人を失った。しかし、その後、楽家以外の人々によって新しい春日楽所が結成され、今日に至っている。春日大社の最大の祭事である「春日若宮おん祭り」の主要芸能として雅楽を奉仕する他、さまざまな年中祭事の雅楽演奏を担っている。

伝統的でかつ本格的な舞楽会としては以下のものがある。

(1)　近代以前から伝わる舞楽会

熱田神宮（名古屋市）の踏歌神事（一月一一日）。舞楽神事（五月一日）。

伊勢神宮（伊勢市）の春秋の神楽祭（四月五日〜七日、九月二二日〜二四日）。観月会（中秋の名月の日）。

厳島神社（広島県宮島町）の桃花祭（四月一五日）。管弦祭（六月一七日）他。

四天王寺（大阪市）の聖霊会（毎年四月二二日）。経供養（毎年一〇月二二日）他。

住吉大社（大阪市）の卯之葉神事（毎年五月初卯の日）他。

東大寺（奈良市）の大法会（毎年ではない）。

春日若宮おん祭り（奈良市）（毎年一二月一七日）。

(2)　近代以降に始まった雅楽奉納

明治神宮（東京都）の春秋の舞楽奉納（毎年五月、一一月）。

京都御所の公開期間中に管弦と舞楽（たいてい一一月）。

乃木神社（東京都）管弦祭（秋。不定期）。


このように列挙してみると、本来の場の雅楽は日本中でも稀少であることが知られる。しかし、稀少ながらも、諸大寺では雅楽法会が「讃歎供養の精神性」を伝え、諸大社では神事の楽が「神明への畏敬と共楽の心性」を伝え、そして宮内庁楽部が「御神楽」や「東遊び」において「神明への畏敬と共楽の心性」を伝承し、「祝宴・饗宴」の雅楽においてもなお、そのかすかな余韻をとどめている。これが現代の雅楽演奏における心性の実情である。

❖ 劇場雅楽

前節で見たとおり、伝統的で本格的な雅楽が、本来の場で演奏されている事例は決して失われたわけではない。しかしながら、現代においては、雅楽演奏空間の主流は音楽堂ないし劇場形式の建造物であることは当然の現実となってしまった。今や、一般に、無意識的に、それらの演奏空間こそが「雅楽空間」であると認識され、受容されている。殊に、東京文化圏では、そこで行われる雅楽が、雅楽とはこういうものだと認識され、広く浸透している。この潮流がこのままに時を重ねていくとしたなら、雅楽演奏の将来は暗澹たるものとなり、雅楽は形骸をとどめるのみとなることは疑うべくもない。そこで、雅楽演奏空間についてのこのような無意識や無反省に対する警鐘が急務となる。

現在、京都では古刹や名庭での演奏が頻繁に行われているし、奈良では東大寺、薬師寺等での雅楽演奏が知られている。東京でさえも稀少ではあるが神社の社殿や前庭の空間を使って演奏が行われている。それらは古代・中世の雅楽演奏形式・空間を継承する行事として重要な役目を果たしている。それら演奏空間の多くは、良好な自然環境と、巧妙な構造をもった壮大な木造建築物と、開放された空間とに恵まれている。それらが理想的な雅楽空間であることは疑いの余地がない。しかし、演奏家も聴衆もその環境を漠然と享受するにとどまって来たし、それが本来的なあり方であるという認識に欠けている。

また、現代の雅楽演奏形式の主流は「劇場雅楽」であるといったが、その劇場に本来の雅楽空間が具えていた優れた必須の諸条件を満たそうとするような動向は、今日に至るまで生じなかったといってよい。

❖ 今日の代表的な雅楽演奏会場（宮内庁楽部の建物）

明治の新時代当来以後、多数の観賞者を収容するためと、天候に左右されないという利点のために、劇場や音楽堂、公会堂などでの公演が多くなった。それが「劇場形式の雅楽」の始まりであった。

雅楽劇場の代表とされるのは、昭和一二年、現在の皇居東御苑内に建設され、舞台・観覧施設・学習・練習施設を備えた宮内庁楽部の建物であろう。三種の「場」の一つ、饗宴楽の「場」の近代的再現を目指した、当時最高の設備であった。宮内庁楽部では、春・秋に三日間の午前・午後、計六回、一般公開の雅楽演奏会が開かれている。しかし、この建物内のホールは元来、少数の貴賓の観賞用に建てられたものであったから、充分に観賞できる席は階上に五〇席、階下に四〇席ぐらいしかない。楽だけは聞けても、舞楽は良く見えず、時々立って見るしかないという席が同数ある。それはお供の人たちの席であったであろう。それらを合わせても一八〇席ほどが、どうにか観覧席というに足るに過ぎない。その空間に、現在、三倍強の六〇〇人を入場させている。どのようにしてかといえば、本来、観賞用スペースではない場所、すなわち高舞台周囲の白砂のスペースにびっしりと椅子を並べているのである。舞台両サイドは間近に高舞台を見上げるようになり、勾欄が視線を遮って舞人の足さばきはよく見えない。宮内庁当局が、三日間午前と午後六回、各六〇〇人の入場者、計三六〇〇人としているのは、応募者が三万人を超えているからで、苦心の末の措置なのである。

このホールは鉄筋二階建で、中央が吹き抜けとなり、天井はガラス張りで照明を内蔵している。天井に近い壁面最上部には押し開き窓が廻らされていて、換気ができる。観覧席として一、二階の回廊が当てられ、柱間毎に重いカーテンで縁取られている。一階の中央部には白砂が敷きつめられ、高舞台が置かれている。その奥の左右に、か

皇居内・楽部庁舎外観（写真提供：有限会社アート・テック）

楽部庁舎内の舞台（写真提供：株式会社エスエス　東京支社）

つて二条城にあった大太鼓、大鉦鼓が置かれている。一番奥の壁際に窠《か》の幕を張り、(3)管方の座とする。(4)回廊の上部に瓦葺きの軒を廻らせ、吹き抜けの空間が寝殿造りの邸宅の内庭を思わせるようになっている。一階観覧席と二階正面の張り出しには赤い勾欄を巡らせている。このような景観からして、このホールが、平安貴族が楽しんだ雅楽演奏の再現を目標としたものであることは了解できるであろう（設計、デザイン、構造を担当したのは宮内省工務課の技術師、技手たちで、昭和二年に竣工した宮内省庁舎建設に携わった人も何人かいる）(5)。

しかし、天井はガラス張りで、立ち上がりのガラス窓は開くとはいえ、楽音が外の松風に吹き迷うということは期待できない。鉄筋コンクリート造りは上質で、内装は一部は白壁風、回廊部分は御影石風に磨き上げられている。木質の使用は極めて少ない。

ただ、この建物に至るために、人々は大手門や北桔梗門などから続く江戸城の名残の景観を経過する。それは平安文化とは程遠いものではあるが、石垣に影を落とす松の老木や、楠の巨木、八重桜の群落、そしてまた武蔵野の雑木林の風情をたたえる庭園など、人々を日常の世界から隔てて、雅楽の世界へ誘うのに充分な、自然と人工の空間が用意されているといえよう。この贅沢なエントランスは、いうならば、観客の日常性を濾過する装置である。このような風致に恵まれ、それを含めたホールとして楽部ホールの価値は評価されるべきであろう。

この建物が雅楽演奏専用のホールとしては、日本で唯一の建築物なのである。このホールがあるために演奏家も鑑賞者もそして、わが国の文化政策を支えるべき文部省、現在の文部科学省もそれに安住してきた。代表的な演奏家団体である宮内庁楽部は官庁であり、楽師や事務官は公務員であるために、一度建ってしまった「楽部」というホールを維持管理することにしか関心を示さなかったといえる。昭和一二年には存在した「雅楽ホールとは如何なるものであるべきか」というような問いは、現代社会のどこにも見出せない。

現在では、豊かな自然を含むエントランスの効果について有望な実証例がある。鈴木和憲「認知テスト成績を向上させる高周波音――人にやさしい空間の発想から――」によると、竹中工務店では二〇〇七年から「人にやさしい空間」プロジェクトを推進している。その施行例として、或る学校の聖堂の周りに水の流れとそれに沿った回廊を作った。それに導かれて入口に至る間、水の音が聞こえ、壁のスリットからは光のゆらぎが感じられる。脳波と心電図によってふつうの廊下の場合と比較すると、水の回廊のほうがよりリラックスしていると考えられる結果が得られたということである。建築業界におけるこのような方向性が新しい音楽堂の建設において具体化されることを願うものである。(6)

ここで、能楽の世界を垣間見ると、この世界には考え抜かれた構成、構造の「国立能楽堂」がある。そこには橋掛かりも実物の小松も健在である。目付け柱は取り除かれて、観賞に支障がなくなった。舞台と観賞席との距離も適当である。席数も適当である。席の配置には工夫が凝らされている。しかし、屋外には木立があるとはいえ、その樹風が流れ込むような装置はない。伝統的な能舞台は独立した建物で、観賞席は別棟の御殿であった。別棟との中間に空間をもつ。寺社などの場合観客は屋外で観賞する。中尊寺や広隆寺に見るとおりである。この演奏席と鑑賞者との間に自然空間をもつ形式は、現代建築としての「能楽堂」には継承されなかった。自然空間をもつ能楽堂などというものは全く不可能であるという認識が、不必要であるという認識に自然移行したものであろうと推測される。とはいえ、能楽界は「伝統的で現代的な」演奏場の建設に意欲的に取り組み、多くの経験を積んできた。このことに、雅楽関係者も学ぶべきである。

楽部以外の一般の雅楽演奏団体ではどうであろうか。現在、一般の雅楽団体は大小数十を数えるが、その主たる演奏活動は一般の「劇場」においてなされている。副業的には神前や仏前での奏楽があるであろうが、一定以上の聴衆を集めて演奏するのは劇場、公会堂、音楽堂等においてである。これらも「劇場雅楽」といってよいであろう。

劇場雅楽は、宮内庁においても、民間の団体においても神仏に奉るものではなくて、人間に観賞してもらう雅楽であることは明らかであるが、それは平安時代の「宴会楽」の延長線上にあるものである。ところが、古代以来近世に至る宮廷関係の「宴会楽」はすでに観察したように自然との共演性をその心性としているのに対して、劇場という演奏空間は自然と隔絶した空間であるから、そこには自然と共演する何の契機もあろうはずがない。この決定的な自然欠如をどのようにして補うのか、これこそ二一世紀の雅楽に課せられた大きな課題なのである。

二 「楽と自然の共演の場」としての雅楽劇場を創生する

近年、「御神楽」が楽部ホールや国立劇場で演奏されるようになったことに対して、その通俗化や退廃を危惧する声も聞こえる。戦前の雅楽に携わった楽師で、戦後間もなく、楽部を去った人にはその思いが強いようである。その人たちは戦後の雅楽状況の有為転変に晒されていないから、その中で押し流されてきた現役楽師たちと違って、戦前の記憶を多く保持している。その記憶は一種、貴重なものといえる。戦前の経験に基づく彼らの主張は、ともすれば雅楽を古い特権階級の音楽として固執するものと誤解されやすいために、それを避けて現代の雅楽関係者は沈黙を守る。しかし、「御神楽」が、神聖な神域の自然の中における人と神との交響・共楽であること、決して観衆に見せるためのものではなかったことを、黙秘してはなるまいと思う。また、「御遊」（現在では管弦といっている）は一般の多数の聴衆に聞かせるものではなくて、共に奏し共に歌い遊ぶ音楽であった事実をも、忘れてはならない。自由化され放埒にさえなってゆく現代の雅楽において、このことは機会ある毎に喚起されなければならない雅楽の重要な心的遺産である。

それでは、雅楽の歴史が湛えているこれらの要素を失うことなく、劇場雅楽は成り立つであろうか。以下に模索を試みよう。

❖ 劇場空間を理想的な雅楽空間に近づける

これまで述べてきたように、平安時代・鎌倉時代の雅楽演奏における音響環境は、視覚的体験を含む環境、さらにいえば五感総合的な環境であったという事実を再考、三考しなければならない。このような演奏環境こそ、雅楽にとって理想的な演奏環境であったのである。

なぜなら、管弦の夜、或いは舞楽の宴で、感動のあまり「涙する」「総毛立つ」というような経験は、今日では極めて稀なことであり、そのような経験が世間に伝えられることもまた、稀少であるが、平安・鎌倉時代にあっては、その頻度は遥かに高かった。そして、人々はその表明を控えたり、躊躇したりしなかったのである。そのように人々の心身を揺るがした演奏の原因は、しばしば演奏家の神技とか高い芸術性のみに帰せられる。それは一見、妥当であるように見えるが、今日の雅楽演奏の技術的水準と芸術性を、過去の時代と比較してみるとき、大きな懸隔があるとは考えられない。遠い過去の演奏についてはオーディオ機器やテレビが存在したわけではないから如実に知ることはできないが、昭和初期の記録はあるので、比較することができる。それらに拠れば、現在の雅楽が高い演奏水準を保ち続けていることがわかる。なぜそのようなことが可能だったか。その原因として、雅楽は多種の楽器による合奏音楽と舞踊であって、その演奏は常に、一定数の演奏者による、プロフェッショナルな相互批判に晒されているということが挙げられるであろう。明治時代まで「一子相伝」とか「口伝」という伝承方法をとっているが、それればかりではない。各楽器・舞には譜面があって、それも伝承の方法であるから、決して誤伝にはならないのである。練習の際に、間違えれば即座に、大勢のハイレベルの奏者たちによって訂正される。また、平安時代、鎌倉時代、江戸時代、いずれの時代にも稀少ながら名人は存在したし、現代においても同じである。そうであるとするなら、現代において感動的な名演奏が稀であるということには、別の原因が関与しているという他はないであろう。「別の原因」の重要な一つは演奏環境・演奏空間であると、私は考えた。

ここに、「雅楽空間として理想的な音楽堂建築はどうあるべきか」というテーマが浮上する。劇場雅楽を本来の場の古典的雅楽と比較していると、そのあまりの落差・違和に驚き、未来への展望は悲観的なものに導かれそうになる。しかし、われわれは今こそ、遠い昔、仁明天皇（八三三―八五〇）によって開始された「楽制改革」の理念とエネルギーを想起して、雅楽の未来へ向かって始動しなくてはならない。現代のわれわれが視聴する雅楽は実に「楽制改革」の実りなのであったということを重く受けとめなければならない。改革者たちは約一〇〇年をかけて、それまで異国的なままであったであろう渡来音楽を日本の平安時代の現代音楽として淘汰し、洗練し、あるいは創作を行った。それは、その後四～五〇〇年にわたって、天皇を中心とする公卿社会に熱狂的に迎えられる音楽・舞踊となった。

今、劇場雅楽は多くの負の要素を負っているように見えるが、現代人の音楽的要求と先端技術とによって、先ず、劇場空間を理想的な雅楽空間として構築する試みがなされるべきである。

次に三つの模索を提出してみる。

❖ 部分的な改変（背景や舞台の工夫）

最も手っ取り早い方法として、誰でもが思い浮かべることは、舞台装置をできるだけ平安時代のイメージに近づけるという方法がある。二〇一一年の今日ではたとえば、国立劇場小ホールやその他の演奏会場で、少しずつ新しい試みがなされているが、リアル過ぎず、インパクトも穏やかな背景を設備することが望まれる。たとえば、専門外の私でも思いつくのは、背景に松風の音が聞こえるかのような高い松の疎林を薄墨色に映し出すといったことである。古代からあった御所の「松原」である。現代でも京都御苑や大阪の住吉大社には古代を偲ぶに充分な松原がある。それは能舞台の鏡板の松や、二条城などの障壁画に見るような武張った威圧的な松ではない。自然に育った丈高い松の林である。東京でも明治神宮には松や楠やさまざまな樹種の広大な樹林がある。そのような松林を淡彩か水墨画の濃淡で背景にしてはどうであろうか。あるいは寝殿造りの南庭の趣で、建物の屋根などを僅かばかり、幻想的に映し出す。これで大抵の曲をカバーできる。鑑賞者を束縛することのないように、間違っても強烈な色彩は使わず、象徴的、抽象的な表現が望ましい。昨年は『源氏物語』一〇〇〇年の年で、「紅葉の賀」に因んで、「青海波」が舞われた。このようなとき、背景に、淡彩で築山と紅葉の大樹を出したらよかったであろうと思う。

雅楽曲には特徴のある曲も多く、松原の背景では物足りない曲もある。右舞の「狛鉾《こまほこ》」は水色の袍を着た四人の舞人が五色の長い棹を操って舞う。操船の様を現している。これには墨絵調で難波江と鴻臚館《こうろかん》の遠景などが相応しいであろう。「左舞」の「蘇莫者《そまくさ》」には深山幽谷の趣き、「採桑老」には桑の葉や春の七草などを正倉院模様風に散らしたらどうであろうか。

また、現在の演奏会では一般的に、舞楽の舞台と、管弦・朗詠・催馬楽の演奏スペースが同一である。度々述べてきたように、舞楽は本来、屋外の地上か、敷き舞台・高舞台で行われ、御殿や回廊などから観賞する。それに対して、管弦・朗詠・催馬楽は御殿の中で行われる室内楽であり、演奏者たち自身と、同一平面に座したであろう視聴者たちによって観賞される。この二種類の楽・舞は全く異なった演奏・鑑賞様式の音楽である。それが同じ演奏スペースで行われているのが現状であるが、この全く乱暴で無神経な劇場式雅楽演奏は、明治以前には考えられなかったことであろう。これも変革されなければならない。

このような背景ないし舞台装置の改変は、現代の技術によって如何ようにでも可能である。今日では「舞台芸術」という専門分野があり、アーティストたちが技術を競っているから、いずれ、雅楽の舞台芸術も進歩することと思われる。しかし、それは、最も簡易で速成的な改変であるに過ぎない。より、根本的な雅楽空間の創造的復興が必要なのである。

理想的雅楽劇場を志向するに当たって最も尊重すべき雅楽空間は、いうまでもなく平安時代雅楽空間であり、その構造と機能である。そのことを念頭に置きながら、われわれの学ぶべき空間を観察してみよう。

❖ 平安時代の雅楽空間の構造と機能に学ぶ――宮殿や大貴族の邸宅――

たとえば、自然風の林の中に一〇〇〇人程度を収容する劇場を建設することを考えてみる。林は高松の疎林が最適と思われる。それは平安京の内裏にあった松林の遺風を継ぐものであり、現代の京都御所の松林の面影を移すものでもある。そこに、回廊か築地塀と門を作る。その内側に劇場建築を建設する。高舞台を置いて、四方に空間を取り、三方を観覧席とする。舞台を置く平面を白砂にすることなどは現在の宮内庁楽部と同様がよいであろう。天井の両側面下にガラス窓を取り屋外から自然風を取り入れることができるようにする。現在の楽部の高窓よりも遥かに高く大きな窓が欲しい。

一般の劇場では、舞台の背景になる部分をガラス張りにすれば、観客は大きなガラス越しに、松風が聞こえんばかりの風情を眺めることができ、観客席の空間が疎林の空間へと開放されているように感じられるであろう。箱根のポーラ美術館で行われる室内楽などの演奏会では、観客席、舞台、背景はこのような関係にある。自然の風景を演奏空間に取り入れる構想はすでに、不完全、または小規模ながら高原の音楽堂などに用いられている。大都会の真ん中の例では、かつて、皇太子御殿（赤坂御所内の旧皇太子御殿）のヴァイオリンの演奏会にお招きいただいたことがあるが、そのときは、鑑賞者の背後が全面ガラス張りで、演奏の暇々に白樺の林が風に揺れるのを拝見できた。このような演奏環境は過去においては、限られた方々のものであったであろうが、現代では、それを劇場環境に取り入れて、一般人も享受できるように社会の文化的、経済的状況が整っている。

しかし、雅楽の場合、このような自然の直接的な採り入れは観賞の邪魔になるし、演奏者も集中できないというならば、劇場両側面に高窓を取ることが最低限の要求であることがわかる。

ここまで述べた構想を省みると、自然を取り入れるといっても、現代のところ、構造物の本体はあくまで硬質な素材すなわち鉄筋コンクリートで構築され、「一塊り」に完結した建造物である。それは、近世ヨーロッパの王室付属劇場の建築に起源をもち、現在に至っている、いわゆる「劇場建築」であり、われわれはそのイメージに束縛されてきた（もっとも、ウィーン管弦楽団楽員協会ホールのホール両側面には大きな高窓が並んでいる。それが演奏時に開放されているかどうかは定かではない）。しかし、真実、古典時代の雅楽と未来の雅楽を結ぶためには、この凝縮型・密閉型の「劇場建築」という固定観念から脱出しなければならない。そのために次のような観察を試みたい。

三　神社建築に学ぶ

明治神宮の雅楽空間・建築からの構想も可能である。東京では明治神宮の春秋の雅楽奉納が定着しているが、その演奏空間を概観すると、左図のようになる。本殿があり祝詞殿があり、拝殿があり、前庭があり、それらを囲んで回廊と門がある。雅楽は晴天なら広い前庭に置かれた高舞台で奉納される。陪聴・陪観者用の椅子はその左右に用意される。すべて屋外で、昭和の頃までは回廊の内側に高い松が数本あった。回廊越しには一〇〇年を経た森が望める。非常に恵まれた空間で、「吹きまよう」楽の音、風に翻る舞の袖も観賞できる。あえて難をいえば、回廊の軒は低くて遠く、立派な楼門も楽音をミキシングする機能を果たすには離れ過ぎている。空は美しく広がっているが楽音が空しく吸い込まれて、人々の耳には完全な形では聞こえない。残念なことである。

雨天の際には拝殿内で演奏される。風雨を避けることができるという利点があるが、舞台は高舞台ではなく、陪聴席と同一平面なので、舞楽を良好な状態で観覧できる席は最前列のみとなる。拝殿前庭の演奏空間で五感が捉えることのできた、松などの樹木とその微風はここで

明治神宮（写真提供：明治神宮）

は望めない。暗い空間で、舞楽の華やかさはかき消されてしまう。このような経験から、現代の大都会において、楽音と自然の樹風との共奏を要求することは贅沢過ぎ、その実現は全く不可能であると思われた。ところが、東京の厳しい環境においてさえ、理想に近い雅楽空間があったのである。

❖ 乃木神社の管絃祭の雅楽空間

港区にある乃木神社で毎年催されている「管絃祭」の雅楽空間がそれである。次頁の写真に見るように、神殿に接して「幣殿」があり、管絃・舞楽はここで演奏される。三間ほど距離を置いて「幣殿」の二倍ほどの広さの拝殿があり、陪聴席に当てられる。「幣殿」と「拝殿」は回廊でつながっている。これら社殿の位置関係は明治神宮と変わらない。しかし、宮司高山亨氏が説明されたように、「神社の規模が小さくて舞殿を別に建てることができなかった、或いは屋外に舞台を置く余地がなかったので、『幣殿』を舞楽殿としても使うことになった。」ことが却って幸いしたのである。楽殿（「幣殿」）と陪聴席の間隔は確かに狭く、あと二〜三間あればよかったであろうかと思われる。拝殿（陪聴席）の床が平面であることは神社の建物として当然のことで、これは動かしがたい。驚嘆すべきことは、「幣殿」と拝殿の屋根の微妙な調和である。「幣殿」の屋根は反りをもった切妻で、妻は神殿の正面に向いている。したがって陪聴者の側にも向いている。美しい曲線をもった軒が、聴衆から見て右側の回廊へと延びている。これらの屋根構造が音響のミキシングに貢献していると思われる。切妻で協和した楽音は、拝殿屋根との間の三間ほどの自然空間を渡る間に、回廊外の木立から吹く松風と縺れ合いながら、拝殿の広い軒に受け止められて、屋根うちにたゆたい、そして外気へと消えてゆく。楽音の切れ目に風の音や、虫の声が聞かれて絶妙の音空間を作っている。これは驚くべきことである。設計者は国立音楽堂を設計された大江宏氏であることを知り、納得したことであった[7]。

さて、神社建築は複数の建物によって形成されるのが本来であって、神殿と拝殿がほとんど接するほどの小さな神社であっても別立しているのを見ることができる。そして、たとえ回廊がなくても境内には樹木が茂っている。多くの神社建築は優れた雅楽空間を構成するための諸要素を備えているのであるが、それにもかかわらず、大社といえども雅楽空間としてはほとんどの場合成功していない。そのような状況の中で、乃木神社では複数の建物と自然空間とが、雅楽空間として絶妙の関連を形成している。難をいえば、「幣殿」で管弦が奏されるとき、陪聴席が近過ぎて、楽音が最良の音量にはならないことが惜しまれる。舞楽になって、管方の座が左奥の回廊角に移って、陪聴席から程よい距離になったとき、楽音は最適と思われた。また、この管絃祭では先にも触れたように、楽音の絶え間に虫の音が聞こえる。陪聴者の中には録音を流しているのかと思った人もあるという。そのくらい、思いがけなく、はっきりと聞こえるのである。それは毎年のことであるという。虫の音は草叢がなくてはあり得ない。この神域には木立があり、下草があって、社殿との距離が適当であるため、虫の音が間合いよく楽音に交じるという

乃木神社　本殿・幣殿・拝殿（「乃木神社由緒記」）

わけなのであった。

乃木神社で二〇年以上、雅楽演奏をしてきた「雅楽道友会」という演奏団体がある。(8) その楽師たちに、乃木神社という雅楽空間はどのように捉えられているのであろうか。「もっとも、演奏しやすく、非常に心地よく演奏できる会場」であるという。勿論、楽音のとぎれに、虫の音が聞こえて、それも面白いという。

また、意外なことであったが、神社の下を通っている「乃木坂」の車の音が、所謂、騒音として嫌悪すべき音として聞こえなかったのである。車の音がもっと大きく個々に聞こえるはずであるのに、和音とまではいえないが微妙に混ざり合って、あたかも、ミキサーにかけたように均一に穏やかになり、視覚に喩えるなら、薄墨色の軽やかな靄の流れのように乃木坂を上って行くのである。それが楽音の合間に時折、聞こえるという、不思議な体験をした。単独のエンジン音やクラクションの音が楽音を傷つけたり邪魔をしたりするのではないのである。乃木坂周辺の地形や、道筋のコンクリートの建築群などの微妙な音の反射や吸収などが、複雑な原因となっているのかもしれない。あるいは、神域の樹木が何らかの作用をしているのかもしれない。その究明は科学技術に委ねることとするが、現代における大都会の騒音というものも、不思議な様態を見せる場合があるということを記憶しておきたい。前に大阪四天王寺の恒例の「聖霊会」で大勢の楽師たちの演奏する雅楽に、随時聞こえてくる鐘楼の鐘の音が、雑音に聞こえないという体験を記したが、鐘の音はもともと、楽音と異質ではないからこの共奏はあり得ることであろうが、現代の都会の車の騒音が、雅楽音を邪魔しないというのは、如何なる音環境の現実なのであろうか。科学的に説明が可能であろうか。

❖ 住吉大社の石舞台

大阪の住吉大社には石舞台があり、「卯の葉神事」に舞楽が奏される。石舞台は四つの神殿域の外にあり、左右に池と林を備えている。それらの背後に南門が開け、門の片側に長い楽屋、反対側に廊が伸びている。陪聴席として舞台と中門の間に臨時の椅子が用意される。中門の石段もよい陪聴席となる。この雅楽空間の見どころは、舞台の左右から高く伸びた松の大木と、軒構造の美しい中門であろう。松は舞台上空に傘を差し掛けたように、しかも陽を透かしている。舞台の南にある楽屋から流れ出る楽音は、松の葉末を透過し、石舞台の舞人の上を過ぎて、陪聴者の耳に達する。さらに、人々の背後の楼門にまつわって、柔らかな音の吹き溜まりとなり、折り返し観客席を包む。大木の枝葉が寝殿造りの大きな軒の音響機能と同様な役割を果たしている。というよりも、ここでは樹々が舞台に近いので楽音と樹風が非常によく混ざり合って、柔らかく滋味深い音楽となるのである。

このような理想的な雅楽空間が難波の地にあったことはまさに驚嘆に値する。住吉大社の石舞台は天王寺の石舞台、厳島神社の舞台

住吉大社石舞台（写真提供：住吉大社）

とともに日本三大舞台に数えられているのであるが、雅楽空間の優秀さでは第一であると考える。

四　最先端の音響学——音の環境学に出遭う——

ここで或る最新のニュースを参照したい。

東京都足立区の公園では深夜、若者たちの集団による騒音等の被害対策として、一八キロヘルツ前後の高周波「モスキート音」を発信しているという。二〇歳ぐらいまで聞こえるこの不快音によって、若者たちを退散させることができた。これとは逆に快適な環境づくりに利用されている高周波もある。商店街に活用している例は二〇〇五年、滋賀県彦根市「四番町スクエアー」があり、熱帯雨林で録音した鳥のさえずりや虫の音、木々のさやぎなど豊かなゆらぎ構造をもった超高周波を含む音に、超高周波を含む音が出せるアナログシンセサイザーの音を加えて流している。(9)買い物客には「落ち着く」と好評だということである。

また、国際科学振興財団の主席研究員、大橋力氏らのプロジェクトによる研究で、大橋氏はジャワ島の熱帯雨林の音のグラフを解説して、熱帯雨林の音は幅広い周波数が複雑に揺らぎながら生じており、いわば「栄養たっぷり」の音だとしている。(10)

このように音響学では、熱帯雨林の音が脳のリラックスに有効であるとして、すでに実用に向けての試みもなされていたわけである。

この論文に記されている熱帯雨林で録音された超高周波を含む音は、「鳥のさえずりや虫の音、木々のさやぎなど豊かなゆらぎ構造をもった」音であるとされる。これらの音と音のゆらぎは、『源氏物語』にしばしば現れた音と瓜二つではないか。驚くべきことである。

❖「松風」は超高周波か

そうであるならば、『源氏物語』に頻出するあの「松風」とは可聴音であるとともに、不可聴音すなわち高周波・超高周波を含むすばらしい「音」なのではなかったであろうか。さらに「鈴虫」の声が高周波音を含むことは推定できる。また大橋氏の解説を読むと、(11)「月の光」といわれるものは、あらゆる光と同じく電磁波であるが、光と音は全く異質のものである。しかし、人間はそれを脳内で関連付けることができるとされる。公卿日記や『源氏物語』では人々は、しばしば月の光と楽音が交響するかのように感じている。さらに思いを馳せれば、経典においては光からあらゆるものが出るのであるが、音楽が光から出るという記述にしばしば出遭うのである。大橋氏の解説を待ちたい。

「不可聴」である高周波、超高周波を人間はどこで感知するのかについては、大橋氏らは、「体表面で受容されている」という実験結果を報告している。(12)仏教の認識論（『倶舎論』や「唯識思想」）では眼・耳・鼻・舌・身の五種類の識を、認識の基礎となる重要な感覚器官・認識作用とするが、その中の身という器官（身根）・身という作用（身識）がこの体表面感覚と身体内部感覚に当たる。そうすると、平安時代の貴族たちは雅楽器の奏する楽音と松風や虫の音、水の音、月の光の含む可聴音と高周波との総合楽を、眼識と耳識と身識によって存分に受容していたことになる。

『中右記』などにあったように、「御神楽」が終わって引き続き「御遊」になり暁頃まで楽に遊ぶという音楽生活はこのような音環境・音空間に身を委ね得てこそ可能であったのであろう。

大橋研究室で体験させていただいたことであるが、洋楽の室内楽に熱帯雨林の高周波をかぶせて聴くと、普通の室内楽が何ともいえず快い、いわば極楽の音楽のように聴こえた。しかし、雅楽に同じ高周波の録音をかぶせると、そのようなよい結果は得られなかった。雅楽に適切な高周波群は別にあるのではないであろうか。それが発見されるべきであると思う。それはおそらく、「松風」と表現されるような高周波群ではないであろうか。最新の「音環境学」と収録技術がその発見を可能にするであろうから、われわれはそのことに多大の期待を寄せる。

「音の環境学」によってジャワ島の熱帯雨林の超高周波が採録され、解明がなされ、人間の全感覚への豊潤な影響が証明された[13]。そのことから、仏典に現れる樹風や樹神、そして平安文学に頻出する松風はそれぞれ、仏典の音楽、平安時代の音楽にふさわしい超高周波であったと推定して誤りないと考えられる。大橋氏は日本の松原について調査されたことはないようであるが、屋敷林の環境音は調査され、「バリ島農村の庭や日本の夏の屋敷林などでは、人間に音として聴こえる周波数の上限である二〇 kHz をはるかにこえ、五〇 kHz をも上廻る複雑なスペクトルがしばしばみられる。」として、スペクトル（原図）が提示されている[14]。

私は右のような屋敷林の音の調査結果から類推して、松風も快適な超高周波を含むと考え、さらに、それを現代の科学技術によって、劇場空間に再現して欲しいと希望する。たとえば、ロビーや開演前の開場に、或いは演奏中も、耳には聞こえないが快い高周波音が流れていれば、古代の雅楽演奏環境に近い音空間が得られるのではないであろうか（もっとも、そのような科学技術を活用して、現代の都市空間に潤いを齎そうとする試みは、必要であり、また、効果的ではあるが、あくまで擬似的な措置に過ぎないと、大橋氏はいわれる）。

❖ 雅楽に相応しい「高周波、超高周波を含む音」をどこに求めるか

雅楽劇場に相応しい「高周波、超高周波を含む音」とは、いうまでもなく平安時代の「環境音」でなければならない。

第一章で、雅楽演奏の場を三種類に分類したが、そのいずれにおいても、屋外の自然が交響の要素とされていた。すなわち、

(1)の「古来の祭祀の場」においては、奏楽・奏舞は屋外で行われる。楽音は一旦、自然の空間へ集束され、そして、遥かな時空へ帰趨するかのように演奏される、といってよいであろう。その結果、神明の感応があり、さらに「人」との共感、共楽《らく》が出現する。「古来の祭祀の場」における楽音にとっては、「神明と自然への方向性」が第一義であり、それらと人との双方向性が伴う、と考えられる。具体的にこの場合の「環境音」とは、松風と、庭燎の音と、それらが神殿・拝殿などの建築物に反響する柔らかな反響音である。

(2)の「仏教大法会の場」では奏楽・奏舞は屋外で行われる。法会を主導する導師・衆僧も堂外における所作が多く、参詣の大衆はすべて堂外にある。堂外の風は、楽音自体のゆらぎにさらに微妙なゆらぎを付加する「共奏要素」である。参詣の大衆の静かな群集音も演奏に参加する。

(3)の饗宴の楽・舞では奏楽・奏舞は庭上または苑池で行われ、鑑賞者は殿上にあった。「環境音」は庭園の松や紅葉の葉ずれの音、池水の音、櫂の音、殿上の人々の立居の衣擦れの音などであった。

御遊びでは奏者は同時に鑑賞者であった。主たる演奏者は殿上にあり、助演の地下楽人は階下にいる。「環境音」は饗宴の場合と同じく屋外から流れ込む樹風や虫の音である。奏者および視聴者が同一の屋内にあるということ

は、御遊びとは室内楽であることを意味する。

楽器についていえば、太鼓・鉦鼓等の鼓類は屋外で用いる舞楽用の大型のものは使われない。位の高い楽器とされるのは管楽器では笛、絃楽器の筝・和琴・琵琶である。絃楽器は繊細で音量が小さいから室内での演奏に適している。篳篥は旋律に欠かせない楽器であるが、「地の声」ともいわれる音質と先にも述べたように音量が大であることから、ほとんどの場合、廂の下の階下で奏される。歌すなわち声楽の奏者には上達部といわれる公卿が「簀子」の「階」に召される。このように御遊びは、主屋（母屋）を中心とする屋内の演奏会であるが、母屋・廂・簀子・時には廊・階・階下の砌・木立等のすべてが、それぞれの音響効果を勘案して活用されている。これらのことは、饗宴楽や御遊びは自然音との共奏なのであるが、そのことは楽音と自然音だけでは成立しないという事実を示している。すなわち、自然との共奏には元々、人工の建造物の関与が不可欠なのであった。しかも、楽音と建造物との関係は密閉型でもなく、全開放型でもないのである。このことは、乃木神社の例でも確認された[15]。

❖ 環境音を実験的に採録する

さて現代において、これらの環境音を実験再録することはできるだろうか。幸いにして、われわれは文化遺産として、平安時代の寝殿造り邸宅の遺構と庭苑を偲ぶことのできる建築物を有している。京都御所をはじめ、仁和寺、大覚寺、天竜寺、随心院等々には御所を移築した建物がある。それらは廂の間や広い階や回廊風の付属建物を具えており、繊細な高松も望める。池に注ぐ滝もある。広い前庭もある。ここで雅楽・舞楽の演奏をすることができないであろうか。「高周波を含む環境音」とともにそれらを収録することができないであろうか。あるいは、「高周波を含む環境音」のみを収録してそれを分析することができないであろうか。建築群が国の文化遺産などに指定されている場合、その使用は極端に制限されているに違いないし、そこでは宮内庁楽部の演奏を可能にすることさえ困難があるであろうが、それらをクリアーして、是非ともこの実験を実現したい。その結果が先に述べたような劇場雅楽に援用されることを願うのである。

また現実に、雅楽大法会が定期的に行われている大阪の「四天王寺」や、「住吉大社」の卯の葉の神事舞楽などにおいても、「高周波を含む環境音」の再録と分析がなされることを願っている。劇場で「雅楽法会」が行われる機会に、開演を待つ間のロビーや会場で、その「高周波を含む環境音」の録音を放送してはどうであろうか。但し、超高周波の到達距離はどのくらいか(16)を大橋力先生にうかがったところ「五メートルです。」とのお答えであったので、そのあまりの短さに驚いて、それでは大ホールではいかんともしがたいと思ってしまった。しかし、ホールの天井を見上げれば照明器具が多数設置されているのに気付く。それと同様に多くの発信装置を取り付ければよいのではないかと気付いた。恐らく、そのような装置はすでに実現化されているのであろう。

❖　京都庭園に響く

さて、偶然であるが、「高周波を含む環境音」の中で洋楽の奏楽が行われた例を視聴することができた。雅楽演奏と高周波との問題と関連があると思うので記してみる。ＮＨＫ ＴＶ Clasic Club　ＮＨＫ ＢＳ103の「京都庭園に響く」シリーズである。

［宝蔵院庭園］　（去る四月）極く低い、なだらかな築山に、楓の大樹が枝をさし掛ける大岩がある。その裾に広がる見事な苔の上に四尺四方、高さ六寸ばかりの白木の台を据え、そこでチェロが演奏される。バッハ、コダーイの無伴奏曲などである。微風に楓の枝が目に見えぬほど微かに揺れる。苔の前に広がる池は「苦界」と名づけられ

た丸石の海であった[17]。京都という風土は洋楽さえも見事に日本化してくれる。「そよ風と石と、苔の上の奏楽」とは当に「平安音楽の再生」ではないか。何らかの方法と技術によって、劇場雅楽にそれができることを願うばかりである。このチェロの演奏はまことに豊かで美しく素晴らしいものであった。

［華頂山知恩院　山門］　二〇一〇年二月一〇日、これも前記の「京都庭園に響く」シリーズで、華頂山知恩院における、ホルンの四重奏が放映された。最初は、かの有名な山門での演奏である。奏者は山門の壇上の外寄りに、高い軒の下に立っている。開け放たれた門を通して木立や御影堂の一部が見える。奏者は、日本有数のオーケストラで第一奏者を勤める人々が結成した「シンフォニア　ホルステン」のメンバーたちである。柔らかく人を包み込むような豊かな楽音が広がる。楼門は高く広く、複雑な軒の斗拱と天井は絶妙な共鳴装置となって、楽音を単なる人為から開放する。さらに楼門をとりまく軟らかな「樹々のみどりと、そよぎ」（それには後述するように高周波や超高周波が含まれている）がホルンの楽音に微妙な金粉をふりそそぐ。ここはまさに浄土の入り口である。

［知恩院大方丈　下段の間］　次に演奏空間は「大方丈の下段の間」に移る。四人の奏者の背景となるのは金地に水墨で「西王母と仙女・仙人」が描かれている襖絵である。曲のふとした瞬間、仙女たちが楽に聞き惚れて、うっとりとした表情をうかべるかのような幻影に捉われた。

［御影堂内陣］　三つ目の場面は「御影堂」の内陣、阿弥陀三尊が金色に輝く御前での演奏である。

［御影堂の外］　最後は「御影堂」の外、庇から少し離れた地上に四人の奏者が立って演奏した。

これら四場面の中で最も素晴らしかったのは「山門」の軒下での演奏と、大方丈の下段の間での演奏である。「山門」の演奏空間と、「御影堂」外の演奏空間を比較してみよう。両者に共通するのは大木造建築が背景となっている点である。しかし、前者では楼門の門扉が開放されていて、その柱間を通して樹木が見え、楼の左右近くにも樹木が揺れている。外気が流れている。それらは視覚的・聴覚的にホルンと共奏できる。また、演奏位置は石段を上って楼門の石敷きの床の上で、頭上高くに複雑な構造の軒がかかっている。そのために楽音がほどよく停滞し、流れ、協和できる。それに比べて後者「御影堂」では、堂の扉は閉ざされていて、奏者の立ち位置は大屋根の軒端から外れて全くの戸外であった。樹々も身近にはない。したがって、楽音は共鳴することもなく、たゆたうこともなく、空しく虚空に放出されてゆく。立ち位置が「御影堂」の大階段を上った縁《えん》であったら、縁は木造であるし、奥行きのある軒が懸かっているから、条件はかなり異なったことであろう。

この「京都庭園に響く」のように、微風にそよぐ樹木と歴史的な木造大建築物を演奏空間とする試みが、数を重ねている事実は、演奏者や放送関係者の間では、自然空間が音楽演奏に不可欠の条件であることの科学的証明や知識が共有されているからではないであろうか。一般の視聴者は、自然空間が音楽空間として楽音に絶大な付加価値を与えることを体験したとしても、現代の先端科学による証明については知識が欠如している、というのが現状であろうが、音楽の特に放映、放送関係者たちは豊富な知識をもっていると推定される。洋楽が京都の寺院建築と庭園で演奏されるという素晴らしい企画を心から称賛したい。そして同様のことが雅楽についても実現されることを願うものである。これまでにも神社、仏閣において社殿や伽藍を背景に演奏される雅楽が放映されなかったわけではない。しかし、その多くは曲の一部分であったり、祭事、法会のお添え物であったりで、雅楽を音楽・舞踊として緻密な収録技術をもって正面から収録することはなかった。確かに、雅楽の音楽としての収録は少なくはなかった。が、それを行っていた場所はテレビ局の無音室か、ＣＤやＤＶＤ制作のスタジオか、無人状態、無音状態に保った宮内庁楽部のホールであった。それらはこの庭屋一如の京都庭園から程遠いものであったのである。

❖ 流れる空気空間を保有するホールとして身近にあった青山葬儀所

先に、乃木神社で催される「管絃祭」の音空間、音楽環境について述べたのであるが[18]、その建築物の構成は、基本的に神社建築一般の構成に則っている。すなわち、散開型構成をとっている。西欧の建築が基本的に集約型、凝固型で、言い換えれば一塊型、ビルディング型であるのに対して、そもそも日本の大建築は、発生時から建築群なのであった。平成の大嘗宮の光景は今も脳裏に鮮やかであるが、それぞれの役柄、目的をもった大小の建物が、渡り廊下でつながれ、敷地いっぱいに満ちている。各建物に入る通路には鳥居が立っている。鳥居は門であり、そこが入り口であることを示す標識でもあったのだ。建物の数と鳥居の数の多さは、一種異様でさえあった。建築群は空気によって隔てられ、同時につながっていると感じられた。西欧建築が強固な素材で構築された壁によって密閉され、その内側で目的別に各広間が区切られ、同時に接続しているのと対照的である。平成の大嘗宮の場合、敷地面積は本来のものより縮小されていると聞いているが、そのためにゆとりのない密集した群落になっていると思われた。原形はもっと広々とした空間を含んでいたのではないであろうか。このような散開型ないし群立型の建築構成はアジア諸国の王宮の形式でもある。中国・韓国はもとより、インドネシアの宮殿建築に見られるとおりである。

さて、乃木神社はこのような散開型構成の建築であり、軒と軒の呼応関係が流れる空気を呼び、楽音と協奏させる機能を果たしていた。雅楽空間として優れた建築群であった。しかし、散開型構成の建築群の常として、雨天の観覧には不便であり、強風雨ともなれば中止せざるを得ないであろう。

偶然のことであるが、今年、流れる外気空間を保有しながら、全天候型である雅楽空間に遭遇した。それは、東

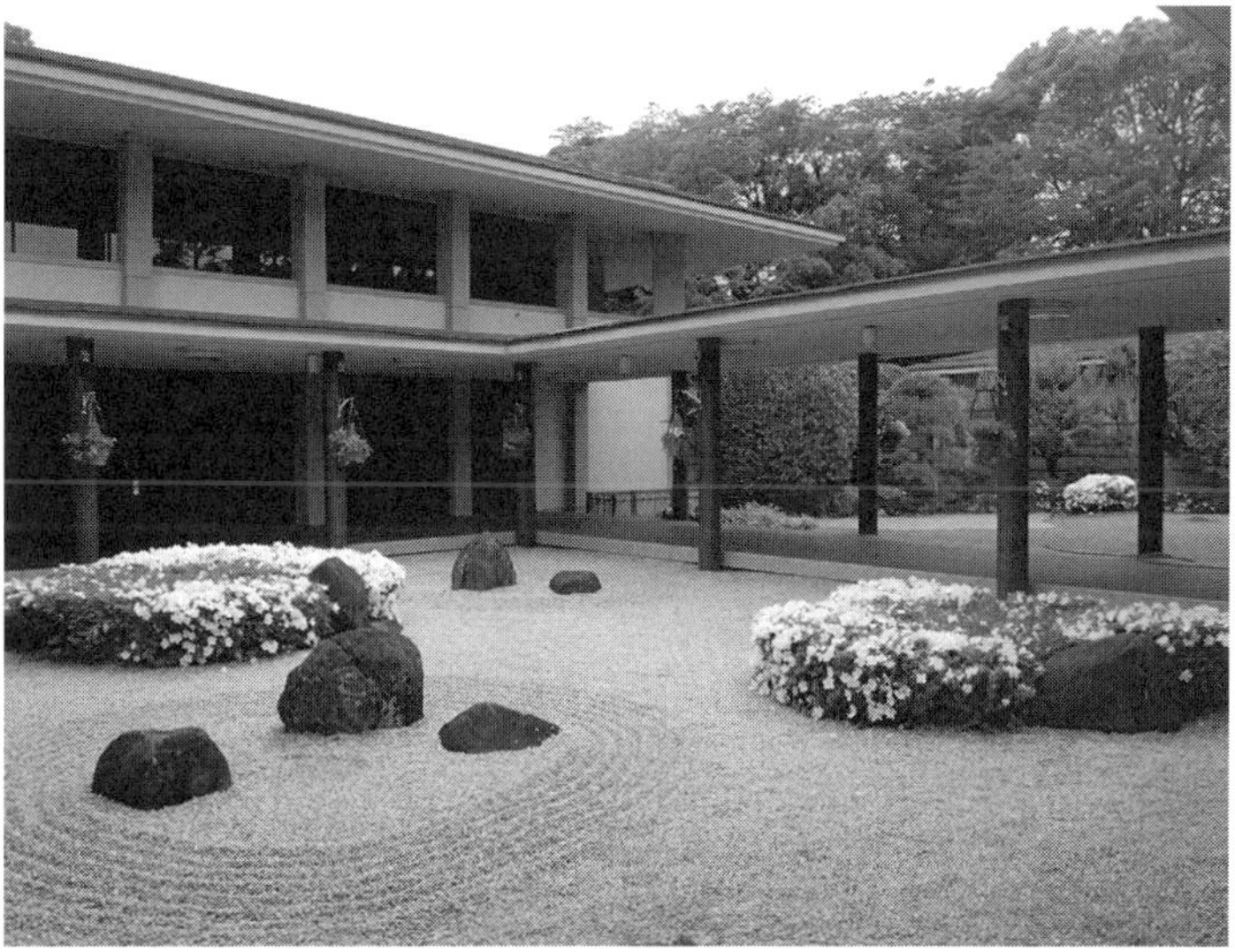

青山葬儀所（写真提供：青山葬儀所）

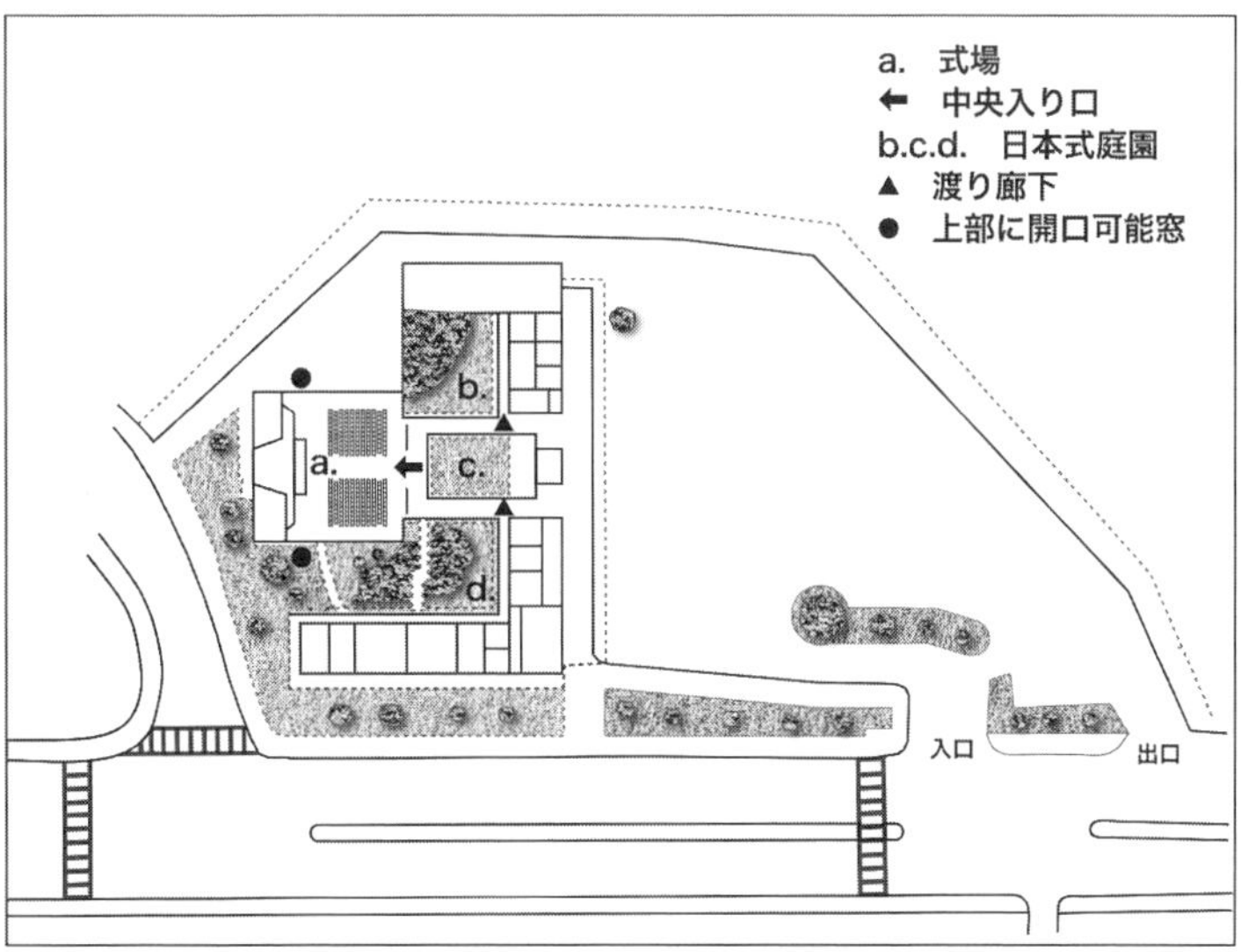

都営青山葬儀所　見取図

京都立青山葬儀所で行われた或る「送る会」で、「雅楽葬」とでもいうべき会であった。このホールは席数三〇〇ほどの小ホールであるから、雅楽音の大音響が心配されたのであるが、そのようなことは全く杞憂であった。ホールの両側面上部には明かり取りの窓があるが、そのうち開扉可能な部は一枚しかなかった。それを開けておいてもらった。また、葬儀所であるから入り口は大きく開口している。四月の風が快く流れ込んで、ホールの楽音に戯れ、高窓から静かに流れ出て行ったのである。

この葬儀所の構成は、門から直ぐに緑に囲まれた広い駐車場があり、左手に参会者の受付と事務室などの棟がある。事務棟の切れ目から奥へ向かうと明るい日本庭園に迎えられる。庭園を二分するかたちで、渡り廊下があり、参会者は庭園を左右に眺めながらホール棟に至る。ホールの入り口側は渡り廊下と同一平面の石張りで、丁度、平安時代の寝殿造りの簀子部分のようである。

そして、葬儀所全体が美しい疎林に包まれている。都営青山霊園の一廓を占めているからである。ホールの入り口から流れ入る外気は、霊園の疎林を通り、明るく優しげな日本庭園を渡ってきた微風なのであった。それらの条件が相俟って、ホール内で演奏された雅楽の楽音は、涙を押さえかねるようなすばらしい楽音であった。涙を押さえかねる、あるいは鳥肌立つ、名演奏は外気の流れないホールでも出現し得るであろう。しかし涙や鳥肌立つ感覚を、さらに頭上高くから柔らかに包み込むような楽音は、筆者の乏しい経験では、楽部の会場と乃木神社の会場、大阪の住吉神社の石舞台会場、そしてこの青山葬儀所で体験できたに過ぎない。

この四つの会場に共通するのは外気の流入、流通であった。青山葬儀所では入り口の大きな開口部が有効に機能している。楽部も正面玄関を開放しては如何であろうか。乃木神社と、住吉大社石舞台の音空間は外気の中にあり、最も平安時代に近いが、残念ながら現代が要求する安定的な公共的演奏の提供には決定的な条件、すなわち、天候に左右されないという条件を欠いている。その点を現代建築である楽部と青山葬儀所はクリアーしている。

青山葬儀所から学ぶことは、今日の閉塞的な演奏会場であっても、もし、入り口を開放し、高窓を開けることができて、建物の外周に樹林があるなら、雅楽空間として理想に近づくことができるということである。

❖ 四会場の欠点

この四会場は、雅楽の音空間としては現在最良の空間であるといえる。しかしながら、いずれも、現代の聴衆を迎えるためには適さない。観覧席の不備が問題となる。とはいえ、葬儀所が観覧を目的としないのは当然のことであるから、何ら非難するには当たらない。加えて、雅楽が大々的に演奏される葬儀は稀であろうから、改変を望むこともない。神社も本来、祭祀の場であるから、雅楽の陪聴席を重視するわけにはいかない。それらとは対蹠的に、楽部の会場は、今後も国民の愛好者や研究者に公開され続けるであろうと推定されるなら、観客席の整備は必須となる。つまり、階段状の客席が六〇〇から一〇〇〇席完備されることが希望される。しかし、現在の楽部ホールには希望に添えるようなスペースは全くない。この現状からして、必然的に建替えが要求されなければならないのである。

五　「音の環境学」からの支援を

繰り返し述べてきたように、今日、雅楽の演奏は多くの場合、劇場か音楽ホールにおいて行われているのであるが、その現実が疑問視され、反省されたことはほとんどなかった。しかし、雅楽が伝統的にはどのような「場」において演奏されたかを、古い記録において具《つぶさ》に観察し、また、現代にも存在する理想に近い演奏空間において稀少ながら体験した者にとっては、現在の一般的な演奏状況は極めて不自然であり、非伝統的であり、反理想的であると映じるのである。強烈な表現に過ぎるかもしれないが、現代の一般的な雅楽演奏空間の状況は、雅楽破壊以外の何ものでもなく、歴史からの雅楽抹殺を急いでいるとしか言い得ないのである。

このような現状の中で、国風歌舞の最重要部分である「神楽歌」の演奏空間は、劇場において完全な形で再現するのは至難の業、というよりもほとんど不可能であるけれども、すべての雅楽演奏に共通していた「自然との共奏」という演奏形態を「神楽歌」以外の雅楽演奏に不完全ながら再興することは可能なのではないだろうか。

このような要求を抱いている私の前に、不可聴音である「高周波」を環境音として駆使する最新技術の研究が出現したのであった。それは大橋力氏の創始した「音の環境学」の一部をなす。私は「音の環境学」は哲学であり、西欧的認識論・分析的科学論を根底から覆す新しい認識論でもあると考える。その理論証明に、先端的近代科学思想と技術を利用し、大橋氏がマスターし、開発した最新の脳科学や音響学の資料や技術が駆使されている。このような二一世紀における先端的な科学と技術によって証明された最高の音響学の成果(19)を雅楽に最も相応しい演奏空間の建設に役立たせることはできないであろうか。

そのようなことは可能であると、私に予測させたのは、かの公卿日記や『源氏物語』に「松風」という語で象徴的に表記された自然音であった。松風や虫の音、水の音は可聴音であるばかりでなく、不可聴音である高周波を含んでいるという私の想定を科学は容認するであろうか。

先述のように、日本における雅楽の古典的演奏においては、三種の「場」があったわけであるが、そのいずれの「場」も、楽と自然とが交響する場であった。神前奏楽「御神楽」においては杉や松の葉ずれの音、庭燎の燃える音、はぜる音があった。諸大社の神前においても同様であり、『春日権現験記』や『石清水八幡縁起絵巻』などに見るとおりである。大法会における仏前奏楽においても、開放された堂の前庭での演奏は、境内の樹木のそよぎと呼応していたに違いない。御所や寝殿造りの貴族邸で行われた「御遊」、「管弦の遊び」においては大きな開口部をもち、軒や廂の組物・斗拱《ときょう》構造をもつ御殿の上と、階下の砌《みぎり》での合奏音が、邸内の松や杉、落葉樹を吹く風と相和したのである。そこに生じた高周波（音）はどのような成分のものであっただろうか。

雅楽に相応しい高周波は熱帯雨林の高周波ではなくて、それとは異質の高周波、不可聴音であるに違いないと推定できる。

❖ 雅楽に相応しい高周波を採録する

では、そのような雅楽に相応しい高周波をどのような地域で採録することができるだろうか。

われわれの音環境は都市といわず、「いなか」といわず、二四時間絶えることなく、科学的、機械的な雑音に満ちているので、たとえ樹林の音を採録しても、古代・中世の自然音と同質のものは得られない、というようにほとんど断定されている。しかし、このように劣悪とされる現代の音響環境といえども、たとえば、皇居の樹林、明治神宮の樹林、或いは諸大寺・諸大社の樹林、諸国立公園の森林（たとえば、猪苗代湖の赤松林、十和田八甲田国立公園の春のブナ林）等、優れた音響環境が残されていると推定される。熱帯雨林の超高周波を含む環境音の素晴らしさはわれわれの想像を超えるものであるらしい。しかし、われわれの住む温帯モンスーン地域の樹林の音もまた、それはそれで、特徴ある超高周波を含む環境音であるのではないであろうか。古代・中世の中国の文人や、日本の古代中世の貴族の美意識に叶った高周波（音）・超高周波を現代の科学力によって追求し試験的に採録し、その結果として、雅楽に相応しい環境音が採択されて、雅楽との共奏・交響が再現されることを望むものである。

二〇一一年一月『御所のお庭』（扶桑社）が刊行された。可能な限り自然で、美しい森林庭園が写し出されている写真集である。御所のお庭は二〇一〇年から、人数に制限はあるものの年に一回公開されることになった。このような動向に沿って「お庭の音」の採録が可能になれば、「雅楽と自然音の共奏」の実現に一歩近づくことができるのではないであろうか。「御所のお庭の高周波・超高周波」、「武蔵野の不可聴音」とはいかなるものであろうか。それとの共奏が可能になった雅楽音とはいかなるものであろうか。期待される。

六　雅楽空間として理想的な音楽堂建築はどうあるべきか

これまで、雅楽の音空間について考察し、模索してきたが、ここで、その理想像を纏めてみたい。必須条件として、次の七項目を挙げる。

(1)　流れる外気
(2)　とりまく樹林
(3)　樹風（松風）
(4)　虫の音
(5)　複数の廂（音響装置としての）
(6)　防雨・防風装置
(7)　快適な客席

(1)の流れる外気、(2)のとりまく樹林、(3)の樹風（松風）、(4)虫の音、という四項目は雅楽演奏にとって不可欠の条件であると結論付けたのであるが、恐らく多くの建築家には奇想天外な条件と受け取られるであろう。しかし、(5)の複数の廂（音響装置としての）は、現在の国立能楽堂の観客席上部などに工夫されているようであるが、それにも増して、古代建築の軒裏構造が現代の音響学的裏づけを経て、現代的に取り入れられるべきであると考えられる。舞台の上の屋根構造、観客席上の廂構造について、大社・大寺建築の構造に学んだものが取り入れられるべきである。屋根や廂の形態、即ち切妻か片流れか等が問題となるのはいうまでもないことであるが、それらの個々の構造や、両者の関係について、最良のプランが得られた上に、流れる外気・樹風の取り込みに関してはさらに、回廊との距離や、舞台屋根・観客席廂の高さ等が問題となる。乃木神社と明治神宮内拝殿・幣殿とを比較すると、神宮の建物は規模が大きいので、高さも高い。そのために、大規模な樹林に取り囲まれているにもかかわらず、樹風の流れを感受することが困難である。

(4)の虫の音は樹林があれば、夕暮れと共に自然に起こり、盛大な音響になる。

(6)の防雨・防風装置を、(1)の流れる外気や、(3)の樹風と両立させることは、現代の建築技術では容易なことではないであろうか。豪雨や強風の場合は、開閉式天井や扉等で遮蔽して、在来の劇場と同様な空気環境になることはやむを得ないであろう。豪雨や強風は楽音と共奏し得ないものであって、そもそも不必要であるから、その日に予定された演奏は自然という共奏者なしで行われるのは致し方ない。古代・中世にあっては、当然、演奏中止となったことであろう。

以上が、現代における理想的雅楽空間に要求される諸条件である。

このような理想像を掲げることがあながち荒唐無稽ではないと勇気づけられる科学者の提言がある。

「至近距離に実在の自然生命系（植栽や昆虫を含む小動物）が有機的に組み込まれた生活空間を構築する技術を開発することも新規性の高い課題だろう。その技術資源として……日本の特色ある伝統知に含まれた屋敷林や茶室、坪庭などが注目される。それらのもつ環境デザインの原理と、高性能メディア情報技術を融合させた街区、建物および屋内を設計する原理とを結ぶ手法を開発して、本格的な稔りに結びつけるのである。[20]」

このように提言する大橋氏は造園学者でも建築学者でもないからこれ以上の言及はないが、おそらく近未来においてこれらの課題が現実に達成される可能性を想定されていることと思われる。

❖ 最も実現可能性の高い提案——宮内庁楽部の建築が再建される機会に——

さて、「今日の代表的な雅楽演奏会場」（本書一八三・一八五頁）で現在の宮内庁楽部の建築に触れたのであるが、そこではかなり否定的な見方をした。しかし、この建物の設計について現在まで一般に、あまり評価されてこなかったことを反省したい。昭和一二年の建設以来敗戦までは「身分の制限」があり、限られた少数の観客のためのホールであったから、当然のことであったが、現在では客席の不備ばかりが目立っている。そのため、設計者の優れた意図は隠されたままになっていると推測される。

驚くべきことに、このホールは一般の劇場と異なって、「閉鎖的ではない」。さして広くない玄関ホールから入るとすぐ回廊で、中心部の天井からの外光が、そこまで届いている。昭和一二年という建設時において、このようなガラス天井を採択した劇場建築がどの程度存在したのであろうか、楽部のガラス天井の効用は評価されてよいと思われる。自然で控えめな、穏やかな照明構造である。

次に、天井の腰に並んでいる押し開き窓であるが、演奏の開始される前、係員が一枚一枚開けて廻っているのに気付く。筆者などは単純に、採光と換気のための素朴な装置なのだと思ってきた。しかし、二階席や一階席から見上げるその窓からは樹々の高い梢が仄《ほの》見えるように思うことがある。このことについては、長年その下で演奏している楽師諸氏のほとんどは、無意識である。さらに、窓を開ければ楽音は逃げるのだけれども、換気の必要でやむを得ず作られたのだろうと思っている。

もしも、当時の設計者たちが平安時代の雅楽演奏環境について深く研究され、『源氏物語』にしばしば描かれる「松風」との共奏を二〇世紀に再現すべく、密かに、このように設計されたのであったなら、二一世紀のわれわれは畏敬の念を禁じ得ない。そして歓喜するべきである。たとえそれが、現代人の深読みであったとしても、或いはまた、残されたこの建築が偶然、物語っている効用に過ぎないとしても、われわれは今、この建物によって、平安時代の雅楽感性を多少なりとも追体験することができることに感謝しなくてはならないであろう。そして、平安時代の音楽感性に対して、現代の先端的な学術、技術は明快な裏付けを与えることが可能なのであるから、それらを駆使して、一〇〇〇年の昔、「松風、鳥の声、虫の音、音のゆらぎ」という表記が知らずして包摂していた、精妙な「可聴音」と「不可聴音」（高周波）を楽音と共奏させる、本来の雅楽空間の復興に寄与しなければならないであろう。

昭和一二年に建設された宮内庁楽部の建物は老朽化しているので、近い将来建て替えなければならないといわれている。それは雅楽再興のまたと無い機会である。理想的な本来の雅楽空間を再現する絶好の機会である。そのために、この楽部建築から学ぶことは少なくないであろう。

このホールが建設される以前は雅楽寮の練習場は飯田橋あたりにあった不便な建物であった。それは雅楽にとって憂慮すべきことであったから、設備の整った音楽堂が建設されなければならないと考えた当時の雅楽部長があった。相馬子爵と伝え聞いている。同じお考えであり深く御心配されていた貞明皇太后にしばしば拝謁して相談申し上げたという。当時の皇太后という御位は宮内省に対する力もおもちであったであろうし、貞明皇太后は雅楽に御造詣が深くあらせられたそうであるから、ホールの建設に当たっては質の高い御意見や御指示があったかと推察される。そのような上層の働きかけが大きな力となって、現在の楽部ホールが建設されたのであろう（貞明皇太后の御前で童舞「陵王」を舞ったことのある元宮内庁楽部首席楽長東儀俊美からの聞き取り）。

註

（1）『クララの日記』上、下、中公文庫、一九九六年。
（2）本書、二六一―三〇頁。
（3）演奏会のとき、楽を奏する管方の座の後ろに張る幕。朱と黒の絹布に窠の紋（瓜科の実を輪切りにした形を図案化したもの）を白く染め出し、金糸の刺繍で縁取りしたものを朱と黒交互に剝ぎ合わせた幕。
（4）舞楽演奏のとき、楽を奏する楽人。
（5）設計―工務課長：鈴木鎮雄、技術師：権藤要吉。意匠―主任技手：藤田文蔵、技手：大賀隆協力、匠生：千賀恒夫。構造のまとめ―技手：三上武之助、内藤多仲（構造図に自筆サインしている。東京タワーの設計者）、匠生：武内茂（監修鈴木博之『皇室建築』内匠寮の人と作品、内匠寮の人と作品刊行委員会編、三四四・三四五頁）。
（6）『科学』Vol. 83. No. 3. 岩波書店、二〇一三年、三四三・三四四頁。
（7）乃木神社、昭和三七年再建、設計：大江宏（一九一三―一九八九）国立能楽堂等を設計）。
（8）現在日本には、数十の民間雅楽団体があるが、楽師が雅楽のみで生計を立てているのはこの団体のみであるという。戦後、宮内庁楽部の人員整理に際して、次男、三男であるがために、退職を余儀なくされた楽師も多かった。元天王寺楽所の楽家の一つである薗家の薗廣教氏もその一人であった。彼は内弟子制度という方法を取って楽師を養成した。それは師夫妻にとって厳しく困難な道であったし、弟子たちにとっては厳しくありがたい道であった。そのようにしてりっぱに成長した雅楽団体があるということは、稀有なことである。
（9）彦根市「四番町スクエアー」。この実験については、仁科エミ・大橋力「（社）日本都市計画学会都市計画論文集」No. 42-3,

2007.10 の論文24「ハイパーソニック・エフェクトを応用した市街地音環境の改善とその整理・心理的効果の検討」に詳しく論じられている。

(10) 朝日新聞 2009.7.11.　社会欄「もっとある　音の使い道」より。

(11) 大橋力『音と文明』岩波書店、二〇〇三年、第四刷、二〇〇八年、五頁。

(12) Oohashi T. et al., Brain Research, vol. 1073-1074, 2006, 339-347.

(13) 大橋、前掲書、六三・六五頁。図3、六六頁。

(14) 同、六二・六三頁、図2、六七頁。

(15) 本書、一九四―一九六頁。

(16) (厳密な表現でいうと)「例えば脳にやさしい音情報として有効な一〇〇 kHz をこえる複雑な空気振動では、高い周波数成分ほど空気中を伝播する途上でそのパワーが減衰しやすいという自然の法則によって、数メートルを飛ぶ間に無視できないレベルで肝心の超高周波成分が減衰し、効果を衰えさせる恐れがある。」大橋、前掲書、五四一頁。

(17) 2009.4.13　13:00〜　チェロ　秋津智承。

(18) 本書、一九四―一九六頁。

(19) Oohashi T. et al., J. of Neurophysiology, vol. 83, 2000.

(20) 大橋、前掲書、五四七頁。

終　章――日本雅楽の心性・精神性の再興のために――

❖幽邃・典雅な自然との共奏を可能にする雅楽空間の構想・建設を願う

本書を終えるに当たって、出発点を振り返ってみると、それは現実の雅楽鑑賞において感得される、心に沁み透る楽の響き、涙を誘う舞の姿などの感性と心性の総合的な経験であった。われわれは二一世紀の今日においてもなお、千数百年の歴史を有する日本雅楽を現実に聴くことができ、観ることができる。そして、稀少ではあるが名人・名手の演奏・演舞に巡り会うことができる。その直接的な実体験の中にこの研究テーマが浮上してきたのである。すなわち、「日本雅楽における心性と精神性」の追求である。

私の経験は主として所謂、演奏会場における唐楽、高麗楽、そして管絃、催馬楽、朗詠の観賞であったから、先ず、渡来系雅楽の精神的源泉が最大の関心事となった。そこで、それを仏教経典そのものに求めることになった。その追求の結果、豊かな記録を蒐集することができた。『華厳経』『法華経』『浄土三部経』等に記され、雅楽の源泉となった音楽やその諸規定は、今日では、人々の意識下に沈んでしまっているが、それでも死滅してはいない。

次に、中国思想すなわち儒教倫理や道教思想の痕跡を探ることになったが、そのためには雅楽の曲名を分類するという方法をとった。一見、説得力の弱い資料のように見えるが、鑑賞者の立場からは曲名は雅楽理解の端緒であるから、研究にとって、避けて通れない道と考えられた。分類することによって、日本に移入された中国思想、文芸思潮の跡が一段と明瞭になった。日本文化は中国文化一辺倒というプロセスを経過した後、取捨選択、日本化へと変遷するわけであるが、雅楽曲名に関しては、一辺倒から取捨選択へ移行するあたりの状況が、よく読み取れる。いうまでもなく、仁明天皇の始められた「楽制改革」で楽曲の選定も行われたわけであるから、楽曲名にそれが現れていることになる。また、天皇讃歌・治世讃歌と天皇ご自身の作曲も数あることが改めて認識され、日本人の心に深く遍在していた天皇中心の心性が、音楽である雅楽においても浸透していたことがわかる。古典雅楽において、本来的には外来系である諸曲にさえも、この「天皇讃歌」という特質が流れ込んでいるのは『万葉集』以来の伝統的心性の有する動力の致すところと考えられるが、この特質は現代においては直接的には受け入れがたいものとなった。恐らく今後は、雅楽の背後に歴史的事実として想起されるおぼろげな背景として存続することになるのであろう。

「催馬楽、朗詠」は言葉を歌うのであるし、貴族間の優雅な遊び、楽しみであったことは周知のことであるから、その心性も理解しやすいものとして、本書では特に研究課題としなかった。

探究が最も困難であるのは「国風歌舞」の中の「御神楽」についてである。近来は、そのほんの一部であるが本来の演奏空間を離れて、劇場という全く異質な空間において、無理な演奏が試みられている。一般鑑賞者の要望に応えた、やむを得ない措置であるが、そのような形で演奏される楽舞が何ほどの真実を伝え得ているのか、全く疑問である。多くの場合、無惨としかいいようがない。

本書の第一章、第一節「日本古来の祭祀の場――神明への畏敬と共楽の心性・精神性」では、実際の奉仕者から聞き及んでいたことや、み垣外に伺候している高官の歌集を資料として、接近を試みた。しかし、それはあくまでも、外部からの隔靴掻痒のアプローチに過ぎなかった。ここで、それを大きく補完したい。

本書の終章にさしかかる頃、思いがけない体験をすることになった。宮内庁楽部元首席楽長であった夫が、私の「御神楽の節（メロディー）とはどのようなものか。」という問いに答えて、歌ってくれたのである。それは、今まで聞いた雅楽のどこにもない驚くべきメロディーであった。清浄・典雅でありながら、繊細極まりない情緒の籠った曲であった。それは篳篥の独奏曲「庭火」を唱歌で歌ってくれたものであった。夫はそれから二週間ほど経って死去した。以前にも「御神楽」についてはいろいろ説明を聞いていたはずであり、また、劇場で「人長舞」などは鑑賞していたはずであったが、実際に「どのような節か」を訊ねたのは初めてであったように思う。しかし、死期が近くなかったら応えてくれたかどうかわからない。それほど、伝達しがたいがゆえに伝達したくない曲なのであった。死去の後、遺稿を整理していると「庭燎《にわび》の話」という一文があった。それは「御神楽」の真髄を、ただ観念的にではなく、深い心情までも言い表そうとしている。本来、公開してはならないものと考えていたと思われることは、第三冊目の単行本を纏めるために自ら選び出していた原稿の中には入っていないことからも確認できる。しかし、劇場雅楽として「御神楽」の片鱗が演奏され、偏頗な理解が広まるような今日、この「庭燎の話」は真髄への道標《みちしるべ》、幽かな灯火であると、私は考えるので、さまざまな危険を冒しても敢えて、ここに抜粋して記すことにする。

❖「庭燎の話」

その（「御神楽」の）一番はじめに演奏されるのが、この「庭火」である。この曲は数ある「国風歌舞」の中で、というより全雅楽曲の中で独特のスタイルを持つ大変な曲である。雅楽という音楽は個人プレーの非常に少ないというよりは無いに等しい音楽である。音取等に独奏曲もあるが、それは全体から見ればほんの経過的な一部に過ぎない。その中にあって、この「庭火」は（繰り返しになるが）数ある雅楽曲の中で独特のスタイルを持つ大変な名曲といえる。

全曲通して一時間以上かかるこの「庭火」はすべての曲が独奏曲によって構成されている。笛の独奏曲「庭火」が十五分、篳篥の独奏曲がこれも約十五分、和琴の独奏曲「庭火」が五分。たった五分とはいえ、和琴で五分の独奏曲は他にない。次に「縒合《よりあい》」という笛と篳篥の二重奏が六～七分。本拍子《もとびょうし》の独唱「庭火本歌」、最後に末拍子《すえびょうし》「庭火末歌」、独唱で和琴だけの伴奏が付いている。

みやまには　あられふるらし　とやまなる　まさきのかづら　いろづきにけり

（「まさきのかづら　いろづきにけり」という下の句は歌われない。）

この「庭火」が、どのような場所でどのような雰囲気の中で演奏されるのか、「御神楽」の初めから「庭火」の終わりまでを再現してみよう。但し、「御神楽」の雰囲気は一種独特であり、紙上で表現できるものではないので、雰囲気がどの程度伝わるかわからない。便宜上、私を「人長《にんじょう》」という役に仮定する。人長とは「御神楽」全体の進行役と人長舞を舞う者の役名である。（中略）

「庭火」の席には人長とその時々の独奏者以外、誰もいない。何を吹いても、例え間違えても知る聴衆はいないのだが、にも拘らず、どんな大きな会場の演奏会にもびくともしない猛者たちが震えるほどの緊張感を覚えるのが、「庭火」の不思議なところである。この緊張感は慣れるということが無い。何回やっても同じ緊張感を覚える。（中略）

笛から白い息だけがかすかに流れ出すと、その息の中から細く丸く繊細な音が静かに流れ始める。「庭火」の始まりである。余計なことだが、私は篳篥なので笛の旋律はあまりよく知らない。そのためであろうか、笛も篳篥もほぼ同じ長さなのに、笛の「庭火」の方が長く感じられる。笛の人は篳篥の方が長く感じるらしい。（中略）ほの暗い「庭火」の空間には、笛の音と時々はぜる薪の音だけがしみじみと流れる時間が続く。（中略）「庭火」の篳篥は「これがあの管絃や舞楽を吹くのと同じ楽器か。」というような繊細な音で吹く。元来この楽器は感情移入の容易な楽器である。静かに嫋々と鳴る音を聞いていると、平安の昔（中略）「御琴仕るべき男《おのこ》を召す。」で（琴の奏者が座に着き、）和琴の「庭火」である。この楽器は何と言っても神楽舎の暗闇が一番似合うと、私は思う。（中略）

この歌（「庭火本歌」）は楽部の楽生の七年間の集大成ともいうべき卒業試験で必ず歌う曲である。この曲を歌い、合格点をとると卒業できる。又、笛と篳篥でも「庭火」を独奏するのが課題曲みたいなものなので、歌も管も「庭火」となる。それほど、この曲は重要で難しいとされている。（中略）

　みやまには　あられふるらし　とやまなる

和琴の柔らかな音に乗って流れる曲を聴いていると、古の先達が御所の清涼殿の奥深く集い合って、歌った光景が、庭燎の炎の底に浮かび上って来る感じがする。同じ歌を末歌が歌い終わって、人長の「男共《おのこども》起たしめて才《ざえ》試み終わんぬ。今宵の御神態《みかぐわざ》を仕《つかまつ》る由を申し請う」。これで、「庭火」全曲が終了して、今夕の「御神楽」（の主部　筆者注）を奉仕する全員が神楽舎に入ってくる。時刻は七時半過ぎになっている。

（東儀俊美、遺稿より。全文は二〇一二年刊行の『雅楽逍遥』に載る）

これでわかるように、「庭火」とは「御神楽」の前奏曲なのであり、一部に過ぎない。それに一時間半かかるわけである。その「音と所作空間」の雰囲気は東儀の苦心にもかかわらず、表現不可能と感じられたように、筆舌には尽くしがたいものであることは了解できるであろう。

「御神楽」の前奏曲「庭火」は雅楽中の名曲であり難曲であるという。ということは日本音楽の至宝であるということである。それを味わいたいという願いは当然、起こってくるであろう。今日のように、あらゆる情報が公開されるべきであるというのが、時代の趨勢であるとすれば、「御神楽」にもその荒波は押し寄せる。しかし、この音楽空間は全く「独特」な空間なのであって、それを構成する一要素も欠落することは許されない。森林の奥深くに建つ神社建築。その庭上。冬の夕刻から夜、そして明け方という時間。明かりは庭上の一基の「庭火」のみ、ほとんど幽暗。奏者ははじめは一人、または二人。「御神楽」本曲では二〇人ほど。「御神楽」の曲を繊細で柔らかに、静かに、情感を込めて奏することはよほどの達人でなければできない、という技術性・音楽性の問題。そして、神事演奏に関わらない観衆とか、聴衆とかは一人もいないこと。これらの条件を完璧に備えることができなければ、「御神楽」は成り立たない。「御神楽」音楽の、鑑賞以前の厳しい条件である。

このように特殊であり、且つ至宝であるような音楽は、仏教音楽にもあって、たとえば、昨年、国立劇場で上演された「二月堂の修二会」などがある。そのとき、東大寺前管長が解説された中で、本来のお堂の有様を完全に提供することはできないが、といわれた。それでも、「二月堂の修二会」は堂下からではあるが参詣者はこの法会に参加できる。堂内のことは秘儀である。ここで思い合わされるのは、『法華経』の一節であろう。

ある時、釈尊は王舎城の霊鷲山《りょうじゅせん》に居られた。舎利弗《しゃりほつ》が仏の覚られたところをお説き下さいと願う。しかし、仏は「仏智は測ることが出来ない。この法は言語を超えているものであるから、説かない。もし、説いたとしても一切世間の天人や人間は驚き疑うばかりで正しく信じないであろう。」といって、幾たびも説法を拒否された（その後、真に衆生のために道を求める者、菩薩にのみ、仮の方法としての方便を以って説かれる）（『法華経』「方便品」）。いうまでもなく、真理というもの、また美の極致といったものは言語表現を超えている。東儀俊美がその限界を承知の上で、それでも書き残したかったのは、「御神楽」が雅楽美の極致であることは知られなければならないし、その真髄は公開され得ないが、その存在は知られなければならない、それをできるだけ正確に想像する縁《よすが》は残さなければならない、それは、現在となっては、全く限られた少数の当事者である楽部楽師のみが、なし得ることであると、考えたからではなかったであろうか。在職中は許されることではないが、当事者ではない周辺の人々によって、正確さを欠いた言及がなされ、書籍として公開されるようなことがあって、危機感を覚えたことも筆を染める原因になったのかも知れない。

しかし、彼が「庭火の話」を書き残した目的の第一は、「御神楽」の真髄が楽部の次代を担うべき若い楽師たちに心身のすべてを以って、五感、六感のすべてをもって感得されるために、何ほどかの縁《よすが》となることであったと思われる。彼自身、若年の折は先師の感懐を拝聴しても、それほど「ぴんと来なかった。」のであったが、齢を重ねるに従って楽の美しさと深い心性が感得されるようになったという体験があるので、後継者たちのために言葉を尽くすことが必要であるという想いが切実であったのであろう。

いうまでもなく「庭火の話」に記されているような「御神楽」の情景や心性は、奉仕する楽師ならば、少なからず体験していることであって、書き記そうと思えばできることである。しかし、それは平安の昔から宮廷人の作法として、遠慮すべきことなのであった。『中右記』にも「御神楽」の都度、必ず記事がある。公卿日記は朝廷の公務を記録するのが本来の目的であるから、感性的な記録が少ないのは当然であるが、それにしても「御神楽」の情

景や心性については極めて節度があり、せいぜいのところ、

今夜の御神楽の様子は誠に優美であった。神明も自ずから感応されたのであろうか（本書一一三頁）。

どの年の記録も、これと同じような表現にとどまっている。これが官人の作法であり、慎みであり、行儀である。東儀俊美が密かに書き記し、楽部の後輩たちのためにのみ記したものを、今、私が公表して、守るべき作法を破らせることになった。このことを彼岸に住む人にひたすら詫びるばかりである。

また、繰り返しになるが、「庭火の話」を公開したことは、決して「御神楽」が劇場において公演されることを肯定したわけではない。私はむしろ、完全に否定しているのである。その演奏空間は劇場においては再現不可能であるからである。しかし、宮中における「御神楽」という雅楽の「秘宝」が存在するということは広く知って欲しかったし、推測的なりともその追体験への誘いを提供したかったのである。そのことが、雅楽全体の評価と存続に寄与し得ると考えるからである。

「神明への畏敬と共奏の心性・精神性」は全雅楽の基底であり、底流であるから、「国風歌舞」中の精髄である「御神楽」の精髄に迫ることによって本書を締め括ることができたのは幸甚といわなければならない。

現代の雅楽は、神明への畏敬と共楽、仏法讃歎、自然との共奏という「三大豊饒の地」を離れて、その心性・精神性は枯渇に瀕している。本書ではその豊饒の地を再発見・確認することに努めた。その探究は明治維新後の新時代の潮流に押し流されてきた雅楽の「演奏空間」に対する反省という一般的な雅楽研究の枠外にまで及んで、古代の雅楽空間の機能を再現すべき、二一世紀の雅楽空間建設への諸条件を追究した。論者の研究能力に余る課題であったけれども、目的の幾分かは果たしたと思う。

雅楽という崇高・幽邃・清澄・華麗な音楽遺産が廃絶することのないように、再び精気を取り戻すことができる

ように、日本古典文学、日本史学、仏教学、神道学、音楽学、音響学、神経医学、建築学、作庭学等諸学の学者、研究家、そして技術者諸氏の御協力を願いつつ本書を閉じる。

資料

[資料1]『華厳経』に見る音楽構成

『国訳大蔵経』経部 第五巻 頁数は頁下部の漢数字をとる

No.	頁	供養者 又は荘厳者	被供養者 又は被荘厳者	形式（妓楽＝合奏、声、自然音）	楽器（音声源）	奏者	意味	音楽性	其の他
	一・二 六	菩提樹（樹神）楽和音神	如来	声	菩提樹自体（樹神）楽和音神自身	菩提樹自体（樹神）楽和音神自身	如来の無量の功徳を讃揚	一切衆妙の声	大乗菩薩道を現じ、大喜普照を成就（如来の大衆）
1	五四	大菩薩衆	世尊	妓楽、諸微妙音	（妓楽の諸楽器）	大菩薩衆		微妙	
2	五七	一切世界の諸王	如来の大衆海会	清浄柔軟声雲	清浄柔軟声雲			清浄柔軟	
3	六三	観勝法妙清浄王（菩薩）	衆法金剛蔵仏刹法水覚虚空法王	一切妙音声雲	一切妙音声雲			妙音	
4	六五	師子光荘厳菩薩	化青蓮華荘厳仏刹無量智慧音王	一切妙音声雲	一切妙音声雲			妙音	
5	一〇三		摩尼宝王の香水海	妙音声	衆宝の潮浪	（自然）		妙音楽	
6	一〇四		摩尼宝王の大地	器楽	摩尼宝（の楽器）	（自然）	三宝を歎ず。	和雅（の声）	
7	一〇五		摩尼宝王の香水海	衆音	清浄の香水、雑宝、宝華の波浪	（自然）	仏の声を演べる。	（衆音）諧雅	
8	一一三 一一三	愛見善慧王	最勝（一切功徳本勝須弥山雲仏）	妓楽音の雲					
9	二二〇	菩薩	一切の世を照らす燈（諸仏）	妓楽、妙音声、妙偈	菩薩の掌中	菩薩	諸仏の実功徳を讃歎	和雅	
10	二二三		諸如来	（最勝の）音	宝鈴			最勝	
11	二二四	三昧中の菩薩	衆生教化	声		哀鸞 kala-vinka、拘真羅 kokila	其の（衆生の）楽う所に随いて為に法を説く。	柔輭美声、八種の梵音声具足	Kalavinka＝迦陵頻伽

✓	二二四	八種の梵音＝八音（ハットン）如来の音声の徳。(1)静雅で聞く者をして厭かしめない極好音。(2)聞く者をして喜悦せしめる柔軟輭音。(3)心を融和して理を会得させる和適音。(4)尊重し慧解させる尊慧音。(5)畏敬させる不女音。(6)正見を得、邪非を離れさせる不誤音。(7)十方に徹し、梵行高遠ならしめる深遠音。(8)尽きることなき不竭音。（宇井伯寿『仏教辞典』による）							
12	二三五	妙音菩薩	仏	妓楽	妓楽（の諸楽器）と鐘、磬	妙音菩薩	仏を供養、その音声を称歎		
13	二五五	化楽天		妙音声				妙	
14	二五五	兜率天		妓楽の音					
15	二五五	夜摩天	仏	声		天女			
16	二五五	忉利天		妙音声		緊那羅女		妙音	
17	二五五	四王天		声		乾闥			
18	二五五	緊那羅		（楽）	簫、笛	緊那羅			
19	二五六	諸龍住所		声		（迦陵）頻伽			
20	二五六	微密天		声		龍女			
21	二五六	阿修羅		声	天鼓				
22	二五六	人道		声	海潮				
23	二五六	夜摩		種種、衆の妓楽				微妙	
24	二五七	摩利		種種の妓楽					
25	二六一	帝釈		無量の楽音停止				寂然無声	楽音停止
26	二八五	（仏の神力）	十方の各万仏世界塵数の仏国	妙音楽		不鼓自鳴	無畏の音を演出	妙音楽	
27	三二一	初発心の菩薩	十方の各万の仏刹塵数の世界	楽音		自然に		微妙	
28	三六五 三六六	夜摩天の王		十万の妓楽	（妓楽の諸楽器）	自然に	十万の正法、娯楽の音声を演出す。	娯楽の音声	
29	四四三	兜率天王	兜率天宮の一切宝殿	宝鈴微動	（百万億の）宝鈴			和雅の音	

No.	頁	供養者　又は荘厳者	被供養者　又は被荘厳者	形式（妓楽＝合奏、声、自然音）	楽器（音声源）	奏者	意味	音楽性	其の他
30	四四四	兜率天王	兜率天宮の一切宝荘厳殿		（百万億の）楽摩尼宝、楽宝			清浄	
31	四四五	兜率天王	兜率天宮の一切宝荘厳殿	音声	（百万億の）天の金鈴網	微風（吹動）		妙音声	
32	四四六	兜率天王	兜率天宮の一切宝荘厳殿		（百万億の）真金の鈴	微風（吹動）		和雅の音	
33	四四六	兜率天王	兜率天宮の一切宝荘厳殿		（百万億の）天の幢宝鈴			微妙の音	
34	四四六	兜率天王	兜率天宮の一切宝荘厳殿	音声	（百万億の）白浄の宝幢	微風（吹動）		妙音声	
35	四四七	兜率天王	兜率天宮の一切宝荘厳殿	音	（百万億の）天の蓋幡の宝鈴			妙音	
36	四四七	兜率天王	兜率天宮の一切宝荘厳殿	音声	（百万億の）天螺			妙音声	
37	四四七	兜率天王	兜率天宮の一切宝荘厳殿	大音声	（百万億の）天鼓（てんく）			大音声	
38	四四七	兜率天王		大音声	（百万億の）天琴			微妙の音	
39	四四七	兜率天王		大音声	（百万億の）牟陀羅 Mardala				Mardala 鋒鼓、三面の鼓
40	四四七	兜率天王	十方一切の仏刹	音声	（百万億の）娯楽具			妙音声	十方一切の仏刹に充満
41	四四七	兜率天王		（天楽の）音声	（百万億の）天楽				
42	四四七	兜率天王	十万	化音声	（百万億の）（化音声）				声十方に徹し、
43	四四七	兜率天王		天の妓楽	（百万億の）天の妓楽器			同時に倶に作り、	

44	四四七	兜率天王		天の神力妓楽	(百万億の)妓楽器			相和の音	
45	四四七	兜率天王		音声	(百万億の)一切諸天の娯楽具			妙音声	
46	四四七	兜率天王	如来	(百万億の妙)音			如来を讃歎		
47	四四七	兜率天王	如来	(百万億の勝妙の喜)音			如来を讃歎	勝妙、喜	
48	四四七	兜率天王	如来	(百万億の甚深の)音声			如来を讃歎		
49	四四七	兜率天王	仏	(百万億の種種の)音声			仏の果報を歎じ、		
50	四四七	兜率天王	法	(百万億の細微の)音声			三界を出るの法を称揚し、讃歎し、	細微	
51	四四七	兜率天王	如来	(百万億の寂静の)音声			如来の本修行せし所を讃歎	寂静	楽音停止
52	四四七	兜率天王	如来	(百万億の)音			如来の百万億の劫に永く瞋恚を離れたることを讃歎し、百万億の供養をもって過去の諸仏を供養したることを讃歎し、		
53	四四七	兜率天王	一切の菩薩	(百万億の)音			一切の菩薩の功徳の窮尽す可からざることを讃歎し、		
54	四四七	兜率天王	一切諸地の菩薩	(百万億の)音			菩薩の一切諸地の功徳具足したることを讃歎し、		
55	四四七	兜率天王	諸仏	(百万億の)音			諸仏の厭足無きことを讃歎し、		

No.	頁	供養者　又は荘厳者	被供養者　又は被荘厳者	形式（妓楽＝合奏、声、自然音）	楽器（音声源）	奏者	意味	音楽性	其の他
56	四四七	兜率天王	見仏の行	（百万億の）音			見仏の行を称揚称讃し、		
57	四四七	兜率天王	深法	（百万億の）音			深法を讃歎し、聞く者は深智慧を得て、障礙なし、		
58	四四七	兜率天王	十方一切の世界	（百万億の妙）音			十方一切の世界に充満し、	妙	
59	四四七	兜率天王	諸衆生	（百万億の妙）音			諸衆生を歎じ、志願に随い皆歓喜せしめ、	妙	
60	四四八	兜率天王	一切世間	（百万億の）音			一切の世間を歎じ、聞く者は一切法の真実の性を解る		
61	四四八	兜率天王	如来	（百万億の）音			如来を讃歎し、聞く者は一切如来を恭敬し、		
62	四四八	兜率天王	仏の境界	（百万億の）音			仏の境界の一切の功徳を歎じ、		
63	四四八	兜率天王	総持の善妙方便	（百万億の）音			諸の総持の善妙方便を歎じ、善く一切諸法を分別することを知り、一切諸如来の法を聞持し、		
64	四四八	兜率天王	甚深具足の諸法	（百万億の）音			甚深具足の諸法を讃歎し、		

65	四四八	兜率天王	発心（住）の菩薩	（百万億の）音			発心の菩薩の一切種智を修習し重養することを歎じ、		以下74まで十住の菩薩を讃歎供養する。
66	四四八	兜率天王	治地（住）の菩薩	（百万億の）音			治地の菩薩の心歓喜することを歎じ、		
67	四四八	兜率天王	修行地（住）の菩薩	（百万億の）音			修行地の菩薩の清浄解脱を歎じ、		
68	四四八	兜率天王	生貴（住）の菩薩	（百万億の）音			生貴の菩薩の心に安住を得たることを歎じ、		
69	四四八	兜率天王	方便具足（住）の菩薩	（百万億の）音			方便具足の菩薩の摩訶衍に於て究竟じて決定せることを讃歎じ、		
70	四四八	兜率天王）	善現（住）の菩薩	（百万億の）音			善現の菩薩の一切の菩薩の所行を具足することを歎じ、		
71	四四八	兜率天王	不退（住）の菩薩	（百万億の）音			不退の菩薩の所行は一切の諸地に皆悉く清浄なることを讃歎し、		
72	四四八	兜率天王	童真（住）の菩薩	（百万億の）音			童真の菩薩の光明普く一切の十方を照らすことを歎じ、		
73	四四八	兜率天王	（法）王子（住）の菩薩	（百万億の）音			王子の菩薩の善く甚深不可思議の諸仏の境界に入ることを歎じ、		

No.	頁	供養者　又は荘厳者	被供養者　又は被荘厳者	形式（妓楽＝合奏、声、自然音）	楽器（音声源）	奏者	意味	音楽性	其の他
74	四四八	兜率天王	潅頂（住）の菩薩	（百万億の）音			潅頂の菩薩の能く一切諸の如来力を現ずることを歎ず。		
75	四五五	（兜率陀）天子	仏、虚空	（妙）音声	衆金鈴	自然（微動）	三乗を悟る者には解脱を得しめ、	妙	仏を供養するが故に、
76	四五五	（兜率陀）天子	仏、十方	（一切の）天楽				微妙（の音）	十方に充満
77	四五六	（兜率陀）天子	如来	（無数の）天の楽				微妙（の音）	
78	四五六	（兜率陀）天子	如来、一切の法界		雑宝の鈴網				無碍の智慧に入ればなり。
79	四六六	一切宝荘厳殿（自然に）		（不可思議なる）妓楽		自然	如来の一切種智、微妙の法言を宣揚せり。		
80	四六六	仏の威神力	兜率天王	（音楽停止）		仏の威神力	天王の正念を擾乱せず、善根を長養し、大心を増益し、勇猛精進して、甚だ大いに歓喜し、正心清浄して、即ち無上菩提心を発し、総持して忘れず。	寂然無声	
81	四六九	一切宝荘厳殿（自然に）	如来	妓楽			恭敬し供養して如来を讃歎		
82	五〇一 五〇二	（金剛幢）菩薩摩訶薩	一切如来	（阿僧祇の妙）音楽（樹）	妙音楽樹		敬心に一切如来を供養したてまつる。		
83	五〇一 五〇二	（金剛幢）菩薩摩訶薩	一切如来	（阿僧祇の妙）音声（樹）	妙音声樹				
84	五二九	菩薩摩訶薩	現在の諸仏の世界	音声 （妙）音	阿僧祇の河 阿僧祇の雲雨	自然		微妙 妙音	第五の無尽功徳蔵の回向

『国訳大蔵経』経部　第六巻

No.	頁	供養者　又は荘厳者	被供養者（荘厳の対象）	形式（妓楽＝合奏、声、自然音）	楽器（音声源）	奏者	意味	音楽性	其の他
85	二六	菩薩摩訶薩	一切	音（宝鈴、瑠璃珠微動）	蓋の衆宝の鈴、浄瑠璃の珠	自然	離悪心、広大心、放捨心を以て布施を行じ、現在の諸仏に奉献し、涅槃の後には塔廟に供養す、法を求めんが為の故なり。	和雅	
86	二八 二九	菩薩摩訶薩	諸仏	音声	金鈴の網	自然	是は為菩薩摩訶薩の種種の蓋を施す時の善根回向にして、一切の衆生をして皆悉く最大の回向を成就して、普く覆いて一切の衆生を摂取せしむるなり。	微妙	
87	二九 三〇	菩薩摩訶薩		音	幢幡の金鈴網	微風吹動	是は為菩薩摩訶薩の幢幡を施す時の善根回向にして、一切衆生をして高広にして甚深なる菩薩の行幢を建立し、一切の菩薩の自在行の幢を建て、清浄の道を得しむるなり。	和雅	
88	三九			仏の音声 仏の一妙音			無量の衆を悦ばし、		
89	一六一	菩薩摩訶薩	法界に等しき一切の（仏）刹		一切の宝鈴 無量の宝鈴	自然	自然に諸仏の妙法を演暢し、		菩薩摩訶薩の法施の善根回向

No.	頁	供養者又は荘厳者	被供養者（荘厳の対象）	形式（妓楽＝合奏、声、自然音）	楽器（音声源）	奏者	意味	音楽性	其の他
90	一六一 一六二	菩薩摩訶薩	法界に等しき一一の仏刹	（微妙の）音声	無量阿僧祇の宝鈴	自然演出	一切衆生に解説し回向せしむ（一六七）	微妙	
91	一六三	菩薩摩訶薩		（無量阿僧祇の諸の妙宝）の音	妙宝	自然演出	一一の音の中に如来の音を出し、		
92	一六四	（無量阿僧祇の宝樹の上の不思議の）鳥		（妙）音声	鳥のoral	（無量阿僧祇の宝樹の上の不思議の）鳥		妙音声	
93	一六四	諸の大王	法界	（自然の）音	無量阿僧祇の楽器				
94	一六四	諸の大王		法音	無量阿僧祇の楽器				未来際を尽くして常に法音を出し未だ曽て断絶せず。
95	一七〇 一七一	仏の神力	十方各百万の仏刹、微塵に等しき世界	法音、諸天の妙音			如来を讃歎	微妙	
96	一七一	無量阿僧祇の諸天	如来	（娯楽の）音		（娯楽具）	如来を供養	娯楽	
97	二三五	他化自在の王と諸眷属、天	仏の功徳と諸の菩薩衆	天の諸妓楽	（妓楽器）		仏の功徳と、諸の菩薩衆とを歌歎したてまつる。		
98	二三五	他化自在の王	仏	音、声	天女の声	天の諸の婇女	仏を称讃	清妙	同声に仏を称賛したてまつりて、
99	二四五	他化自在王と諸眷属	仏	歌頌	oral		金剛蔵を称歎		

100	二四五	他化自在王の天女	仏	天の諸の妓楽歌歎	（妓楽器）	（千万億の）天女	仏の功徳を歌歎		
101	二四六	他化自在王の天女		（百千種の妙音をもって）歌頌	oral	諸天女	称讃	妙（音）	
102	二五七	諸天及び天王		（百千種の上妙なる諸の）妓楽	（妓楽器）			上妙	
✓	二六四	（第七地遠行地の菩薩の）一切所有る荘厳の事は、諸の天・龍・夜叉・乾闥婆・阿修羅・迦楼羅・緊那羅・摩睺羅伽・人・非人等・四天王・釈提桓因・梵天王に勝れたるも、而も法を楽ひ、法を愛することを捨てず。							
103	二七〇	（四他化自在天の）天女	如来及び諸菩薩	妓楽 歌頌	（妓楽の諸楽器） oral	天女	仏の功徳を歌頌		
104	二八四	自在天の千万の諸天女	仏	音	oral	天女	仏の功徳を歌歎 善く寂滅を行ずる者は、諸の悪心有ること無し。	微妙 妙（音）	
105	二八五	自在天の千万の諸天女	仏	歌頌	oral	天女		微妙	
106	二九八	首陀会☆の諸天の無量億の天女	仏	妓楽	一切の宝器				☆sudda-āvāsa 色界第四禅天の浄居天
107	三〇〇	（首陀会☆の諸天の）婇女衆	仏	（妙）音	oral	婇女		妙（音）	
108	三〇三	（譬へば）転輪聖王	転輪聖王の太子	妓楽	（妓楽器）				転輪聖王が太子に灌頂して大王とする。
✓	三五四	菩薩は音声をば、是れ内外の法に非ずと知り、……一切皆響の如しと諦了す。一切の諸の音声は、皆悉く是れ虚妄なり、菩薩は実に非ざることを知れば、彼に於て所著無し。							

No.	頁	供養者 又は荘厳者	被供養者（荘厳の対象）	形式（妓楽＝合奏、声、自然音）	楽器（音声源）	奏者	意味	音楽性	其の他
109	四四三 四四四	如来の随形好		天の妙音			勧化	微妙	
110	四五七	仏の神力	十不可説億那由他の仏刹の微塵に等しき世界	妓楽	妓楽の雲雨				
111	五〇五 五〇六	（譬へば）娑伽羅龍王	群生の類	歌音、娯楽の音、鳥音	oral	天女、天、龍女、乾闥婆、緊那羅女、大地、大海、鹿王、奇妙な鳥	群生の類を饒益せむと	娯楽	
✓	五一一	仏子、応当に知るべし、一切智の音声と如来の微妙の音とは、悉く同じく解脱味なるも、衆生の造る所の行に、若干の差別有るが故に、善逝は随いて応化し、聞く所各同じからず。							

『国訳大蔵経』経部　第七巻

No.	頁	供養者　又は荘厳者	被供養者（荘厳の対象）	形式（妓楽＝合奏、声、自然音）	楽器（音声源）	奏者	意味	音楽性	其の他
112	四五	天女	菩薩摩訶薩	音楽		百千の天女		巧妙、妙	天女の妙音を聞いても諸禅の解脱三昧を捨てず。（菩薩摩訶薩の第四の荘厳道）
113	四六	菩薩摩訶薩と一切衆生	（共に相娯楽）	妓楽	（諸妓楽器）				共に相娯楽するも、諸禅の解脱三昧を捨てず。（第六の荘厳道）
114	八五 八七	兜率天に住する菩薩の眷属	諸天子	音楽					告知「一切衆行は皆悉く無常なり、……大苦なり、一切諸法は皆悉く無我なり、寂滅涅槃なり」
115	一一三	菩薩	最勝の雨足尊（諸仏）	音楽			直心に諸仏に供えたてまつる。		
116	一一四	（菩薩）		歌頌	oral	（菩薩）			法門を歌頌とする。
117	一三一	仏の神力	祇洹林		衆宝の楽器		妙なる法門を演べて如来を讃詠し、	妙	
118	一三一	（仏の神力）	（祇洹林）	音楽	音楽の雲雨	（自然）	妙解脱		
119	一九三	緊那羅王	善住比丘	妓楽、音声	（諸妓楽器）	緊那羅王		妙	
120	一九三	海神王	善住比丘	音		海神王		和雅	

No.	頁	供養者 又は 荘厳者	被供養者（荘厳の対象）	形式（妓楽＝合奏、声、自然音）	楽器（音声源）	奏者	意味	音楽性	其の他
121	二二一	海幢比丘の腹より出だせる緊那羅王、乾闥婆王	諸仏	天の娯楽音	（娯楽具）		実相の法を説き	娯楽	
122	二一七 二一八		休捨憂婆夷の普荘厳園林（自荘厳）	音	諸音楽樹	諸音楽樹		微妙	
123	二一九		休捨憂婆夷の普荘厳園林（自荘厳）	音	異類の衆鳥のoral、風	宝の多羅樹の中の鳧・雁・鴛鴦・孔雀・哀鸞等の異類の衆鳥		和雅 微妙	
124	二一九		休捨憂婆夷の普荘厳園林（自荘厳）		金鈴の網				
125	二一九 二二三	一万の（他）化自在天	進求国の方便命婆羅門	天の妓楽	（妓楽器）	一万の（他）化自在天			
126	二二五	諸龍王女	進求国の方便命婆羅門	楽音	（楽器）			妙	
127	二二七	一万の緊那羅王	進求国の方便命婆羅門	音声	宝多羅樹、金鈴網、宝瓔珞、宝樹、種種の楽器	自然に		微妙	緊那羅王の言
128	二三九 二四〇	彌多羅尼童女	師子奮迅城の師子幢王宮（自荘厳）	音	百千の金鈴	（自然に）		微妙	

129	二五〇 二五一	自在優婆夷の眷属の一万の女衆	海住城に住む自在優婆夷	天の音声	oral	自在優婆夷の眷属の女衆	優婆夷を観察し、礼拝し供養す。	天の妙（音声）	
130	二六八 二六九		大光王の善光城（自荘厳）		不可思議なる金鈴網			不可思議	
131	二七七			音楽を廃す		過去の修臂如来の時の電光王の王女→不動優婆夷			中夜寂静
132	二九三 二九四 二九五	師子奮迅比丘尼の威神力実は菩薩の業行の果	難忍国の迦陵伽婆提城の日光林	音声	歓喜樹	自然		微妙	
133	二九四	同右	同右の日光林	音声	金鈴の網	（自然）		妙なる	
134	二九四	同右	同右の日光林	音	oral	異類の衆鳥		和雅	
135	二九四	同右	同右の日光林	声	宝樹、楽樹	（自然に）		微妙	
136	三〇〇 三〇一		婆須蜜多女人の居所―険難国の宝荘厳城の深宮	音	宝網を羅覆し、閻浮檀金を垂鈴			和雅	
137	三一一 三一三 三一四	婆羅波提城の大天が善財童子をして、	如来に供養、衆生に恵施をすすめる。		一切の娯楽具		衆生に無貪の善根を得させ、		
138	三一四 三一五	閻浮提の摩竭提国の道場の安住地神等一万の地神	摩竭提国の道場	（娯楽の）音声	一切の泉源、河池の流れ	河池の流れ（自奏）、		娯楽	実は善財童子の善根の果報
139	三一五	同右		（哀和の）音	oral	異類の衆鳥		哀和	同右

No.	頁	供養者　又は荘厳者	被供養者（荘厳の対象）	形式（妓楽＝合奏、声、自然音）	楽器（音声源）	奏者	意味	音楽性	其の他
140	三一六 三一九	閻浮提の迦毗羅婆城の婆娑婆陀夜天	山にある衆生のため、	（妙なる）音声	流泉、迦陵頻伽鳥に変化して、		衆生を度脱せしめん。	妙なる	
141	三三九 三四〇	閻浮提の摩竭提国の喜目観察衆生夜天	一切衆生	天女の歌頌する音声、天楽の音声		天女	是の如き等の種種の音声を以て諸の衆生の為に喜目観察衆生夜天の初発心よりの一切の功徳を分別し演説す。		
142	三五七		明浄妙徳幢世界の東の四天下＝華燈幢天	天の音楽	諸音楽樹千の渠水の微流	微風吹動自然		和雅	
143	三六一		仏	（微妙の）音・歌頌	一切の金剛囲山、須弥山王、諸山、変化、音声、大地、城邑・垣牆・宮殿等一切の諸物		仏を讃す。	微妙	
144	三六四	転輪聖王	如来		一切の宝網金鈴雲		如来を供養		
145	四〇七 四〇九	一切法師子吼円蓋妙音大王	衆生（に宣令す）		鼓				妙徳守護諸城夜天の説く。
146	四一〇		大王の城外の明浄摩尼妙徳大会	（娯楽の）音声（自然演出）	宝樹、華網、宝網	自然に		娯楽	
147	四一〇		同右	（微妙なる）歌頌	金鈴の宝網	自然に		微妙	
148	四一〇		同右	音	金宝の諸鈴		善行を宣揚せり。	和雅	

149	四一五	（師子吼円蓋妙音大王）		如来の（和雅の）音	金鈴	自然に	甚深の法を宣揚し、衆の煩悩を除滅す。	和雅	宝光明童女の頌
150	四四九	一切の夜叉王		（娯楽の） 音声		夜叉王が自然に			流彌尼園の妙徳円満林天の説く、同右。
151	四四九	一切の緊那羅王		歌頌	oral	緊那羅王	菩薩の功徳を讃歎		菩薩の第十の受生自在
152	四六三	離恐怖世界の閻浮提の一王太子、蔵上功徳主		諸妓楽	（妓楽器）		香牙園林に遊戯する		離憂妙徳天の迦毘羅城の瞿夷の説
153	四六八			妓楽の音に善く通達		王女、瞿夷			瞿夷の母の言
154	五五一	譬へば師子の筋を用ひて以て琴の絃と為さんに、音声既に奏すれば、余の絃は断絶するが如し。							弥勒菩薩が善財を讃歎
155	五五七 五五八		明浄荘厳の大楼観	音声	阿僧祇の金鈴	自然に		微妙	善財楼観に入る。
156	五六一 五六二			音声	金鈴		初発心菩提心の声……仏の法雲の声	不可思議、微妙	楼観
157	五六二				法鼓、法螺		衆生を安楽にし、仏の法蔵を護る（音）。		楼観
158	五七六	普賢菩薩	法界	妙音	香樹雲	普賢の一一の毛孔より、			楼観

［資料3］『華厳経』に見る音楽　漢訳と国訳の本文

国大頁数（『国訳大蔵経』経部第五巻の頁数）

世間浄眼品第一の一

一　（是の如く我聞けり。一時、仏、摩竭提国の、寂滅道場に在しき。）

六　……復た不可思議なる諸の樹神と倶なりき。……其の名を……楽和音神。

世間浄眼品第一の二

五四　（爾の時に仏の師子座の、一切の妙華、摩尼、宝輪、高台、楼観、荘厳具の中に於て、一一各一仏世界微塵数に等しき大菩薩衆を出せり。）……大菩薩衆は、諸の供養を設け、……諸の妓楽、諸の微妙の音を作し。

五七　（爾の時に仏の神力の故に、蓮華蔵荘厳世界海は、）……清浄柔軟声雲……是の如き等の一一の世界の諸王は、不可思議なる諸の供養雲を設けて、普く一切如来の大衆に供へたり。

盧舎那仏品第二の一

六三　（爾の時に　蓮華蔵荘厳世界海の東に、次で世界界有り浄蓮華勝光荘厳と名け、）……十種の一切妙音声雲、是の如きの一切、悉く皆弥覆して虚空に充満せり。

六五　（此の世界海の北に、次で世界海あり、瑠璃宝光充満蔵と名け、中に仏刹あり。化青蓮華荘厳と名け、）……十種の一切妙宝樹雲、……十種の一切宝雷音雲、十種の一切妙音声雲、是の如きの一切は悉く皆弥覆して虚空に充満せり。

㊀大頁数（『大正大蔵経』第九巻の頁数）

三九五上　（如是我聞。一時仏在摩竭提国寂滅道場。）

三九五下　……復與不可思議諸樹神倶。……其名曰……楽和音神。

四〇四中　（爾時於仏師子之座。一切妙華摩尼宝輪高台楼観荘厳具中。一一各出一仏世界微塵数等大菩薩衆。）……大菩薩衆。設諸供養……作衆妓楽諸微妙音。

四〇五上　（爾時仏神力故。蓮華蔵荘厳世界海。）……清浄柔軟声雲……如是等一一世界諸王。設不可思議諸供養雲。普供一切如来大衆。

四〇五下　（爾時蓮華蔵荘厳世界海東。次有世界界。名
四〇六上　浄蓮華勝光荘厳。）……十種一切妙音声雲。如是一切悉皆弥覆充満虚空。

四〇六中　（此世界海北。次有世界海。名瑠璃宝光充蔵。中有仏刹。名化青蓮華荘厳。）……十種一切妙宝樹雲、……十種一切宝雷音雲。十種一切妙音声雲。如是一切悉皆弥覆充満虚空。

盧舎那仏品第二の二

一〇三　(蓮華蔵世界海)衆宝の潮浪は妙なる音声を出し、
四一三中　(蓮華蔵世界海)衆宝潮浪出妙音声。

一〇四　宝樹羅《なら》び生じて道の側に縁どり、摩尼宝の楽は煥として明曜《あきらか》に、無量なる和雅の声を演出し、荘厳せる浄音は三宝を歎ず。
四一三下　宝樹羅生縁道側　摩尼宝楽煥明耀　演出無量和雅声　荘厳浄音歎三宝

一〇五　(一一の香水海に、四天下の微塵数の香水河有りて囲遶し、)……清浄の香水には雑宝流れ、種種の宝華を波浪と為し、衆音諧雅にして仏の声を演ぶ。
四一三下　(一一香水海。有四天下微塵数香水河囲遶。)……清浄香水雑宝流　種種宝華為波浪　衆音諧雅演仏声

賢首菩薩品第八の二

二二〇　一切十方の諸の妓楽、無量なる和雅の妙音声、及び種種の衆の妙偈を以て、諸仏の実の功徳を讃歎し、音声徧く十方に満つるも、悉く掌中より自然に出づ。
四三四下　一切十方諸妓楽　無量和雅妙音声　及以種種衆妙偈　讃歎諸仏実功徳　音声遍満十方界　悉従掌中自然出

二二二　宝鈴は最勝の音を演出し、此を以て諸の如来を供養したてまつる。
四三五上　宝鈴演出最勝音　以此供養諸如来

二二三―二二四　(随楽の勝三昧を出生して、分別して衆生の心を了知し、随順して、諸の群生を教化し、憂悩を離れて歓喜を得しむ。)……柔軟なる美声の哀鸞、拘真羅等の如き微妙の声、八種の梵音声を具足して、其の楽う所に随いて為に法を説き、
四三五中　(出生随楽勝三昧　分別了知衆生心　随順教化諸群生　令離憂悩得歓喜)……柔軟美声如哀鸞　拘真羅等美妙音　具足八種梵音声　随其所楽為説法

二三五　又光明を放つあり妙音と名く、彼の光諸の仏子を覚悟し、一切世間の所有る声をして、聞く者に皆是れ如来の音とならしむ。大音をもって諸の如来を讃揚し、妓楽鐘馨をもって、仏を供養し、又常に仏の音声を称歎し、是に因りて妙音の光を成ずることを得たり。
四三七中　又放光明名妙音　彼光覚悟諸仏子　一切世間所有声　聞者皆是如来音　大音讃揚諸如来　妓楽鐘馨供養仏　又常讃歎仏音声　因是得成妙音光

二五五　化楽天の上には妙音声、兜率天の上には妓楽の音、夜摩天の上に
は天女の音。彼の忉利の諸天の上に於ては、緊那羅女の妙音声、
二五六　四王天の上には乾闥の声、緊那羅の中には簫笛の声。……諸の龍
の住所には頻伽の声、微密天の中には龍女の声、阿修羅の中には
天鼓の声、人道の中に於ては海潮の声のごとし。

四四〇下　化楽天上妙音声　兜率天上妓楽音　夜摩天上
天女音　於彼忉利諸天上　緊那羅女妙音声
四王天上乾闥声　緊那羅中簫笛声……諸龍住
所頻伽声　微密天中龍女声　阿修羅中天鼓声
於人道中海潮声

二五六　夜摩は幢蓋旛の荘厳、華鬘、塗香の勝れたる荘厳、赤真珠の衣、
金の交絡、種種微妙なる衆の妓楽。

四四〇下　夜摩幢蓋幡荘厳　華鬘塗香勝荘厳　赤真珠衣
金絞絡　種種微妙衆妓楽

二五七　緊那は華、青宝の衣を雨らし、摩利には妙華、細末香、種種の妓
樂悉く具足す。

四四〇下　緊那雨華青宝衣　摩利妙華細末香　種種妓楽
悉具足

仏昇須弥頂品第九

二六一　爾の時に世尊、即ち其の（帝釈の）請を受けて、妙勝殿に昇りた
まひぬ。……爾の時に帝釈の無量の楽音は、仏の神力の故に寂然
として声無し。

四四一中　爾時世尊。即受其請昇妙勝殿。……爾時帝釈
無量楽音。仏神力故寂然無声。

菩薩十住品第十一

二八五　爾の時（第十灌頂住の十種の智を説き終わった時）に仏の神力の
故に、……天の妙音楽は鼓せざるに自ら鳴り、又自ら無畏の音を
演出せり。

四四六中　爾時仏神力故。……天妙音楽不鼓自鳴。又自
演出無畏之音。

初発心菩薩功徳品第十三

三二一　爾の時に仏の神力の故に、初発心の菩薩の功徳蔵を説く力の故
三二二　に、十方の各万の仏刹塵数の世界は……自然に微妙の楽音を演出
せり。

四五二下　爾時仏神力故。説初発心菩薩功徳蔵力故。十
方各万仏刹塵数世界……自然演出微妙楽声。

仏昇夜摩天宮自在品第十五

三六五　時に彼の天王、遥かに仏の来りたまへるを見たてまつり、……十
三六六　万の妓楽は、自然に十万の正法、娯楽の音声を演出し、十万の善
根の妙相顕現し。……無量の音楽寂然として声なきに、

菩薩十無尽蔵品第十八

四三八　仏子よ、何等をか菩薩摩訶薩の無尽の念蔵となす。……不可説不
可説の修多羅を念知し、祇夜、授記、伽陀、……

如来昇兜率天宮一切宝殿品十九の一

四四二　（爾の時に如来、自在の神力を以て、菩提樹の座及び須弥頂の妙
勝殿上の、夜摩天宮の宝荘厳殿を離れずして、兜率天宮の一切宝
荘厳殿に趣きたまえり。時に彼の天王遥かに如来のり来たまえる
を見たてまつりて、即ち殿上に於て、如意宝蔵の師子座を敷き、
種種の天宝を以て之を荘厳せり。）
四四三　百万億宝鈴は微動して和雅の音を出し、
四四四　百万億の楽摩尼の宝、百万億の清浄の楽宝、
四四五　百万億の天の金鈴網は微風に吹動せられ妙なる音声を出し、
四四六　百万億の天の真金の鈴は微風に吹動せられて和雅の音を出し、
四四六　百万億の天の幢宝鈴は微妙の音を出し、百万億の白浄の宝幢は微
風に吹動せられて、妙なる音声を出し、
四四七　百万億の天の蓋幢の一切の宝鈴は妙なる音声を出す。
四四七　百万億の天螺は妙音声を出し、
百万億の天鼓は大音声を出し、
百万億の天琴は微妙の音を出し、

四六三上　時彼天王遥見仏来。……十万妓楽自然演出。
十万正法娯楽音声。十万善根妙相顕現。……
無量音楽寂然無声。

四七七下―四七八上　仏子。何等為菩薩摩訶薩無尽念
蔵。……念知……不可説不可説修多羅。祇
夜、授記、伽陀。……

四七八下　（爾時如来。以自在神力。不離菩提樹座及須
弥頂妙勝殿上夜摩天宮宝荘厳殿。趣兜率天宮
一切宝荘厳殿。時彼天王遥見仏来。即於殿上
敷如意宝蔵師子之座。以種種天宝而荘厳之。）
四七九上　百万億宝鈴。微動出和雅音。
四七九中　百万億楽摩尼宝。百万億清浄楽宝。
四七九下　百万億天金鈴網。微風吹動出妙音声。
四七九下　百万億天真金鈴。微風吹動出和雅音。
四八〇上　百万億天幢宝鈴。出微妙音。百万億白浄宝
幢。微風吹動出妙音声。
四八〇上　百万億天蓋幢一切宝鈴出妙音声。
百万億天螺出妙音声。
百万億天鼓出大音声。
百万億天琴出微妙音。

百万億の天の牟陀羅は大音声を出し、
百万億の天の娯楽具、百万億の天楽の音声は十方一切の仏刹に充
満し、
百万億の化音声は声十方に徹し、衆生の聞く者は悉く響の如しと
解《さと》り、
百万億の天の妓楽の音は同時に倶に作《おこ》り、
百万億の天の神力妓楽は相和の音を出し、
四四七　百万億の一切諸天の娯楽の具は妙音声を出し、
百万億の妙音は如来を讃歎《さんたん》し、
百万億の勝妙の喜音は如来を讃歎し、
百万億の甚深の音声は如来を讃歎し、
百万億の種々の音声は仏の果報を歎じ、
百万億の細微の音声は三界を出づるの法を称揚し讃歎し、
百万億の寂静の音声は如来の本修行せし所を、讃歎し、
百万億の音は一切菩薩の功徳の窮尽す可からざることを讃歎し、
百万億の音は菩薩の一切諸地の功徳具足したることを讃歎し、
百万億の妙音は諸の衆生を歎じ、其の志願に随いて皆歓喜せしめ、

如来昇兜率天宮一切宝殿品十九の二

四五四　（仏の神力の故に、……一切の兜率陀天子、……）
四五五　（仏を供養するが故に、）衆《もろもろ》の金鈴を懸けて之を間錯し、自然に
微動して妙なる音声を出し、……一切の天楽は微妙の音を出して
十方に充満せり。
四五六　（如来の所に於て歓喜恭敬を得るが故に）……無数の天の楽を以
て微妙の音を出して如来を供養したてまつり、

百万億天牟陀羅出大音声。
百万億天娯楽具。百万億天楽音声。充満十方
一切仏刹。
百万億化音声。声徹十方、衆生聞者悉解如響。
百万億天妓楽音。同時倶作。
百万億天神力妓楽。出相和音。
四八〇上　百万億一切諸天娯楽之具。出妙音声。
百万億妙音。讃歎如来。
百万億勝妙喜音。讃歎如来。
百万億甚深音声。讃歎如来。
百万億種々音声。歎仏果報。
百万億細微音声。称揚讃歎出三界法。
百万億寂静音声。讃歎如来本所修行。
百万億音。讃歎一切菩薩功徳不可窮尽。
百万億音。讃歎菩薩一切諸地功徳具足。
四八〇中　百万億妙音。歎諸衆生。随其志願皆令歓喜。

四八一中　（仏神力故。……一切兜率陀天子、……）
四八一下　（供養仏故）懸衆金鈴而間錯之。自然微動出
妙音声。……一切天樂出微妙音。充満十方。
四八二上　（於如来所得歓喜恭敬故）……以無数天楽出
微妙音。供養如来。

四六五　（爾の時に世尊）……一切宝荘厳殿の如意宝蔵の獅子の座に昇り
四六六　たまひぬ。……爾の時に一切宝荘厳殿は自然に殊特となり、……
自然に不可思議なる妓楽の音声を演出して、如来の一切種智、微
妙の法言を宣揚せり。
四六六　爾の時に仏の威神力は、兜率天王の為の故に、一切の音楽寂然と
して声無く、復た天王の正念を擾乱せず、……
四六九　（爾の時一切宝荘厳殿は、自然に無量無数なる不可思議阿僧祇の
諸の供養具ありて、殊特奇妙にして、諸天の供養する所の上なる
に出過せり。）所謂る、華鬘……妓楽をもって恭敬し供養して如
来を讃歎したてまつる。

金剛幢菩薩回向品第二十一の一

五〇〇　（菩薩摩訶薩、善根を回向し已りて……仏の所応の如くに以て供
五〇一　養したてまつり。）……皆悉く殊妙にして諸天に出過せる、阿僧
祇の諸の雑宝樹、阿僧祇の種々の香樹、阿僧祇の諸の宝衣樹、阿
僧祇の妙音楽樹、阿僧祇の妙音声樹……
五〇二　是の如くして現在の諸仏を供養したてまつり、及び涅槃の後は、
舎利を供養したてまつり、

金剛幢菩薩回向品第二十一の二

五二八　（菩薩摩訶薩は此の諸の善根を以て、皆悉く回向す。）
五二九　（現在の諸仏の世界を厳浄することも、亦復是の如く）……阿僧
祇の微妙の音声あり。……阿僧祇の河をもって荘厳し、阿僧祇の
雲雨をもって荘厳し、阿僧祇の自然の妙音聞えざる所なし。

四八四上、中　（爾時世尊）……即昇一切宝荘厳殿如意宝
蔵獅子之座。……爾時一切宝荘厳殿。自然殊
特。……自然演出不可思議妓楽音声。宣揚如
来一切種智微妙法言。
四八四中　爾時仏威神力。為兜率天王故。一切音楽寂然
無声不復擾乱天王正念。
四八四下　（爾時一切宝荘厳殿。自然無量無数不可思議
阿僧祇諸供養具。殊特奇妙。出過諸天所供養
上。）所謂華鬘……妓楽。恭敬供養讃歎如来。
四九一下　菩薩摩訶薩。善根回向已。……如仏所応而以
供養。……
四九二上　皆悉殊妙出過諸天。阿僧祇諸雑宝樹、阿僧祇
種々香樹、阿僧祇諸宝衣樹、阿僧祇妙音楽
樹、阿僧祇の妙音声樹……
四九二上　如是供養現在諸仏。及涅槃後供養舎利。
四九七上　（菩薩摩訶薩。以之諸善根皆悉回向。）
四九七中　（現在諸仏厳浄世界亦復如是。）……阿僧祇微
妙音声。……阿僧祇河荘厳。阿僧祇雲雨荘
厳。阿僧祇自然妙音無所不聞。

国大頁数（『国訳大蔵経』経部第六巻　頁数）		大頁数（『大正大蔵経』第九巻　頁数）	
金剛幢菩薩十回向品第二十一の四―九			
二六	菩薩摩訶薩は種々の蓋を施す。……衆宝の鈴を懸け、浄き瑠璃の珠は、微動し相扣ちて和雅の音を出し、	五〇五下	菩薩摩訶薩施種々蓋。…懸衆宝鈴。浄瑠璃珠。微動相扣出和雅音。
二八	一切の堅固香の蓋の……金鈴の網を以て周匝して之に懸け、自然に微妙の音声を演出する。	五〇六上	一切堅固香蓋。……以金鈴網周匝懸之。自然演出微妙音声。
二九	菩薩摩訶薩は種種の清浄なる幢幡を布施す。……金鈴の宝網を以て荘厳と為し、微風に吹動せられて和雅の音を出す。	五〇六中	菩薩摩訶薩布施種種清浄幢幡……金鈴宝網以為荘厳。微風吹動出和雅音。
一六一	（菩薩摩訶薩は善根の業を修して是の如く回向すらく、「一切の仏刹をして皆悉く清浄ならしめ）……無量の宝鈴は自然に諸仏の妙法を演暢し、	五三七中	（菩薩摩訶薩修善根業如是回向。一切仏刹皆悉清浄。）……無量宝鈴自然演暢諸仏妙法。
一六二	無量阿僧祇の宝鈴をもって荘厳し、自然に微妙の音声を演出し。	五三七下	無量阿僧祇宝鈴荘厳。自然演出微妙音声。
一六四	無量阿僧祇の宝樹をもって荘厳し、不思議の鳥、其の上に棲集して妙音声を出し。	五三八上	無量阿僧祇宝樹荘厳。不思議鳥棲集其上。出妙音声。
一六四	無量阿僧祇の楽器をもって荘厳し、自然の音を出して法界に充満し。無量阿僧祇の楽器をもって荘厳し、未来際を尽して常に法音を出して未だ曾て断絶せず。	五三八中	無量阿僧祇楽器荘厳。出自然音。充満法界無量阿僧祇楽器荘厳。尽未来際。常出法音。未曾断絶。
一七一	無量阿僧祇の諸天は娯楽の音を出して如来を供養したてまつり、	五四〇上	無量阿僧祇諸天。出娯楽音。供養如来。
十地品第二十二の三			
二三五	他化自在の王は、諸の眷属等と、上の虚空の中に於て、心皆大いに歓喜し、衆の妙光明を放ち、天の諸の妓楽を作し、仏の功徳と、及び諸の菩薩衆とを歌歎したてまつる。天の諸の婇女等は、各清妙なる音を以て、同声に仏を称賛したてまつりて、	五五五中	他化自在王　与諸眷属等　於上虚空中　心皆大歓喜。放衆妙光明　作天諸伎楽　歌歎仏功徳　及諸菩薩衆　天諸采女等　各以清妙音　同声称讃仏

二三六　是の如く、諸の天女は、各衆妙の音を以て、敬心に歌頌し已り、黙然として仏を観たてまつる。

十地品第二十二の四

二四五　（第六現前地）他化自在王は、諸の眷属等と与に、衆の妙宝物を雨らし、雰雰として雪の下るが如し、仏を歌頌し供養したてまつり、金剛蔵を称歎し、……千万億の天女は、上の虚空の中に於て、天の衆の妓楽を作して、仏の功徳を歌歎し、

二四六　是の如く諸の天女は、百千種の妙音をもって、称讃し歌頌し已りて、黙然として仏を観たてまつる。

二五七　（第七遠行地）諸天及び天王は、……時に百千種の、上妙なる諸の妓楽を作せり。

二六九　（第八不動地）他化自在王と、諸天及び菩薩とは、……天女は空

二七〇　中に於て、種種の妓楽を作して、如来幷及《およ》び諸の菩薩を供養したてまつり、同じく微妙の音を以て、仏の功徳を歌頌すらく、

十地品第二十二の五

二八四　（第九善慧地）自在天と梵天と、幷及び他化王とは、……千万の諸の天女は、咸恭敬《みなくぎょう》し歓喜して、同じく微妙の音を以て、仏の功徳を歌歎したてまつる。仏の神力を以ての故に、是の如きの妙音を出すらく、

二八五　千万の諸の天女は、同じく微妙の音を以て、是の如く歌歎し已りて、黙然として仏を観たてまつる。

五五五下　如是諸天女　各以衆妙音　敬心歌頌已　黙然而観仏

五五八上　他化自在王　与諸眷属等　雨衆妙宝物　雰雰如雪下　歌頌供養仏　称歎金剛蔵……千万億天女　於上虚空中　作天衆妓楽　歌歎仏功徳

五五八上　如是諸天女　百千種妙音　称賛歌頌已　黙然観仏

五六〇下　諸天及天王……時作百千種　上妙諸妓楽

五六四上　他化自在王　諸天及菩薩……天女於空中作種種妓楽　供養於如来　幷及諸菩薩　同以微妙音　歌頌仏功徳

五六七中　自在大梵天　幷及他化王……千万諸天女　咸恭敬《くぎょう》歓喜　同以微妙音　歌歎仏功徳　以仏神力故　出如是妙法

五六七下　千万諸天女　同以微妙音　是如歌歎已　黙然而観仏

十地品第二十二の六

三〇三　譬ば転輪聖王の太子、王の相を成就すれば、転輪聖王は、子をして白象宝の閻浮檀金の座に在らしめ、四大海の水を取り、……幢幡妓楽あり、金鐘の香水を執りて子の頂上に潅げば。即ち名づけて灌頂大王と為し、

十忍品第二十四の二

三五四　菩薩は音声をば、是れ内外の法に非ずと知り、諸の音声は、一切皆響の如しと諦了す。一切諸の音声は、皆悉く是れ虚妄なり。

普賢菩薩行品第三十一

四五七　爾の時に仏の神力の故に、……諸天に出過せる一切華の雲雨、……妓楽の雲雨、……不可説の種種の神力自在の雲雨を雨《ふ》らせり。

五〇六　所謂る天女の歌音、天の娯楽の音、龍女の歌音、乾闥婆の歌音、緊那羅女の歌音、大地の音、大海の音、鹿王の音なり、或は異類の奇妙なる種種の鳥音、或は種種の歌音有り。爾の時に龍王は……他化自在天において普く歌頌娯楽の音声を雨らし、……

十地品第二十二之五

五七二中　譬如転輪聖王。大子成就王相。転輪聖王令子在白象宝閻浮檀金座。取四大海水。……幢幡妓楽。執金鐘香水　潅子頂上。即名為灌頂大王。

五八四下　菩薩知音声　非是内外法　諦了諸音声　一切皆如響　一切諸音声　皆悉是虚妄

六〇八上　爾時仏神力故。……雨出過諸天　一切華雲雨。……妓楽雲雨。……不可説種種神力自在雲雨。

六二〇中　所謂天女歌音。天娯楽音。龍女歌音。乾闥婆女歌音。緊那羅女歌音。大地音。大海音。鹿王音。或有異類奇妙種種鳥音。或種種歌音。爾時龍王……於他化自在天。普雨歌頌娯楽音声。

国大頁数（『国訳大蔵経』経部第七巻　頁数）		大頁数（『大正大蔵経』第九巻　頁数）	
離世間品第三十三の五			
四五―四六	菩薩摩訶薩は百千の天女の眷属に囲繞せられ、端厳殊特にして、顔容倫《たぐい》無く、技術悉く備はり、音楽巧妙なりと雖も、菩薩この妙音を聞きて、未だ曾て暫くも諸禅の解脱三昧を捨てず。是を第四の荘厳道となす。菩薩摩訶薩は一切衆生と与に衆の妓楽を設け、共に相娯楽するも、乃至一念も諸禅の解脱三昧を捨てず。是を第五の荘厳道となす。	六五六上	菩薩摩訶薩。雖百千天女眷属囲繞。端厳殊特顔容無倫。技術悉備音楽巧妙。菩薩聞此妙音。未曾暫捨諸禅解脱三昧。是為第四荘厳道。菩薩摩訶薩。与一切衆生設衆妓楽共相娯楽。乃至一念不捨諸禅解脱三昧。是為第五荘厳道。
離世間品第三十三の七			
八七	此の菩薩の眷属は音楽の中より、是の如きの声を出だして、……「諸の天子よ、一切の衆行は皆悉く無常なり、一切の衆行は皆悉く大苦なり、一切の諸法は皆悉く無我なり、寂滅涅槃なり」と。	六六五中	此菩薩眷属音楽之中。出如是声……一切衆行皆悉無常。一切衆行皆悉大苦。一切諸法皆悉無我。寂滅涅槃。
離世間品第三十三の八			
一一三	菩薩の現ずること是の如く、無量無辺の事をもって、彼の最勝の両足尊を恭敬し、供養したてまつる、塗香・末香・華・幢蓋・旛・音楽、無上なる供養の具をもって、直心に諸仏に供えたてまつる、	六七一下	菩薩現如是　無量無辺事　恭敬供養彼　最勝両足尊　塗香末香華　幢蓋旛音楽　無上供養具　直心供諸仏
一二四	浄身は虚空に等しく、妙音世間に満ち、……法門を歌頌と為し、	六七四下	浄身等虚空　妙音満世間　……　法門為歌頌
入法界品第三十四の一		**入法界品第三十四之一**	
一三一	爾の時に仏の神力の故に、祇洹林は忽然として廣博となり。……不可説不可説の衆宝の楽器は、妙なる法音を演べて如来を讃詠したてまつり、	六七七上、中	爾時仏神力故。令祇洹林忽然廣博。……不可説不可説衆宝楽器。演妙法音讃詠如来。
一三二	不可説の妙解脱の音楽の雲雨を以て荘厳と為せり。	六七七中	不可説妙解脱音楽雲雨以為荘厳。

入法界品第三十四の二

一五九　諸の眷属の中に於て、妙音声を出だし、法海に充満して浄法輪を転ずることを見。……種々の音声を現じて、為に法を説くことを見る。

六八四上　或見……諸眷属中、出妙音声、充満法海。転浄法輪。……現……種種音声。而為説法。

入法界品第三十四の三

一九三　時に諸の天衆、善住比丘を供養せんが為の故に、……衆の妓楽を作し、微妙の音を出だし、……緊那羅王は、供養せんか為の故に、諸の妓楽を作し、妙なる音声を出だして虚空に充満せしめ。諸の海神王は、供養せんが為の故に、和雅の音を嘯き。

六九一下　時諸天衆。為供養善住比丘故。……作衆妓楽出微妙音。
六九二上　……緊那羅王。為供養故作諸妓楽出妙音声。充満虚空諸海神王。為供養故嘯和雅音。

入法界品第三十四の四

二一一　百千の阿僧祇天の娯楽音を出だして、実相の法を説き、諸仏を讃歎し、菩提及び菩薩の行を称美し、

六九六上　出百千阿僧祇天娯楽音。説実相法讃歎諸仏。称美菩提及菩薩行。

二一八　（海幢比丘の普荘厳園林）諸の音楽の樹は微妙の音を出だせり。

六九七下　諸音楽樹出微妙音。

二一九　異類の衆鳥は其の中に遊戯して和雅の音を出だし、覆ふに金網を以てし、風は自然に起こりて微妙の声を出だし、

六九八上　異類衆鳥遊戯其中出和雅音。覆以金網。風自然起出微妙声。

二一九　娯楽の帳、……謂ゆる……金鈴の網、

六九八上　娯楽帳。……謂金鈴網。

入法界品第三十四の五

二三三　復た一万の化自在天有り、虚空の中に在りて、天の妓楽を以て恭敬し供養して、

七〇一上　復有一万化自在天。在虚空中。以天妓楽恭敬供養。

二三五　諸の龍王女は妙なる楽音を出だし、

七〇一中　諸龍王女出妙楽音。

二三六―二三七　復た一万の緊那羅王有り、……『善男子よ、此の婆羅門は五熱に身を炙りし時、我が宝多羅樹の中、金鈴網の中、宝瓔珞の中、諸の宝樹の中、種種の楽器の中に於て、自然に微妙の音声を演出せり。……』

七〇一下　復有一万緊那羅王。……善男子。此婆羅門五熱炙身時。於我宝多羅樹中。金鈴網中。宝瓔珞中。諸宝樹中、種種楽器中。自然演出微妙音声。

二四〇　（弥多羅尼童女在住の師子幢王宮）又阿僧祇の摩尼宝の網を其の上に羅覆し、百千の金鈴は微妙の音を出だせり。

七〇二中　又阿僧祇摩尼宝網。羅覆其上。百千金鈴出微妙音。

二五一　（海住城の自在優婆夷）一万の女衆の眷属に囲繞せらる、容色威儀は悉く諸天の如く、猶ほ荘厳せられたる衆妙の宝樹の如し。口常に天の妙なる音声を演出し、

七〇五上　一万女衆眷属囲繞。容色威儀悉如諸天。猶如荘厳衆妙宝樹。口常演出天妙音声。

入法界品第三十四の六

二五六　（長者甘露頂の大興城）五百種の勝妙なる妓楽を作して娯楽せり。

七〇六上　作五百種勝妙妓楽。娯楽城内。

二六九　（大光王の善光城）不可思議なる金鈴の網、……万阿僧祇の宝像を以て荘厳と為し、種種の妓楽をもって之を娯楽し、

七〇九中　不可思議金鈴網。……万阿僧祇宝像以為荘厳。種種妓楽而娯楽之。

入法界品第三十四の七

二九三―二九四　（難忍国の迦陵伽婆提城の日光林で獅子奮迅比丘尼）復た歓喜樹を見る。自然に微妙の音声を演出せり。……白浄の宝網を其の上に羅覆し、金鈴の網中より妙なる音声を出だせり。……異類の衆鳥は和雅の音を出だし、……宝樹・楽樹は微妙の声を出だし、

七一五上―中　復見歓喜樹。自然演出微妙音声。……白浄宝網羅覆其上。金鈴網中出妙音声。……異類衆鳥出和雅音。……宝樹楽樹出微妙声。

三〇一　（婆須蜜多女人の宝荘厳城）宝網を羅覆し、閻浮檀金を以て垂鈴と為して和雅の音を出だし、

七一七上　宝網羅覆。閻浮檀金以為垂鈴。出和雅音。

入法界品第三十四の八

三一三　（大天の婆羅波提城）爾の時に大天、善財の前に於て、天金聚を積むこと猶ほ山王の若く、……一切の娯楽具

七一九中　爾時大天。於善財前。積天金聚猶如山王。……一切娯楽具

三一五　（摩竭提国の安住地神）一切の泉源河池の流は相灌注し、種種なる娯楽の音声を演出し、……異類の衆鳥は皆悉く歓喜して、哀和の音を出だし、

七一九下　一切泉源河池流相灌注。演出種種娯楽音声。……異類衆鳥皆悉歓喜出哀和音。

三一九　（閻浮提の迦毗羅婆城の婆娑婆陀夜天）山にある衆生の為めには或は果樹と作り、或は流泉・迦陵頻伽鳥等と作りて、妙なる音声を出だし、

三四〇　（喜目観察衆生夜天）彼の化身雲、悉く衆生の為めに諸の音声を以て、分別し解説し、開示し顕現せり。所謂る、風輪の音声、水輪の音声、火炎の音声、大海の音声、大地震動の音声、山王相撃の音声、天城震動の音声、天宝の音声、諸天の音声、龍王の音声、夜叉王・乾闥婆王・阿修羅王・迦楼羅王・緊那羅王・摩睺羅迦王等の音声、人王の音声、梵王の音声、天女の歌頌する音声、天楽の音声、摩尼宝王の音声、如来の音声、菩薩の音声、如来化身の音声なり。

入法界品第三十四の十

三五七　（往古の明浄妙徳幢世界）彼の世界の東際金剛山に近く、四天下有り、華燈幢と名く。……諸の音楽樹は、微風に吹動せられ、和雅の音を出だして虚空に充満し、……自然に天の音楽の声を演出し、

三六一　一切の金剛囲山、須弥山王、一切の諸山、一切の変化、一切の音声、一切の大地、一切の城邑・垣牆・宮殿、是の如き等の一切の諸物は微妙の音を出だし、歌頌をもって仏を讃したてまつれり。又……一切如来の妙音声雲を出だせり。

三六二　（爾の時に普賢菩薩……「大王よ、当に知るべし、仏世に興りて、今、普光明妙法音幢菩提樹下に在したまふ」と。）

七二〇下　為在山衆生。或作果樹或作流泉。迦陵頻伽鳥等出妙音声。

七二六上　彼化身雲悉為衆生。以諸音声。分別解説開示顕現。所謂風輪音声。水輪音声。火炎音声。大海音声。大地震動音声。山王相撃音声。天城震動音声。天宝音声。諸天音声。龍王音声。夜叉王。乾闥婆王。阿修羅王。迦楼羅王。緊那羅王。摩睺羅伽王等音声。人王音声。梵王音声。天女歌頌音声。天楽音声。摩尼宝王音声。如来音声。菩薩音声。如来化身音声。

七三〇中　彼世界東際。近金剛山有四天下。名華燈幢。……諸音楽樹微風吹動。出和雅音充満虚空。……自然演出天音楽声。

七三一上　一切金剛囲山。須弥山王。一切諸山。一切変化。一切音声。一切大地。一切城邑・垣牆宮殿。如是等一切諸物。出微妙音歌頌讃仏。又出……一切如来妙音声雲。

入法界品第三十四之十

七三一下　（爾時普賢菩薩……「大王当知。仏興於世。今在普光明妙法音幢菩提樹下。」）

三六四　爾の時に転輪聖王、仏を讃歎し已りて、転輪王の功徳善根を以て、十種の雲を興して、普く虚空を覆ひ、道場に往詣して如来を供養したてまつれり。所謂る、一切の法雲・一切の華雲・一切の衣雲・一切の宝衣雲・一切の宝網金鈴雲……なり。

入法界品第三十四の十一

四〇九　（一切法師子吼圓蓋妙音王）時に彼の大王、是の如き等の十の大悲語を発して、鼓を撃ちて宣令すらく……又復鼓を撃ちて宣令すらく、

四一〇　宝樹囲繞し、無量の華網、及び諸の宝網は其の上に羅覆し、自然に無量億那由他の娯楽の音声を演出せり。……十種の宝樹ありて……金鈴の宝網……其の上に羅覆し……自然に無量の微妙なる歌頌の音声を演出せり。……金宝の諸鈴は和雅の音を出だして善行を宣揚せり。

四一四　金鈴は自然に、如来の和雅の音を出だして、甚深の法を宣揚し、衆の煩悩を除滅す、

入法界品第三十四の十二

四四九　一切の夜叉王は囲繞し守護して、自然に衆の妙宝華、娯楽の音声を出生し……一切の緊那羅王は歓喜し諦観して、心に厭足なく、菩薩の功徳を讃歎し歌頌し、……是を菩薩の第十の受生自在と為す。

入法界品第三十四の十三

四六三　（閻浮提の王都妙徳樹須弥山）其の王太子を増上功徳主と名づけ、……諸の妓楽を作し、

七三二上　爾時転輪聖王。讃歎仏已。以転輪王功徳善根。興十種雲普覆虚空。往詣道場供養如来。所謂一切法雲。一切華雲。一切衣雲。一切宝衣雲。一切宝網金鈴雲。

七四三上―中　時彼大王。発如是等十大悲語。撃鼓宣令……又復撃鼓宣令

七四三中　宝樹囲遶。無量華網及諸宝網。羅覆其上。自然演出無量億那由他娯楽音声。……十種宝樹……金鈴宝網……羅覆其上。……自然演出無量微妙歌頌音声……金宝諸鈴出和雅音宣揚善行。

七四四中　金鈴自然出　如来和雅音　宣揚甚深法　徐滅衆煩悩

七五三中　一切夜叉王囲遶守護。自然出生衆妙宝華娯楽音声。……一切緊那羅王歓喜諦観心無厭足。讃歎歌頌菩薩功徳。……是為菩薩第十受生自在。

七五六下　其王太子名増上功徳主……作諸妓楽。

四六八　此れ是の玉女宝は、……善く衆生の病と、患を起す所由とを知り、又退治の法を知りて、衆の疑惑を除滅す、一切の閻浮提の、衆生の語言の法と、種種の妓楽の音とに、善く通達せざる無し、

入法界品第三十四の十五

五五一　譬へば人有り師子の筋を用ひて以て琴の絃と為さんに、音声既に奏すれば、余の絃は断絶するが如し。

入法界品第三十四の十六

五五八　爾の時に善財、楼観を観察するに……阿僧祇の金鈴は自然に微妙の音声を演出し、

五六一　又楼観の諸の金鈴の中より、不思議なる微妙の音声を出すを聞く。所謂る初発菩提心の声、

五六二　大法会を設け、大法幢を建て、法鼓を撃ち、法螺を吹き、法雨を雨らし、

五七五―五七六　爾の時に善財、普賢菩薩を見たてまつるに……一一の毛孔より一切世界の微塵に等しき諸の香樹雲を出だし、衆の妙音を出だして法界を荘厳し。

七五七下　此是玉女宝……善知衆生病　起患之所由　又知退治法　除滅衆疑惑　一切閻浮提　衆生語言法　種種妓楽音　無不善通達

(三十四之十六)

七七八下　譬如有人用師子筋以為琴絃。音声既奏余絃断絶。

七八〇中　爾時善財。観察楼観。……阿僧祇の金鈴。自然演出微妙音声。

(三十四之十七)

七八一中　又聞楼観諸金鈴中。出不思議微妙音声。所謂初発菩提心声。

七八一中　設大法会建大法幢。撃法鼓吹法螺雨法雨。

七八四中　爾時善財。見普賢菩薩。……一一毛孔。出一切世界微塵等諸香樹雲。出衆妙音荘厳法界。

[資料4] 『法華経』に見る音楽　本文

凡例　㊅九3中 等は『大正新修大蔵経』の第九巻の頁数、段を表す。本文は示さない。

岩波上36等は岩波文庫『法華経』の坂本幸男による書き下し文の頁数。

岩波35 等は岩本裕によるサンスクリット原典からの口語訳の頁数。

植木上27等は植木雅俊訳『梵漢和対照・現代語訳　法華経』の頁数。

サンスクリットは同書より索出。

[序品第一]

資料原文	音楽・楽器	場面の概要	演奏の場所	演奏者	対象者
(1)　㊅九3上 岩波上30　(菩薩が)魔の兵衆を破して　法鼓を撃つを見る。 岩波上31　(救法者たちは) 悪魔を討ち、教えの太鼓を打ち鳴らす。 植木上22　parāhananti imu dharmadundubhiṃ //28 // 植木上23　魔を打ち破ってから、この法の太鼓を打ち鳴らしている。	法鼓 太鼓 dharmadundubhiṃ 法の太鼓	仏は大乗経の無量義の法を説き終わり、無量義処三昧に入り、白毫より放光、東方万八千の世界を照らす。(岩波上18)	その各々の仏土で。	その仏土の菩薩(仏子)たち。	
(2)　㊅九3中 岩波上36　諸の天・竜神　人及び非人の　香・華・伎楽を常にもって供養するを見る。 岩波上35　花と香を供え、また音楽を奏して、人間・神・ヤクシャ・ラークシャサたちが祀る。 植木上26　puṣpaiś ca gandhaiś ca tathâiva vādyaiḥ saṃpūjitā nara- maru- yakṣa-rīksasaiḥ //46// 植木上27　人間、神々、ヤクシャ(夜叉)、ラークシャサ(羅刹)たちは［それらのストゥーパを］……さらに楽器［の演奏］によって供養している。	伎楽 音楽 vādyaiḥ 楽器(の演奏)			東方万八千の世界の諸天・竜神・人・非人が、	東方万八千の世界の仏舎利の塔に、

(3)　㊅九３下 岩波上 38　仏世尊は大法を説き、大法の雨を雨《ふら》し、大法の螺を吹き、大法の鼓を撃ち、大法の義を演べんと欲するならん。 岩波上 39　如来は、偉大な教えの雨を降らせ、偉大な教えの太鼓を打ち鳴らし、偉大な教えの法螺貝を吹き鳴らし、また偉大な教えの鐃鈸を叩こうとしていられるのだ。……如来は偉大な教えを説こうと願っておられるのだ。 植木上 28　mahā-dharma-vṛṣṭy- abhipravarsaṇaṃ ca mahā-dharma-dundubhi-saṃpravādanaṃ…… ca mahā-dharma-śaṅkhâbhiprapūraṇaṃ ca mahā- dharma-bherī-parāhaṇaṇaṃ ca / 植木上 29・31　“大いなる法”の雨を降らせること、“大いなる法”の太鼓を打ち鳴らすこと、……“大いなる法”の螺貝を吹き鳴らすこと、“大いなる法”の［半月形］の太鼓を打ち鳴らすことである。	大法の螺・大法の鼓 偉大な教えの太鼓 偉大な教えの法螺貝 偉大な教えの鐃鈸 mahā-dharma-dundubhi maha-dharma-śaṅkhâbhi= prapūraṇaṃ mahā-dharma- bherī-parāhaṇanaṃ 大いなる法の法螺貝 大いなる法の［半月形］の太鼓	文殊が弥勒と諸大士に語る。仏法を陳べる。	王舎城の耆闍崛山で語られる。	仏世尊が、	大衆に。
(4)　㊅九４下 岩波上 54　天は曼陀羅華を雨し、天鼓は自然に鳴り　諸の天・竜・鬼神は人中の尊を供養す。 岩波上 55　天上のマーンダラヴァ花の雨が降り、太鼓が叩かれて鳴り響いた。 植木上 42　divyaṃ ca māndārava-varṣam āsīd aghaṭṭitā dundubhayaś ca neduḥ/ 植木上 43　天上のマーンダラヴァ（曼陀羅華）の花の降雨が起こり、打たれてもいない……太鼓の音が〔聞こえて〕きた。	天鼓自鳴 天上の大鼓 aghaṭṭitā dundubhayaś 打たれてもいない太鼓	文殊菩薩が過去世の日月灯明如来について説く。仏はこの経を説き終わって無量義処三昧に入られた。 そのとき天・竜・鬼神が仏法を讃嘆する。	王舎城の耆闍崛山で語られる。 天で自然に、	過去世の日月灯明如来の仏土。	日月灯明如来に。 （日月灯明如来）

［方便品第二］

(5)　(大)九 9 上 岩波上 116　若しくは人をして楽を作さしめ　鼓を撃ち、角・貝を吹き　笙・笛・琴・箜篌・琵琶・鐃・銅鈸　かくの如き衆の妙音を　尽く持って、以って供養し　或は歓喜の心を以て　歌唄して仏の徳を頌し　乃至、一の小音をもってせしも　皆、已に仏道を成ぜり。	鼓・角・ 貝・笙・笛・琴・箜篌・ 琵琶・鐃・銅鈸・ 歌唄	世尊は三昧から立ち、舎利弗に告げたもう。どのような供養、どのように小さな供養でも仏道を成ずることができる、と。	王舎城の耆闍崛山で、	過去仏の世の人。	過去仏に、
岩波上 117　また、そのとき、最勝・最高の「さとり」を得た仏たちに供養する手段として、銅鑼・法螺貝・また小鼓などの、音色の好い樂器を奏でさせた人々も、また太鼓を打ち鳴らさせた人々も、人を魅了する音色の琵琶・鐃鈸・小太鼓を鳴らし、あるいは木製の笛を吹き、また一絃琴あるいは簫を奏でる人々も、かれらはすべて「さとり」に到達するであろう。ジャラッリーを鳴らし……歌を甘くまた美しく歌っても (92) ……彼らはすべてこの世で仏となるであろう。(93)	銅鑼・法螺貝・ 小鼓・ 太鼓・琵琶・ 鐃鈸・小太鼓・木の笛・ 一絃琴・簫を奏でる・ 歌を歌う。				
植木上 116　//90// —118 //91//, //92// vādyā ca vādāpita yehi tatra bheryo 'tha saṅkhāḥ　paṭahāḥ sughoṣakāḥ/ nirnāditā dundubhayaś ca yehi pūjā-vidhānāya varâgra-bodhinām//90// vinās ca tāḍā paṇavāś ca yehi mṛdaṅga vaṁśā praṇadā manojñāḥ/ ekôtsavā vā te sarvi bodhīya ɛbhūṣi iābhinaḥ//91// vādāpita jhallariyo 'pi yehi jala-maṇḍakā carpaṭa-maṇḍakā va/ sugatāna uddiśy atha pūjanârthaṃ gītaṃ sugītaṃ madhuraṃ manojñaṃ//92//	vādyā, bheryo, saṅkhāḥ, paṭahāḥ, sughoṣakāḥ dundubhayaś, vīnāś, tādā, paṇavāś, mṛdaṅga,vaṃśā, ekôtsavā				

植木上 117、119（本文省略）	ベーリー［という小鼓］、法螺貝、パタハなどの楽器を演奏（した人たち） 太鼓を鳴り響かせ（た人たち）、(90) ヴィーナー（琵琶）、 シンバル、 パナヴァ（という太鼓） ムリダンガ（という小鼓）		過去の如来の、	過去仏の世の人。	ストゥパに、
植木上 118//93//　sarve ca te buddha abhūsi loke kṛtvāna tāṃ bahu-vidha-dhātu-pūjām/ kim alpakam pi sugatāna dhātuṣu ekaṃ pi vādāpiva vādyabhāṇḍam//93// 植木上 119　それらの人たちは、人格を完成された人たちの遺骨に対してどんなにわずかであれ、ただ一つの楽器でさえをも演奏して、その遺骨への多くの種類の供養をなしてから、〔この〕世間においてすべてブッダとなった。(93)	ヴァンシャ（という笛） エーコツァーバー（という楽器を演奏した人たち）(91) 甘く魅力的な歌（92） ただ一つの楽器（93）		日月灯明仏の世界で、	その世界の人。	人格完成者の遺骨に、

［譬喩品第三］

(6)　㊅九 12 上 岩波上 154　梵天王等は、無数の天子と、亦、天の妙衣、天の曼陀羅華・摩訶曼陀羅華等をもって、仏に供養す。散ぜられたる天衣は、虚空の中に住して自ら廻転し、諸の天は伎楽の百千万種を虚空の中において、一時に倶に作し、諸の天華を雨らして、……	伎楽	舎利弗が授記されるのを見て大衆は歓喜踊躍し供養した。	王舎城の耆闍崛山。	比丘・比丘尼・優婆塞・優婆夷と、天竜・夜叉・乾闥婆・阿修羅・迦楼羅・緊那羅・摩睺羅伽	世尊に、
岩波上 155　また天上の衣服を空高く翻し、また幾十万の天上の楽器を空高く打ち鳴らした。	楽器を打ち鳴らした。		空高く、		
植木上 188　Śakraś ca devānām indro brahmā ca sahāṃpatir anyāś ca devaputra-śata-sahasra-koṭyo bhagavantam divyair vastrair abhiccādayāmāsuḥ/……divyāni ca tūrya-śata-sahasrāṇi dundubhayaś côpary antarīkṣe parāhananti sma/	tūrya dundubhayaś			Śakraś brahmā deva-putra	
植木上 189　神々の帝王であるシャクラ神（帝釈天）や、サハー（娑婆）世界の主であるブラフマー神（梵天）、他の幾百・千コーティもの神々の子（天子）たちが、……また、幾百・千もの天上の楽器や太鼓を上空において打ち鳴らし、	天上の楽器や太鼓演奏		上空で、	シャクラ神・ブラフマ神・神々の子が、	

［授記品第六］

(7)　㊅九 21 下―22 上 岩波上 320　わがこの弟子　大目犍連は……諸仏の滅後に七宝の塔を起てて……華・香・伎楽をもって　もって諸仏の塔廟に供養し	伎楽	大目犍連の授記	未来の諸仏国土で、	大目犍連の未来の身。	未来世の諸仏の塔廟に、

岩波上 321　余の弟子である、このマウドガリヤ姓の男は……これらの仏たちが入滅したときには、かれらの塔に彼は供養するであろう。……花と香を供え、音楽を奏して供養しよう。(三三)	音楽を奏して、			マウドガリヤ姓の男	未来世の仏たちの塔に、
植木上 414　Maudgalya-gotro mama śrāvako……/……//31// pūjāṃ ca stūpeṣu kariṣyate……//32// ca pūjayanto vādyehi……//33//	vādyehi			Maudgalya	stūpeṣu
植木上 415　マウドガリヤの姓を持つ私のこの弟子は……その時、ストゥーパに対して供養をなすであろう。(32)……(ブッダたちのために) 花や香、あるいは楽器によって供養しているであろう。	楽器によって供養。			マウドガリヤの姓を持つ私のこの弟子	ストゥーパに、

[化城喩品第七]

(8)　㊅九 22 中, 下					
岩波中 16,18　四王の諸天は、仏を供養せんがために、常に天の鼓を撃ち、その余の諸天も、天の伎楽を作して、十小劫を満たして、滅度に至るまで、亦また、かくの如くせり。	天の鼓、天の伎楽	仏が、諸比丘に過去の大通智勝如来について説く。	四天王天で、	四天王に属する諸天が、	大通智勝如来(過去仏)に、
岩波中 17,19　四天王に属する天子たちはまた「さとり」の壇の頂に坐っている世尊を讃えて、天上の太鼓を絶えず鳴らしとどろかせた。さらに、そのあとで、十小劫を満了するあいだ、かの坐っている世尊のために、かの世尊が偉大な完全な「さとり」に到達するまで、天上の多くの楽器を絶えることなく奏でつづけた。	天上の太鼓 天上の楽器を奏でる。			四天王に属する天子たち。	世尊に、

植木上 434　cāturmahārāja-kāyikāś ca deva-putrā divyāṃ deva-dundubhim abhipravādayāmāsus tasya bhagavato…… pravādayāmāsuḥ paripūrṇān daśântara-kalpāṃs tasya bhagavato niṣaṇṇasya /…… divyāni tūryāṇi satata-samitaṃ pravādayāmāsur yāvat tasya bhagavato mahā-parinirvāṇa-kāla-samayāt//	deva-dundubim abhipravādayāmāsus divyāni tūryaṇi pravādayāmāsur			caturmahārā= ja kāyikāś deva-putrā	
植木上 435　四大王天に属する神々の子たちは、最も優れた最高の覚りの座に到られたその世尊に対して敬意を示すために天上の神々の太鼓を打ち鳴らし、……さらにその世尊の大いなる完全なる涅槃の時まで、それらの天上の楽器を常に鳴らし続けた。	天上の神々の太鼓 天上の楽器を鳴らす。			四大天王に 属する神々 の子たち	世尊に、
(9) ㊅九 24 中 岩波中 46　諸の梵天王は……『唯、願わくは天人尊よ　無上の法輪を転じ　大法の鼓を撃ち　大法の螺を吹き　普く大法の雨を雨《ふ》らして　無量の衆生を度《すく》いたまえ。……』	大法の鼓を撃ち、 大法の螺を吹き、	諸梵天王が仏（大通智勝如来）を讃歎し、説法を請う。		大通智勝如来	無量の衆生のために、
岩波中 47　これらの五十・千万億のブラフマンたちは……かの世尊に……世尊よ。指導者よ、この教えの車輪を回したまえ。この教えの太鼓を鳴らし、またこの教えの法螺貝を吹きたまえ。（四二）	この教えの太鼓を鳴らし、 教えの法螺貝を吹き、			世尊、 指導者	衆生のために、
植木上 458　pañcāśad-brahma-koṭī-nayuta-śata-sahasrāṇy …… deśehi dharmaṃ bhagavan……nirnādayā dharma-mayaṃ ca dundubhiṃ taṃ dharma- śaṅkhaṃ	dundubhiṃ dharma- śankhaṃ				
植木上 459　五百万・コーティ・ナユタものブラーフマー神たちは……世尊である指導者よ、……あなたは法（真理）からなる車輪を転じてください。法からなる太鼓を打ち鳴らしてください。その法の螺貝を吹き鳴らしてください。(42)	法からなる太鼓を打ち鳴らして、 法の螺貝を吹き鳴らして、				

(10) ㊅九24中 岩波中54　時に諸々の梵天王は……『世尊よ、法輪を転じ甘露の法鼓を撃ちて　苦悩の衆生を救い　涅槃の道を開示したまえ。……』	甘露の法鼓を撃ち、	有名な［普回向文］の後で五百万億の梵天王は世尊（大通智勝如来）を讃歎し、転法輪を請う。十二因縁が説かれる。		大通智勝如来	諸梵天王と十六王子のために、
岩波中55　これらの五十・千万億のブラフマンたちは……かの世尊に……『この上なく勝れた車輪を回せ。不死の太鼓を打ち鳴らせ。そして、幾百の苦悩にさいなまれる者たちを苦悩より開放せよ。かれらに「さとり」の境地に至る道を示せ。……』（五八）	不死の太鼓を打ち鳴らせ、			かの世尊（マハー＝アビジュニャーナ＝アビブ如来）	
植木上466　pañcāśad-brahma-koṭī-nayuta-śata-sahasrāṇy……pravartaya cakra-varam anuttaraṃ parāhanasvā amṛtasya dundubhim /	amṛtasya　dundubhim			brahma	
植木上467　五百万・コーティ・ナユタものブラフマー神たちは……この上ない最も勝れた［真理の］車輪を転じてください。不死(甘露) の太鼓を打ち鳴らしてください。幾百もの苦しみから衆生たちを免れさせてください。そして、安らぎ（涅槃）へと到る道を示してください。	不死（甘露）の太鼓を打ち鳴らす。				
(11) ㊅九26中 岩波中78　諸々の天神・竜王　阿修羅衆等は　常に天華をふらして　もって彼の仏を供養し　諸天は天の鼓を撃ちならびに衆の伎楽をなし　香風は萎める華を吹いて　さらに新しく好しきものをふらせり。				諸々の天神・竜王・阿修羅衆等	大通智勝如来
岩波中79　神・竜・アスラ・鬼霊らはかの仏に供養することに熱中し、人間の指導者である仏が「さとり」に達した場所に、花の雨を降らせた　かの仏を崇め、供養のために、空高く、かれらは太鼓を打ち鳴らした。	天の鼓を打ち 伎楽をなし 太鼓を打ち鳴らす			神・竜・アスラ・鬼霊ら	

植木上486　devā 'tha nāgā asurā 'tha guhyakā udyukta pūjā'rtha jinasya tasya //61// uparim̩ ca khe dundubhayo vineduḥ satkāra-pūjā'rtha jinasya tasya…… //62//	dundubhayo		uparim̩	devā, nāgā asurā, guhyakā	jinasya
植木上487　神々や、龍、アスラ、グヒヤカたちは、その勝利者に対する供養のために奮励し……頭上の空中において太鼓［の音］が響き渡った。	空中において太鼓［の音］が響き渡る。		空中で、	神々、龍、アスラ、グヒヤカ	勝利者に供養

［法師品第十］

(12)　㊅九30下 岩波中142　若しまた人ありて、法華経の、乃至一偈を受持し、読・誦し、解説し、書写して、この経巻を敬い視ること仏の如くにして、種種に華・香・瓔珞・抹香・塗香・焼香・繒蓋・幢幡・衣服・伎楽を供養し、乃至、合掌し恭敬せば、……已に曾、十万億の仏を供養し、諸の仏の所において、大願を成就せるも、衆生を愍むが故にこの人間に生まれたるなり。	伎楽	人間に生まれた因を説く。法華経を五種の修行（受持・読・誦・解説・書写）によって受持し、十種の仕方で供養する（十種供養）ことを説く。また、一偈受持の功徳。		如来滅後の人が、	経巻に対して、

岩波中143　まして、この経説からたとえ一詩頌でも心に留めたり、読誦したり、世に弘めたり、人に会得させたり、書いたり、書いたのちに時々それを憶い出して唱えたりする人々、またこの経典によって如来に対する尊敬の念をおこし、教誡者としての如来にふさわしい敬虔な態度で如来を崇め尊び、如来に供養する人々、また花・香木・香水・華鬘・香油・香粉・衣服・傘蓋・旗・幟・吹流し・音楽などにより、或いは礼拝・合掌などによって、この経典を祀る人々は、なおさらのことである。……この上なく完全な「さとり」に到達するであろうと、余は予言する。	音楽			経典の受持者が、	如来に、
植木下4　ya ito dharma-paryāyād antaśa eka-gāthām api dhārayiṣyanti vācayiṣyanti prakāśayiṣyanti saṃgrāhayiṣyanti likhiṣyanti likhitvā cânusmariṣyanti kālena ca kālaṃ vyavalokayiṣyanti / tasmiṃś ca pustake tathāgata-gauravam utpādayiṣyanti śāstṛ-gauraveṇa sat-kariṣyanti guru-kariṣyanti mānayiṣyanti pūjayiṣyanti / taṃ ca pustakaṃ puṣpa-dhūpa-gandha-mālya-vilepana-cūrṇa-cīvara-cchattra-dhvaja-patāka-vādyādibhir namas-kārâñjali-karmabhiś ca pūjayiṣyanti /	eka-gāthām vādyā				tathāgata
植木下5　この法門の中からただ一つの詩句（偈）でさえも受持し、読誦、解説し、会得させ、書写し、書写した後に記憶し、そして随時に分析・観察するであろうところの人たち、また、その写本に対して、如来に対する尊敬心を起こし……その写本を、花や、末香、薫香、花環、塗香、焼香、衣、日傘（傘蓋）、旗、のぼり、音楽などによって、……供養するであろう［ところの人たち］（は）、この上なく完全な覚りに［達するであろう］と私は予言（授記）するのだ。	音楽	一偈受持 供養(十種供養) 経巻に対する恭敬と、成覚の予言		この法門の受持者が、	如来に対して、

(13)　(大)九30下 岩波中144　……若し善男子、善女人にして、法華経の、乃至、一句を受持し、読・誦し、解説し、書写して、種々に経巻に、華・香・瓔珞・抹香・塗香・焼香・繒蓋・幢幡・衣服・伎楽を供養し、合掌し、恭敬せば、……当に知るべし、この人は、これ大菩薩にして、阿耨多羅三藐三菩提を成就するも、衆生を哀愍するをもって、願って、この間に生まれ、広く、妙法蓮華経を演べ分別するなり。 岩波中145 植木下6（本文省略） 植木下7　この法門の中からたった一つの詩句（偈）でさえも受持するであろうところの人、その人は実に如来であると知られるべきであり……ましてや、この法門をすべて完全に会得し、受持し、読誦し、完全に理解し、解説し、書写し、［他の人に］書写させ、また書写した後で記憶し、そしてその写本に対して花や、末香、薫香、花環、塗香、焼香、衣、日傘（傘蓋）、旗、のぼり、音楽、［そして］合掌、敬礼による礼拝によって、称賛をなし、尊重、尊敬、供養、恭敬、尊崇をなすところの人は、言うまでもないことである。	伎楽 （伎楽の対応語なし） vādyâñjali 一詩句 音楽	法華経経巻に対する恭敬・供養とその功徳 一句を受持		法華経の受持者が、 この経の受持者が	経巻に供養 その写本に、
(14)　(大)九31上 岩波中146　薬王よ。それ法華経を読誦する者あらば、当に知るべし、この人は、仏の荘厳をもって、しかも自ら荘厳するなり。……（この人を）一心に合掌し、恭敬し、供養し、尊重し、讃歎するに、華・香・瓔珞・抹香・塗香・焼香・繒蓋・幢幡・衣服・餚膳をもってし、諸の伎楽を作し、人中の上供をもって、しかも之を供養せよ。応に天の宝を持ちて、もってこれに散ずべし。天上の宝聚は、応にもって奉献るべし。	伎楽を作し、	法華経を読誦する者を仏と同様に供養せよ。		一般の人が、	法華経を読誦する者を供養

岩波中147　……花・香木・香水・華鬘・香油・香粉・衣服・傘蓋・旗・幟・音楽・硬い食物・柔らかい食物・飯・飲物・乗物などや最高級の神々しい宝石の山などを供えられて……	音楽			
植木下8　（本文省略）	vādya			
植木下9　“薬の王”（薬王）よ……［その人は］天上界と人間界の花や抹香、薫香、花環、塗香、焼香、衣、日傘（傘蓋）、旗、のぼり、音楽、噛まれるべき堅い食べ物……	音楽			
(15)　(大)九31中〜上				
岩波中154　薬王よ、在在処処に、若しくは説き、若しくは読み、若しくは誦し、若しくは書き、若しくは経巻所住の処にも皆、応に七宝の塔を起てて……舎利を安んずべからず。……この中には、已に如来の全身有せばなり。この塔をば、一切の華・香・瓔珞・繒蓋・幢幡・伎楽・歌頌をもって、供養し、恭敬し、尊重し、賛嘆すべし。	伎楽・歌頌	塔の恭敬供養 塔は如来そのもの		
岩波中155　いかなる土地であれ、この教説が語られたり、教示されたり、読誦されたり、朗詠されたり、書写されたり、あるいは書写されて書物となって存在する土地では、この塔が……また、あらゆる花・香木・香水・華鬘・香油・香粉・衣服・傘蓋・旗・幟・吹流し……あらゆる歌曲・音楽・舞踏・器楽・鐃鈸を合唱したり合奏したりして祀られなければならない。	歌曲・音楽・舞踏・器楽・鐃鈸の合唱・合奏			
植木下14　ca stūpe sat-kāro guru-kāro mānanā pūjanā 'rcanā karaṇīyā sarva- puṣpa-dhūpa-gandha-mālya-villepana-cūrṇa-cīvara-cchattra-dhvaja-patākā-vaijayantībhiḥ sarva-gīta-vādya-nṛtya-tūrya-tāḍâvacara-saṃgīti-saṃpravāditaiḥ pūjā karaṇīyā /	gīta-vādya, nrtya, tūrya, tāḍâvacara, saṃgīti, saṃpravāditaiḥ, pūjā, karaṇīyā			stūpe

植木下 15　そこにおいてストゥーパ（塔）に対しての称賛、尊重、尊敬、供養、恭敬がなされるべきであり、あらゆる花や、末香、薫香、花環、塗香、焼香、衣、日傘（傘蓋）、旗、のぼり、勝利の旗などによって、あらゆる歌や、音楽、舞踊、楽器、打楽器、合唱、合奏によって、供養がなされるべきである。	歌、音楽、舞踊、楽器、打楽器、合唱、合奏			この経の受持者が、	塔に対して、

［見宝塔品第十一］

(16)　㊅九 32 中 岩波中 168　その時、仏の前に、七宝の塔あり……地より湧出し、空中に住在せり。……三十三天は天の曼荼羅華を雨して、宝塔を供養し、余の諸の天・竜・夜叉・乾闥婆・阿修羅・迦楼羅・緊那羅・摩睺羅伽と人と非人等の千万億の衆も、一切の華・香・瓔珞・幡蓋・伎楽をもって、宝塔を供養して、恭敬し、……	伎楽	三十三天が多宝仏の塔を供養		三十三天が、	多宝仏の塔に供養
岩波中 169	伎楽の対応語なし。				
植木下 34	伎楽の対応語なし。				
植木下 35	伎楽の対応語なし。				

［提婆達多品第十二］

(17)　㊅九 35 上 岩波中 210　諸の天・人民は、悉く雑華・抹香・焼香・塗香・衣服・瓔珞・幢幡・宝蓋・伎楽・歌頌をもって、七宝の妙塔を礼拝し供養せん。	伎楽・歌頌	提婆達多は未来世に天王如来となる。		諸天・人民	天王仏の舎利の妙塔に、
岩波中 211　すべての神々と人間はその塔に供養し、花・香木・香水・華鬘・香油・香粉・衣服・傘蓋・旗・幟などを供え、詩頌と歌唱とでもって讃嘆するであろう。	（伎楽なく） 詩頌と歌唱				

植木下 88 sarve ca tatra deva-manuṣyāḥ pūjāṃ kariṣyanti puṣpa-dhūpa-gandha-mālya-vilepana-cūrṇa-cīvara-cchattra-dhvaja-patākābhir gāthābhir gītena câbhiṣṭoṣyanti/ 植木下 89 すべての神々や人間たちは、花や、末香、薫香、花環、塗香、焼香、衣、日傘（傘蓋）、旗、のぼりによって供養を行ない、詩句（偈）や歌によって称讃するであろう。	gāthābhir, gītena 詩句、歌				

［如来寿量品第十六］

(18) ㊅九 43 下 岩波下 30, 32 汝等、これを聞かずして 但、われ（釈迦）、滅度すとのみ謂えり。……（われは）阿僧祇劫に於いて 常に霊鷲山 及び余の諸の住所に在るなり。……諸天は天の鼓を撃ちて 常に衆の伎楽を作し 曼陀羅華を雨して 仏及び大衆に散ず。	天の鼓、伎楽	釈迦牟尼仏は不滅で、遍在。国土は安穏で、荘厳されている。		諸天が、	仏及び大衆に、
岩波下 31, 33 汝らは余の言葉を信ぜず、この世の庇護者は入滅したと信じた。（八）……余はこのグリドゥラ＝クータから動きはしないのだ。（一〇）……天空では神々が楽器を奏で、またマンダーラ花の雨を降らす。（一三）	楽器を奏で、	釈尊は不滅で、霊鷲山に常に住し、国土はすばらしく荘厳されている。	天空	神々が、	
植木下 240 uparim ca devā 'bhihananti tūryān……//13// 植木下 241	'bhihananti tūryān 楽器を鳴り響かせ、		uparim 上方で、	devā 神々が、	

[分別功徳品第十七]

(19) ㊅九 44 中					
岩波下 42　虚空の中においては天の鼓、自ら鳴り、妙なる声、深遠なり。	天鼓自鳴	仏が、諸菩薩・摩訶薩が大いなる法利を得たことを説かれた時	虚空中	自然	百千万億の諸仏、釈迦牟尼仏と多宝仏に、
岩波下 43　天空高くでは、楽しく心地よく太い音の大太鼓が、叩かれないにもかかわらず、轟き渡った。	大太鼓自鳴		天空高く、	自然	幾千万億の仏、シャーキャームニとプラブータ＝ラトナ如来に、
植木下 256　……vaihāyasaṃ mahā-dundubhayo……nirghoṣāḥ/	mahā-dundubhayo (nirghoṣāḥ)		vaihāyasaṃ		
植木下 257　また、空の上の空中で、心にかなった甘美で深遠な音のする大いなる太鼓が［だれも］打ち鳴らさない［のに］鳴り響いた。	太鼓自鳴		上空で、		
(20) ㊅九 44 下					
岩波下 46·48　天の鼓は虚空の中に　自然に妙なる声を出し……諸々の世尊に供養したてまつる。	天の鼓自鳴	弥勒菩薩が仏の寿命不可量と仏国土の様子を説かれる。		帝釈・梵天	諸仏に供え、
岩波下 47·49　空高く、太鼓は叩かれることなく、快い音をひびかせ、……世の帝王であり救済者である仏の供養のために……	太鼓自鳴			シャクラとブラフマン達が、	仏に供養
植木下 260　upariṃ ca vaihāyasu dundubhīyo ninādayanto……/……ca nāyakānām //11//	dundubhīyo ninādayanto		upariṃ vaihāyasu		nāyakānām
植木下 261　打たれてもいない太鼓に甘美なる［音］を鳴り響かさせつつ、指導者［である］ブッダたちのために	打たれてもいない太鼓				ブッダたちに、

(21)　㊅九 45 下					
岩波下 58　又復、如来の滅後に……この善男子・善女人にしてこの経典を受持し読誦せば、為《こ》れ已に塔を起て僧坊を造立し衆僧を供養せしものなればなり。……（その塔）梵天に至り、諸の幡・蓋・及び諸の宝鈴を懸け、華・香・瓔珞・抹香・塗香・焼香・衆の鼓・伎楽・簫笛・箜篌・種々の舞戯《まいのすさび》ありて、妙なる音声をもって歌唄い讃頌えしなり。	鼓・伎楽・簫笛・箜篌・舞戯など。	如来の滅後にこの経典を聞き、随喜、信解、読誦する者は如来を頂戴した者である。		この経の読誦、受持者	塔と衆僧に供養
岩波下 59　この経説を書物にして肩にかつぐ人は、……余の遺骨の礼拝のために、……遺骨供養の塔を建立し……種々の快くとどろきわたる小太鼓・太鼓・大太鼓などを鳴らし、色々の歌声・吹奏音・打音・鳴声・音の抑揚などを響かせ、測り知られぬほどに多くの種類の歌や踊りや舞で……礼拝を行ったのである。	小太鼓・太鼓・大太鼓・歌声・吹奏音・打音・音の抑揚・歌・（踊り・舞）				遺骨供養の塔に
植木下 270　ya imaṃ dharma-paryāyaṃ pustaka-gataṃ kṛtvā 'ṃsena pariharati ／……ca śarīra-stūpānāṃ……manojña-paṭupaṭaha-dundubhi-mahā-dundubhir-vādya-tāḍa-ninādа-nirghoṣa-śabdair-nānā-vidhaiś ca gīta-nṛtya-lāsya-prakārair bahubhir aparimitair bahv-aprameyāṇi……	paṭupaṭaha dundubhi mahā-dundubhir vādya, gīta, nṛtya				śarīra-stūpānāṃ
植木下 271　この法門を写本に作りなしてから、肩に担うところの人（は）……それらの遺骨を安置したストゥーパに対して、……種々の小太鼓・太鼓・大太鼓によって、また楽器の打ち鳴らされる音や、鳴り響く音、音声によって、また……いろいろな種類の多くの歌や、舞踊、歌舞という方法によって……恭敬をなしたことになるからである。	小太鼓、太鼓、大太鼓、打楽器の音、鳴り響く音、音声、歌、舞踊、歌舞			この法門を写本にし、担った人	遺骨の塔に、

(22)　㊅九 46 上					
岩波下 64　若しわが滅度の後に　能くこの経を奉持たば……これ則ち為れ　一切の諸の供養を具足し……宝鈴千万億ありて　風の動かすに妙音を出さん。また無量劫において　この塔に　華・香・諸の瓔珞　天衣・衆の伎楽を供養し　香油・蘇燈を燃して　周く帀りて常に照明すなり。	宝鈴と風 伎楽	仏舎利塔に供養		仏滅後の経の受持者が、	この塔に、
岩波下 65　人間の指導者（仏）が入滅したときに、この経典を信奉する人があれば、(三七)……かの人は余に供養をし、……素晴らしい遺骨塔を建立したことになるのだ。(三八)……花・香料・膏油を供え、音楽を奏で、衣服を調え、太鼓を繰り返し鳴らして行なった、かれらの供養は偉大である。(四一)……かの遺骨に対して、奏でられた楽器の音は、耳に快く、……(四二)	音楽 太鼓 楽器の音			仏滅後のこの経典の信奉者	遺骨塔に供養
植木下 274　ya idaṃ dhārayet sūtraṃ nirvṛte nára-nāyake//37//……patu-ghaṇṭā-raṇantaś……vātêritās tathā ghaṇṭā śobhanti……//40//……kṛtā vādyaiś ca vastraiś ca dundubhībhiḥ punaḥ punaḥ//41//madhurā vādya-bhāṇḍā……//42//	vādyaiś dundubhībhiḥ madhurā-vādya-bhāṇḍā			dhārayet sūtraṃ	sūtraṃ nirvṛte nára-nāyake
植木下 275　人間の指導者が、［完全なる］滅度（涅槃）に入られた後、この経を受持するであろうところの人、……（37）（は）私に供養をなしたのであり、……立派な遺骨を安置するストゥーパを造らせたことになる。(37) 同様に、勝利者の遺骨を安置するストゥーパの上では、鈴が風に揺れ、きらきらと輝いている。また、花や、薫香、塗香によって、また楽器や衣服、また、太鼓によって、……（40）……甘美な音色の楽器が演奏させられ、……（42）	鈴と風 楽器 太鼓 甘美な楽器演奏			滅度後の経の受持者が、	勝利者の遺骨「を安置する」ストゥーパに、

[法師功徳品第十九]

(23)　㊅九 48 上 岩波下 90　その時、仏は常精進菩薩・摩訶薩に告げたもう「……この法華経を受持し、若しくは読み、若しくは誦し、若しくは解説し、若しくは書写せば、……千二百の意の功徳を……得べし。……」 92　螺の声、鼓の声、鐘の声……を聞かん。……かくの如く種々の音声を分別すれども、しかも耳根を壊らざらん」と。	螺・鼓・鐘の声	父母所生の耳で聞くが、執着しない。			
94·96　世尊は重ねて、……偈を説きてのたもう「父母所生の耳は　清浄にして濁穢なし　この常の耳をもって　三千世界の声を聞かん。……鐘・鈴・螺・鼓の声　琴瑟・箜篌の声、簫・笛の音声　清浄《きよらか》に好《うるわ》しき歌の声　これを聴くもしかも著まざらん。	鐘・鈴・螺・鼓 琴瑟・箜篌・簫・笛・歌声				
岩波下 93 「サタタ＝サミタービユクタよ、……この経説を説き、他人に聴かせる人は、耳の美点を千二百も具える者となるのだ。……あるいは法螺貝の音、鈴の音、小太鼓の音、	法螺貝・鈴・小太鼓・			世間の人	世間一般のこととして、
95　銅太鼓の音、あるいは遊び声、歌声、舞踊の音、弦楽器の音、打楽器の音また彼は彼の自然のままの聴覚によって衆生がそれぞれに発する音を聴いて、その聴覚がすべての音響によって圧倒されることはない。……このように語ったのち、師である仏は別の言葉を言った。 かの人の聴覚は清浄であり、鈍くなくしかも自然のままである。 彼はこの世における種々の音を、あますところなく、聴き分ける。(七)……	銅太鼓・歌声・舞踊の音・弦楽器・打楽器				
97　また、大きな音を出す太鼓や銅鑼の音も、ヴィーナや竹笛やヴァラッキーの音も聴き分ける。(八)	太鼓、銅鑼 ヴィーナ、竹笛 ヴァラッキー				

植木下 312　atha khalu bhagavān Satatasamitābhiyuktaṃ bodhi=sattvaṃ mahāsattvam āmantrayāmāsa/ yaḥ kaś-cit kula-putra imaṃ dharma-paryāyaṃ dhārayiṣyati vācayiṣyati vā deśayiṣyati vā likhiṣyati vā / (KN. p.354, l.1-) 316……srotrêndriyaṃ tasya viśuddhu bhodi anāvilaṃ prākṛtakaṃ ca tāvat/ vividhān hi śṛṇoti śabdān iha loka-dhātau hi aśeṣato yam//7// bherī-mṛdangāna sughoṣakānām viṇāna veṇūn' atha vallakīnām//8//	bherī　mṛdaṅgāna sughoṣakānām viṇāna veṇūn vallakīnām			
植木下 313,317　そのとき世尊は、“絶えることなく常に専念するもの”（常精進）という偉大な人である菩薩におっしゃられた。 だれであれ……この法門を受持し読誦し、あるいは教示し、あるいは書写する……（ものは）……千二百の耳の徳質を得るであろうし、…… その人の耳の感覚器官（耳根）は清らかで、汚れがない。……この世界における実に種々の音声を余すことなく聞くのである。(7) ……大太鼓と小太鼓、スゴーシャカ（笙）、ヴィーナー、笛、ヴァッラキー（琵琶の一種）［といった楽器の音色］を聞き分けるのである。	大太鼓、小太鼓 スゴーシャカ ヴィーナー、笛、 ヴァッラキー		この法門の 受持者	その功徳と して、
筆者注　bherī は kettle-drum と訳されるが、現代の kettle-drum はオーケストラで用いられる、かま底形の金属の胴に皮を張ったもので、bherī の形が同様であったかどうかはわからない。大きかったと考えられているようである。mṛdaṅga（植木本のスペル）は mṛidaṃga であるようで、片面にだけ皮を張った小太鼓で、tabour、タンバリンのようなものとされている。				

sughoṣakānaṃ は植木訳では（笙）となっているが、Oxford 辞典では独特な楽器、となっている。 vīṇa（植木本のスペル）は vīṇā で、インドのリュート。ギターの種類で、7 弦のものが一般的。 veṇūn は竹や芦また、芦笛。 vallaki もリュートの一種で、しばしば vīṇā とともに例示される。					

[薬王菩薩本事品二十三]

(24) ㊅九 53 上					
岩波下 172,174　過去、無量の恒河沙の劫に、仏有せり。日月浄明徳如来……仏・世尊と号けたてまつる。……宝台の上に各、百億の諸天ありて、天の伎楽を作し、仏を歌たい歎えまつり、以って供養をなす。	天の伎楽			日月浄明徳如来の世界の諸天が、	日月浄明徳如来に、
岩波下 175……天子たちが……チャンドラ＝スールヤ＝ヴィマラ＝プラバーサ＝シュリー如来に供養するために、弦楽器や打楽器の合奏の音を響かせていた。	弦楽器、打楽器の合奏			天子たちが、	チャンドラ・スールヤ・如来に供養
植木下 422　deva-putrāṇāṃ tūrya-tāḍâvacara-saṃgīti-saṃpra=bhaṇitenâvasthitam……Candrasūryavimalaprabhāsaśriyas tathāgatasyârhataḥ……	tūrya, tāḍâvacara, saṃgīti			devaputrā=ṇāṃ	Candrasūrya=vimalaprabhā=saśriyas tathāgatasyâ=rhataḥ
植木下 423　……神々の子（天子）たちが、……“月と太陽の汚れない光明によって吉祥であるもの”という如来に対する供養のために、楽器、シンバル（鈸）合唱を演奏し続けていた。	楽器、シンバル（鈸）、合唱を演奏			神々の子たちが、	
筆者注　tūrya は楽器で、tāḍâvacara も Oxford 辞典では一種の楽器とされているだけである。samgiti の sam は一斉に礼拝するという意味、giti は歌、歌唱という意味。					

(25)　㊅九 54 中 岩波下 202	（対応語なし）	釈尊が宿王華菩薩に薬王菩薩の前身である一切衆生喜見菩薩の行、法華経に対する供養、法華経の功徳は最勝であることを説く。			
岩波下 203　良家の子女で、この経説を心にとどめ、……花・香木……あるいは音楽を奏で衣料で包み……	音楽			良家の子女	法華経に、
植木下 446　……vādya-vastrâñjɛli	vādya				
植木下 447　この法門を受持したり、読誦したり、……花や末香……あるいは［楽器の］演奏や……	（楽器の）演奏				

［妙音菩薩品第二十四］

(26)　㊅九 55 下					
岩波下 222　時に妙音菩薩は、……経たる所の諸の国は六種に震動し、皆悉く七宝の蓮華を雨らし、百千の天の楽は鼓たさざるに自ら鳴れり。	天の楽自鳴	妙音菩薩が浄華宿王智如来の一切浄光荘厳国より娑婆世界に来至	妙音菩薩が経過した国土で、	自然に、	妙音菩薩来至の荘厳
岩波下 223　そこで、偉大な志を持つ求道者ガドガダ＝スヴァラは、……国土を震動させ、蓮華を降らせながら、幾千万億という楽器が演奏される中を、このサハー世界に到着した。	楽器演奏				妙音菩薩来至の荘厳
植木下 470　……atha khalu Gadgadasvaro bodhisattvo mahā=sattvas……pravādyamānais tūrya-koṭī-nayuta-śata-sahasraiḥ /	pravādyamānais tūrya				

植木下 471,473　すると、明瞭で流暢に話す声を持つものという偉大な人である菩薩は、……諸々の国土が震動し、紅蓮華の雨が降り、幾百・千・コーティ・ナユタもの楽器が演奏されつつ、このサハー世界にやってきた。	楽器が演奏され、				妙音菩薩来至の荘厳
(27)　(大)九 56 上 岩波下 228　妙音菩薩は万二千歳において、十万種の伎楽をもって、雲雷音王仏を供養し、幷びに八万四千の七宝の鉢を奉《たてま》上つれり。	十万種の伎楽			妙音菩薩が、	雲雷音王仏を供養
岩波下 229　かの尊きメーガ＝ドゥンドゥビ＝スヴァラ＝ラージャ如来のために、偉大な志を持つ求法者ガドガダ＝スヴァラが、幾百千の楽器を奏し、……そして、七宝づくりの八万四千の容器が贈られた。	楽器			求道者ガドガダ＝スヴァラが	メーガ＝ドゥンドゥビ＝スヴァラ＝ラージャ如来を
植木下 478　tasya khalu punaḥ kula-putra bhagavato Meghadundh=bisvararājasya tathāgatasyârhataḥ samyak-saṃbuddhasya Gadgadasvareṇa bodhisattvena mahāsattvena tūrya-śata-sahasra pravāditena	tūrya pravāditena			Gadgada＝svarena bodhisatt＝vena	Meghadundu-bisvararā＝jasya tathāgata＝syârhataḥ
植木下 477,479　しかもまた、良家の息子よ、その世尊である“雲の中の太鼓の音の王”という……如来のために、“明瞭で流暢に話す声を持つもの”（妙音）という偉大な人である菩薩は、百二十万年の間、幾百・千もの楽器を演奏することによって供養を行ったのだ。	楽器を演奏	量り知れない劫の過去の世の雲の中の太鼓の音の王という世尊の時。		明瞭で流暢に話す声を持つものという菩薩が、	雲の中の太鼓の音の王という世尊を、
(28)　(大)九 56 中 岩波下 236・238　その時、妙音菩薩・摩訶薩は、釈迦牟尼仏と及び多宝仏の塔とを供養し已りて、本土に還帰れり。経たる所の諸の国は、六種に震動し、宝の蓮華を雨らし、百千万億の種種の伎楽を作せり。	伎楽	妙音菩薩が釈尊と多宝仏に供養、帰国。			経過した諸国の荘厳として、

岩波下 237　さて、偉大な志を持つ救法者ガドガダ＝スヴァラは、完全な「さとり」に到達した阿羅漢の、尊きシャーキャー＝ムニ如来と、完全な「さとり」に到達した阿羅漢の、かの尊きプラブータ＝ラトナ如来の遺骨塔に莫大な種々の供物を捧げたのち、……蓮華を降らせ、幾千万億という楽器を奏でさせながら、……再び自分の仏国土へ還った。	幾千万億の楽器を奏で、			ガドガダ＝スヴァラが、	本国へ帰る途次の荘厳
植木下 484　Gadgadasvaro bodhisattvo mahāsattvo bhagavataḥ Śākyamunes tathāgatasyârhataḥ samyak-saṃbuddhasya tasya ca bhagavataḥ Prabhūtaratnasya tathāgatasyârhataḥ samyak-saṃbuddhasya dhātu-stūpe……pravādyamānais tūrya-koṭi-nayuta-śata-sahasraiḥ……punar api svaṃ buddha-kṣetram abhigataḥ/ （KN. p.436）	pravādyamānais tūrya			Gadgadas=varo bodhisattvo	stūpe
植木下 485　明瞭で流暢に話す声を持つもの（妙音）という偉大な人である菩薩は、（釈尊と多宝仏の）遺骨を安置したストゥーパに対して広大で大規模な供養を行ってから、……幾百千コーティ・ナユタもの楽器が演奏されつつ……自分のブッダの国土に帰って行った。	楽器演奏				（妙音菩薩）が自分のブッダの国土へ帰国する時の荘厳

［観世音菩薩普門品第二十五］［陀羅尼品第二十六］［妙荘厳王本事品第二十七］には記述なし。

［普賢菩薩勧発品第二十八］

(29)　㊅九 61 上 岩波下 316　その時、普賢菩薩は……東方より来れり。経たる所の諸国は、普く皆震動し、宝の蓮華を雨らし、無量百千万億の種々の伎楽を作せり。	無量百千億種の伎楽を作す。	普賢菩薩来至の荘厳			普賢菩薩来至の荘厳

岩波下 317　さて、偉大な志を持つ求法者サマンタ＝バドラ（普賢）は、東方において、……国土が震動し、蓮華の雨が降り、幾千万億の楽器が奏でられている間に、……このサハー世界に到着した。 植木下 554　khalu Samantabhadro bodhisattvo mahāsattvaḥ pūrvasyāṃ diśi gaṇanāṃ……pravādyamānais tūrya-koṭī-nayuta-śata-sahasrair…… 植木下 555　“普く祝福されている人”（普賢）という偉大な人である菩薩は、東の方向において、……国土が震動し、紅蓮華を雨降らせ、幾百・千・コーティ・ナユタもの楽器を演奏させせながら、……	幾千万億の楽器が奏でられ、 pravādyamānais tūrya-koṭī-nayuta 幾百コーティ・ナユタもの楽器を演奏させ、				サマンタ＝バドラがサハー世界来至のときの荘厳 普賢菩薩の荘厳として、
(30)　㊅九 61 下 岩波下 326　世尊よ、若し菩薩ありて、……若し但、書写せば、この人は命終して当に忉利天の上に生るべし。この時、八万四千の天女は衆の伎楽を作して、来りてこれを迎えん。 岩波下 327　世尊よ、この経典を書写したのちに生まれ変わるときには、三十三天の神々の仲間となって生まれ、生まれるやいなや八万四千の天女たちがかれらの傍に近づいてくるでありましょう。 植木下 562 植木下 563　それらの人たちは、世尊よ、この経を書写して後、この世で死んで、三十三天（忉利天）の神々たちの仲間となるために生まれるでありましょう。……同時に……八万四千の天女が近づくでありましょう。	伎楽 （伎楽の対応語なし） （伎楽の対応語なし） （伎楽の対応語なし）	法華経書写の人は、忉利天に生まれ、天女の楽に迎えられる。		忉利天の天女が、	法華経書写の菩薩のために、

（『法華経』に見出せる音楽の記述　以上）

［資料 4］の［付表］『法華経』の音楽　単語例表（サンスクリット、英訳、和訳）

［植木雅俊訳　梵漢和対照・現代語訳より収集］
（和訳は岩波文庫の訳と植木訳）
（英訳は Oxford Sanskrit－English Dictionary による）

サンスクリット単語	英訳	和訳	巻名－頁数
bherī → bheryo	a kettle-drum	鼓//太鼓//大太鼓	上 116, 下 316.
mahā-dharma-bherī		大いなる法の半月形の太鼓	上 28.
'bhihananti		（楽器を）鳴り響かせる	下 240.
dundubhi	a sort of large kettle-drum	鼓//太鼓	下 270.
dundubhibhir,dundubhībhiḥ			下 270,274.
dundubhayo,dundubhīyo		太鼓（の音）	上 486, 下 260.
aghaṭṭitā dundubhayaś		打たれてもいない太鼓	上 42.
amṛtasya dundubiṃ		不死の太鼓	上 466.
deva-dundubim		天上の太鼓	上 434.
dharmadundubiṃ,dharma-mayaṃ ca dundubhiṃ		法鼓	上 22,458.
mahā- dharma-dundubhi-saṃpravāda naṃ		大いなる法の大太鼓を打ち鳴らすこと	上 28.
mahā- dundubhayo nirghoṣāh		太鼓が（だれも）打ち鳴らさない（のに）鳴り響いた。天鼓自鳴	下 256.
mahā- dundubhibhir	a sort of large kettle-drum	大太鼓	下 270.
ekôtsavā		エーコツァバーという楽器	上 118.
gāthābhir	verse	詩句	下 88.
gīta	sung,chanted,praised in songs	歌唄い//歌//歌	下 14,88,270.
gītena	singing,song,poem	歌頌//歌唱//歌	下 88.
karaṇīyā		合奏	下 14.
mṛdaṅga mṛdaṅgāna	a keind of drum	ムリダンガという小鼓、小太鼓（漢訳では鐃・銅鈸。岩波文庫和訳では鐃鈸。）	上 118, 下 316

nṛtya（nritya）	dancing,acting,gesticulation,pantomeim,	舞戯//踊り、舞//舞踊、歌舞	下 14,270.
paṇavāś		パナヴァという太鼓	上 118.
paṭahāḥ, paṭaha	a kettle-drum,a war-drum,dram,tabor,	鼓//小太鼓	上 116, 下 270.
paṭu	sharp,pungent,acrid,harsh,shnill,keen,strong,violent,		
paṭupaṭaha		衆の鼓//小太鼓//小太鼓	下 270.
pravāditena		楽器を演奏することによって	下 478.
pravādyamānais		楽器が演奏されつつ	下 470,484,554 .
pravādayāmāsuḥ		楽器を常に鳴らす	上 434.
saṃpravāditaiḥ		合奏	下 14.
saṃgīti		歌 //合唱	下 14,422.
śaṅkhāḥ		法螺貝	上 116.
dharma-śaṅkaṃ		大法の螺	上 458.
sughoṣakānāṃ	musical instrument,	簫//スゴーシャカ（笙）	下 316.
tāḍā		シンバル	上 118.
tāḍâvacara	a kind of musical instrument,	伎楽//弦楽器の合奏//楽器演奏シンバル（鈸）	下 14,422.
tūrya	a musical instrument	伎楽//楽器//楽器	上 188, 下 14,240,422,478
tūrya-koṭī-nayuta		幾百コーティナユタもの楽器	下 470,484.
divyāni tūryāṇi		天上の楽器	上 434.
vādya	instrumental music,	伎楽//音楽//楽器演奏	上 26,116,414, 下 4,8,14,270, 下 446.
madhurā-vādya-bhāṇḍā	sweet,pleasant,charming,sounding sweetly,	甘美な楽器演奏	下 274.
vādyâñjali		音楽	下 6
vallakīnām（vallaki）	a kind of lute （offten mentioned with the vina）	琴瑟//ヴァラッキー//ヴァラッキー（琵琶の一種）	下 316.
vaṃśā		ヴァンシャという笛	上 118.
veṇūn'	a bamboo,reed,cane,a flute,	笛//竹笛//笛	下 316.
vīṇāś, vīṇāna	indian lute,guiter kind,having seven strings,	箜篌//ヴィーナ//	上 118, 下 316.

［資料7］『浄土三部経』に見る音楽　本文

頁数等は岩波文庫本『浄土三部経』上・下巻に拠る。
[s] はサンスクリット原文からの日本語訳を示す。[漢] は漢文書き下し文を示す。
岩波文庫本では、サンスクリット原文からの日本語訳をまとめて先に出し、漢文の書き下しを後にのせているので、同一の経文の両訳の頁数は離れている。

『無量寿経』（『浄土三部経』上　岩波文庫）	摘要
（1） 四〇頁（23）（誓願の番号、以下同じ）[s]世尊よ。もしも、わたくしが覚りを得た後に、かの仏国土にいる求道者（菩薩）たちが、……あるいはまた一切の花や、薫香や、花かずらや、塗香や、抹香、衣服や、傘や、幢や、幡や、燈明や、あるいはまた、あらゆる踊りや、歌や音楽などの、どのような形のものを以てしてでも、（仏を供養して）善根を植えようと願った時に、このような形のものが、かれらがその心を起こすと同時にあらわれて来ないようであったら、その間はわたくしは〈この上ない正しい覚り〉を現に覚ることがありませんように。	参照『法華経』法師品（岩波本一四二頁）の「十種供養」と相応する。花・香・瓔珞・抹香・塗香・蓋・幢幡・焼香・衣服・伎楽をもって仏を供養する。（原文からの日本語訳では伎楽という語で一括せずに、音楽と歌と、踊りを区別している。）
四一頁（25）[s]世尊よ。もしも、わたくしが覚りを得た後に、かの仏国土における求道者たちが、『われわれはこの世界に住んで、[Ⅰ]衣服や、[Ⅱ]飲食物や、[Ⅲ]臥床・座席や、[Ⅳ]病を癒す医薬という[四種の]生活用具や、花や、薫香や、香料や、花かずらや、塗香や、抹香や、衣服や、傘や、幢や、幡や、種々の踊りや、歌や、音楽や、宝石の雨を以て、無量・無数の仏国土にまします世尊・目ざめた人たちを恭敬し、尊敬し、尊重し、供養しよう。』という心をおこした……時に、世尊・目ざめた人たちが、……受け入れるようなことがないようであったら……	[四資具]に続いて歌・舞・音楽が供養のものにはいっている。音楽と訳されているのは、『法華経』を参照すると、器楽を指すと考えられる。 （23）と同様に、音楽と歌と踊りを区別している。

一五九頁（24）[漢]たとい、われ仏となるをえんとき、国中の菩薩、諸仏の前に在りて、その徳本を（積み）現わさんに、もろもろの欲求するところの供養の具、もし、意の如く（えられ）ずんば、正覚を取らじ。	「供具如意の願」 [s]の23願、24願に対応。しかし、[漢]には踊り・歌・音楽に相当する語はない。
（2） 四三頁（32）[s]世尊よ。もしも、わたくしが覚りを得た後に、かの仏国土に、芳香ある種々の宝石の花の雨が常に降りそそぐことが無く、また妙なる音声を出す楽器の雲が常に（音楽を）奏でているということがないようであったら、その間はわたくしは、〈この上ない正しい覚り〉を現に覚ることがありませんように。	「華雨楽雲の願」 仏国土の荘厳として。楽器の雲が奏でている。 [漢]にはない。
（3） 五二頁（12番のダルマカーラの詩頌のあとに）[s]大地は震動し、花は雨と降った。数百の楽器は空中に鳴り響いた。 一六六頁（詩頌11のあと）[漢]仏、阿難に告げたもう。法蔵比丘、この頌を説きおわるや、その時あまねく地、六種震動す。天より妙華を雨ふらして、もってその上に散らす。自然の音楽、空中より讃えていう、『（なんじ）決定して必ず、無上の正覚を成ぜん。』と。	ダルマカーラが四七の誓願（サンスクリットの原典では四七になる）を説いた後、詩頌を説いた。その時、誓願を讃えて楽器が鳴り響いた。
（4） 五六頁　[s]かれはこのような善をなしとげた。……また、一切の花や、焼香や、薫香や、華鬘や、塗香や、傘や、幢や、幡の完成したすがた、また、一切の楽器や合唱の完成したすがたは、かれの一切の毛孔及び両の掌から現われ出て来た。	世尊がダルマカーラに付いて述べる。法蔵は前世で菩薩行を行じているとき、一切の必要なものを自由にできた。そのなかに楽器や合唱がある。

一六八頁　漢その手、常に無尽の宝・衣服・飲食・珍妙の華香・繒蓋・幢幡・荘厳の具を出す。……自在を得たり。

漢には楽器や合唱がない。

（5）

六五頁（16）sアーナンダよ。〈かの幸あるところ〉という世界には）このような木々がある。根は七種の宝石でできており、（幹、小枝、大枝、葉、花）果実は七種の宝石でできている。……風に吹き動かされるとき、美しく快い音が流れ出て、……

七種の宝石でできた木が風に動かされて美しい音を出す。

一七四頁、一七五頁（16）漢（また、その国土、七宝のもろもろの樹ありて）清風、時に発りて、五つの音声を出し、微妙の宮商、自然相和す。

五つの音声とは中国の音階と音名。宮・商・角・徴・羽。サンスクリット原典にはない。

（6）

六八頁（18）sまた、アーナンダよ。かの〈幸あるところ〉という世界には種々の河が流れている。……種々の甘美な音や響きがある。また、アーナンダよ。百千億種の音質をそなえた天上の合奏で陶然たらしめる楽器が名手に弾かれるとき、……それらの大河からは、……『不思議な寂静であり、無我である』と楽しく聞かれる響きが流れ出るのであり、……

天上の合奏に和して、大河からは寂静、無我の響きが流れ出る。

一七七頁　漢仏、阿難に告げたもう。「世間の帝王、百千の音楽あり。（しかるに）転輪聖王より、ないし第六天ト の伎楽の音声、（世間のそれと比し）展転してあい勝ること、千億万倍なり。第六天上の万種の楽音も、無量寿国のもろもろの七宝樹の（出す）一種の音声にしかざること……また（仏国土に）、自然の万種の伎楽あり。またその楽の声、法音にあらざるはなし。清揚・哀亮にして、微妙・和雅なり。十方世界の音声の中、（これを）最も第一となす。

世間の帝王の音楽より、転輪聖王の音楽、第六天の音楽は千億万倍も勝れているが、無量寿国の七宝樹の音はそれらと比べものにならないほど勝れている。仏国土の自然の万種の伎楽は法音であり、十方世界中第一である。その音は清揚・哀亮・微妙・和雅である。

一七九頁（18）[漢]波、無量の自然の妙声を揚ぐ。（聞く者の願いに応じて）あるいは仏の声を聞き、あるいは法の声を聞き、あるいは僧の声を聞く。あるいは寂静の声、空・無我の声、大慈悲の声、波羅蜜の声、あるいは十力・無畏・不共法の声、もろもろの通慧の声、無所作の声、不起滅の声、無生忍の声、……	無量の自然の妙声である波の音は、法の声である。六八頁（18）[S]の大河の声とこの波の声が対応すると考えられる。
（7）	
七一頁、七二頁（19）[S]実に、また、アーナンダよ。かの〈幸あるところ〉という世界に、すでに生まれ、〔現に生まれ、〕（未来に）生まれるであろう一切の生ける者どもは……どのような香や、華鬘や、塗香や、抹香や、衣服や、傘や、幢や、幡や、楽器を望んでも、その者どもには、このようなものが、かの仏国土にあまねくはちきれるほどに充満することになる。	幸あるところの楽器。
一八〇頁（19）[漢]阿難よ。かの仏の国土の、もろもろの往生する者、かくのごときの清浄の色身・諸の妙なる音声・神通の功徳を具足す。	かの仏国土に往生する者は、諸々の妙なる音声・神通を具足する。
（8）	
七三頁（21）[S]実に、また、アーナンダよ。かの〈幸あるところ〉という世界では、……風はあまねく四方に満ち、……種々の芳しい天上の香りに匂う宝樹（宝石の木々）を揺すり、……	自然の風が宝樹を揺らして出す音。
一八四頁（21）[漢]自然の徳風、徐かに起りて微動す。その風調和にして、寒からず暑からず、温涼柔軟にして、遅からず疾しからず。もろもろの羅網および宝樹を吹くに、無量の微妙の法音を演発し、万種の温雅の徳香を流布す。	風が宝樹と羅網を吹き法音を発する。

（9）

七五頁（23）[S]実に、また、アーナンダよ。かの〈幸あるところ〉という世界には、時が来ると、天上の香水の雲から香水の雨が降り、天上のあらゆる色の花や、天上の七種の宝石や、天上のチャンダナ（栴檀）の粉末や、天上の傘や、幢や、幡は雨と降る。……天上の諸々の楽器が奏でられ、天上の天女たち（梵文和訳註 divyāḥ……apsarasaḥ）が舞うのだ。

天上の器楽合奏と、天女の舞。[漢]にはない。

（10）

八八頁（32）[S]実に、また、アーナンダよ。かの菩提樹が風に吹き動かされるとき、流れ出る音声は無量の諸世界に鳴り響く。……（その音が）生ける者どもの耳に達したならば、かれらは……耳の病気を患うことは思いもよらない。

一七六頁（32）[漢]また、無量寿仏（の国土）、その道場樹……微風、しずかに動いて、もろもろの枝葉を吹くに、無量の妙法の音声を演べ出す。……その音を聞く者、深法忍を得て、不退転に住せん。

風が菩提樹を吹いて出す音は、耳を病から護る。[S]のほうが[漢]よりも具象的。

音響忍《おんこうにん》、諸仏菩薩の説法の徳音を聞いて信解し、更に怖畏無く修習して、安住する位。初地、二地、三地の菩薩の位。（宇井『仏教辞典』）

（11）

九一頁（37）[S]実に、また、アーナンダよ。かの仏国土に生まれた求道者たちは、……心にのぞむ通りに花や、燈明や、薫香や、香料や、花輪や、香油や、抹香や、衣服や、傘蓋や、幢や、幡や、楽器や、合唱や、音楽をもって供養をしようと思うならば、その心をおこすやいなや、そのようなすべての供養する物が掌の中に出現する。かれらはそれらの花から音楽に至るまでの（供養する物）によって、かのみ仏・世尊たちを供養して、多数・無量・無数の善根を積み集めるのだ。

供養のための楽器や合唱や音が自然に掌に出現する。

(12) 一九〇頁［往覲偈］4　[漢]咸然として天の楽を奏し、和雅の音を暢発し、最勝尊を歌歎して、無量覚を供養したてまつる。	対応する[s]の個所は七六・七七頁であるが、対応する語はない。
一九四―一九六頁［浄土に往生せし者の得益］　[漢]仏、阿難に告げたもう。かの国の菩薩、仏の威神（力）を承けて、……心の所念に随って、華香・伎楽・繒蓋・幢幡・無数無量の供養の具、自然化生して、念に応じてすなわち至る。……（供養終われば）そのもろもろの菩薩、僉然として欣悦し、虚空の中において、ともに天の楽を奏し、微妙の声をもって、仏徳を歌歎し、……	天の楽、微妙の声をもって仏徳を歌い讃える。
一九六―一九七頁　[漢]仏、阿難に告げたもう。「無量寿仏、もろもろの声聞・菩薩の大衆のために、法を班宣したもうとき、……（聞く者）歓喜し、心解し、道をえずということなし。そのとき、四方より自然の風起こりて、あまねく宝樹を吹くに、五つの音声を出だす。……一切の諸天も、みな、天上の百千の華香・万種の伎楽をもって、その仏およびもろもろの菩薩・声聞の大衆を供養す。（すなわち）普く華香を散じ、もろもろの音楽を奏し、……	自然風が宝樹を吹いて五音を発する。天も伎楽（器楽合奏）、諸音楽を仏と菩薩・声聞に供養する。

『観無量寿経』（『浄土三部経』下　岩波文庫）	摘要
(13) 一八頁　[s]そこには百の宝石から成る千万の楼閣があり、台の両側にはそれぞれ、百億の花の幢幡と無数の楽器が飾られている。八種の清風が光明から吹きおこり、この楽器を鳴らして、苦・空・無常・無我についての教えを聞かせる。	光明から清風が起こり、無数の楽器を鳴らす。その音は苦・空・無常・無我の教えを聞かせる。

五一頁―五二頁　[漢]楼閣、千万にして、百宝より成る。台の両辺において、おのおの、百億の華幢と無量の楽器ありて、荘厳とす。八種の清風、光明より出で、この楽器を鼓つに苦・空・無常・無我の音を演説す。これを〈水想〉とし、……	[S]とまったく同じ。
(14) 二〇頁　[S]〈幸あるところ〉という世界には、八つの功徳ある池水がある。……（その池水の水の）……そのひびきは美しく、苦・空・無常・無我・智慧の完成についての教えを物語る。 五四頁―五五頁　[漢]極楽国土、八の池水あり。……その摩尼の水、華の間に流れ注ぎ、樹を尋ねて上下す。その声、美妙にして、苦・空・無常・無我・もろもろの波羅蜜（の法）を演説し、……	〈水の観想〉〈幸あるところ〉の池水の響きは美しく、宝石でできた池水の響きは苦・空・無常・無我・智慧について語る。 〈水想観〉極楽の八つの池の水が流れ注ぎ、その声は微妙で、苦・空・無常・無我・諸波羅蜜を説く。
(15) 二一頁　[S]さまざまな宝石に飾られた国土の一々の境界の上に五百億の宝石の楼閣があり、その楼閣の中に、無数の天人たちが居て、天上の音楽を奏でる。また、楽器は虚空にかかり、天上の宝石の幢幡のように自然に鳴る。このさまざまな音楽はみな、仏を念じ、教法を念じ、僧団を念ずべきことを説いている。 五五頁　[漢]衆宝の国土の、一々の界上に、五百億の宝楼閣あり。その楼閣の中に、無量の諸天ありて、天の伎楽をなす。また、楽器ありて、虚空に懸処し、天の宝幢のごとく、鼓たざるにおのずから鳴る。このもろもろの音の中に、みな仏を念じ、法を念じ、比丘僧を念ずることを説く。	宝石の楼閣の中で無数の天人たちが天上の音楽を奏でる。虚空に懸かった楽器は自然に鳴る。 その音楽はみな仏法僧を念ずべしと説く。 〈第六観宝楼観〉天の伎楽と虚空の楽器自鳴は三宝を観想することを説くもの。

(16)

三〇頁　[s]仏とぼさつとが虚空に満ちているのを観るとき、水のせせらぎ、鳥の啼く声、林のざわめき、仏たちの音声がみなすぐれた教法を説いており、それがみな十二部経に説く所に一致していることを、冥想からさめても忘れないようにするのだ。このことを……〈無量寿仏の幸ある世界の観想〉と名づける。	(第十二観　完全な観想)水のせせらぎの音、鳥の声、林のざわめき、仏・菩薩の音声のすべてが、仏法僧、すべての仏典の説くことと一致している。
六七頁　[漢]水鳥・樹林・および諸仏、(その)出すところの音声はみな、妙法を演べ、十二部経と合す(と想え)。	漢文を見ると水鳥・樹林ではなく水・鳥・樹林と読むことができ、それならば[s]と一致する。

『阿弥陀経』(『浄土三部経』下　岩波文庫)

(17)

一二三頁(5)　[s]また次にシャーリプトラよ、かの仏国土では、常に天上の楽器が演奏されており、……	常に天上の楽器演奏。
一三七頁(5)　[漢]また、舎利弗よ、かの仏国土、常に天楽をなし、……	常に天楽をなす。

(18)

一二四頁(6)　[s]また次にシャーリプトラよ、かの仏国土には、白鳥や帝釈鴫や孔雀がいる。かれらは夜に三度、昼に三度、集まって合唱し、また、また、各々の調べをさえずる。かれらがさえずると、(五)根と、(五)力と、覚りに至るための(七つの)要件(を説き明かす)声が流れ出る。……かれら鳥どもの群は、かの無量寿如来によって化作されたものであって、法(を説き明かす)声を発するのだ。	極楽の鳥の合唱または独唱。その囀りは五根・五力・七覚支(涅槃にいたる三十七の行道を七に分けた中の第六が七覚支。)の法の声である。

一三七頁　漢 またつぎに、舎利弗よ、かの国には、常に種種の奇妙・雑色の鳥あり。白鵠・孔雀・鸚鵡・舎利・迦陵頻伽・共命の鳥なり。このもろもろの鳥、昼夜六時に、和雅の声を出す。その声、五根・五力・七菩提分・八聖道分、かくのごときらの法を演暢す。その土の衆生、この声を聞きおわりて、みなことごとく、仏を念じ、法を念じ、僧を念ず。	極楽の鳥たちは和雅の声を出す。その声は法を説く声である。
(19) 一二五頁（７）Ｓ また次にシャーリプトラよ、かの仏国土では、……かのターラ樹の並木やかの鈴をつけた網が風に吹き動かされるとき、妙なる快い音が流れ出て来るのだ。……シャーリプトラよ、たとえば、聖者らが百千億種の天上の楽器を合奏するとき美妙なる快い音が流れ出て来るように、……かの（世界の）人々はその音を聞いて、身に仏を念ずる心が起こり、身に法を念ずる心が起こり、身に〈つどい〉を念ずる心が起こる。 一三八頁（７）漢 舎利弗よ、かの仏国土には、微風吹動するや、もろもろの宝行樹及び宝羅網、微妙の声を出す。譬えば、百千種の楽、同時にともになすがごとし。この声を聞く者、みな、自然に念仏・念法・念僧の心を生ず。	仏国土では、ターラ樹の並木や鈴をつけた網に風が吹くと、美妙な快い音が流れ出る。その音は、天上の聖者たちの楽器合奏のように美妙で快い。その音を聞いて、仏国土の人々は仏・法・僧を念ずる心を起こす。 極楽では、微風が宝石の並木や宝石の網を吹くと、美妙な声を出す。この声を聞くものはみな、仏法僧を念ずる心を生ずる。

◆先行隣接研究論文

洪　潤植「仏典に現れた仏教音楽の序説的研究」『新羅仏教研究』山喜房仏書林、一九七三年、六一三―六三〇頁。

片岡義堂「大乗経典に現れた音楽観―大樹緊奈羅王所門経について」『叡聲論攷』図書刊行会、一九八一年、一五四―一六七頁。

片岡義堂「文学論・芸術論」『講座仏教思想』七巻、理想社、一九七五年。

小野　真「仏典における仏教―音楽的コンセプトと法会におけるその現実化」京都市立芸術大学日本伝統音楽研究センター研究紀要『日本伝統音楽研究』第四号、二〇〇七年。

高口恭行「仏教音楽とまだみぬ建築」『建築雑誌』一二六九巻、一九八八年二月号。

松濤基道「平安朝貴族と仏教音楽」『鴨台史報』第五輯、大正大学史学会、一九三七年。

松濤基道「仏教音楽特に伎楽に就いての二三の考察」『鴨台史報』第四輯、大正大学史学会、一九三六年。

◆参考・引用文献

芝　祐泰「わが国音楽文化の伝統とその位置づけ」中等教育講座音楽科編別刷、好学社。

田中昭邦「将来にあるべき仏教音楽」ＮＨＫ交響楽団『フィルハーモニー』22（8）一九五〇年。

本多鉄麿「仏教音楽について」『仏教思潮』巻三、2号。

林　謙三「供養としての仏教音楽（伎楽）」『インド学仏教学研究』通号3巻21号、一九五三年、四三―四五頁。

林　謙三「伎楽曲の研究」『南都仏教』通号8、一九六〇年、七五―九九頁。

藤井制心「仏教と音楽」雑誌『大世界』10（01）一九五五年。

荻美津夫「経典にみられる音楽」『日本古代音楽史論』吉川弘文館、一九七七年、一二一―一二五頁。

天納傳中「仏教儀礼における音楽の位置―仏前奏楽の意味―」『印度学仏教学研究』一九八五年、四五六頁。

茂手木潔子「「枕草子」の記述に表された日本人の〈音〉への姿勢」上越教育大学研究紀要、vol.6, No.3　一九八七年、二一三―二三一頁。

南谷美保　翻刻・編集『四天王寺舞楽之記』上・下、清文堂資料出版、一九九三年。

南谷美保『四天王寺聖霊会の舞楽』東方出版、二〇〇八年。

南谷美保「管絃も往生の業となれり」四天王寺国際仏教大学紀要、第三五号。

南谷美保「『続日本紀』に見る唐楽演奏の記録と礼楽思想の受容について」四天王寺国際仏教大学紀要、第四三号。

大橋　力『音と文明：音の環境学ことはじめ』岩波書店、二〇〇三年。

大橋　力「日本伝統音楽を脳から解明する」ビデオ講演　公開シンポジウム「現代技術に脈打つ日本の伝統」未来工学研究所／文部科学省、二〇〇五年。

仁科エミ・大橋力「ハイパーソニック・エフェクトを応用した市街地音環境の改善とその生理・心理的効果の検討」日本都市計画学会都市計画論文集、四二―四三号、二〇〇七年、一三九―一四四頁。

Oohashi T. et al., The role of biological system other than auditory air conduction in the emergence of the hypersonic effect, *Brain Research*, vol.1073-1074, 2006, pp.339-347.

Oohashi T. et al., Inaudible high-frequency sounds affect brain activity:hypersonic effect, *Journal of Neurophysiology*, vol.83, 2000, pp.3548-3558.

倉田　実編『王朝文学と建築・庭園』平安文学と隣接諸学1、竹林舎、二〇〇七年。

高橋　亨編『王朝文学と物語絵』平安文学と隣接諸学10、竹林舎、二〇一〇年。

寺内直子『雅楽の〈近代〉と〈現代〉』岩波書店、二〇一〇年。

寺内直子『雅楽を聴く』岩波新書、二〇一一年。

鈴木博之監修　『皇居建築―内匠寮の人と作品―』建築画報社、二〇〇五年。
押田良久　『雅楽鑑賞』文憲堂七星社、一九六九年。
代表執筆者　東儀信太郎　『雅楽事典』音楽の友社、一九八九年。
『音楽大事典』平凡社、一九八一～一九八八年。
小野功龍ほか編　『雅亮會百年史』雅亮会編、一九八三年。
『小右記』東京大学史料編纂所編纂『大日本古記録』岩波書店、一九八七年。
『中右記』増補史料大成刊行会編、臨川書店、平成一三年（二〇〇一）。
『御堂関白記』覆刻日本古典全集、現代思潮社、一九八二年。
『教訓抄』・『続教訓抄』覆刻日本古典全集、二〇〇六～二〇〇七年。
『體源鈔』同全集、二〇〇六年。
『楽家録』同全集、二〇〇六年。
『日本霊異記』新日本古典文学大系、第三〇巻、岩波書店、一九九六年。
『大正新修大蔵経』第九巻、法華部全、華厳部上、大蔵出版、一九八八年。
『大正新修大蔵経』第十巻、華厳部下、大蔵出版、一九八八年。
『国訳大蔵経』経部、第五巻、第六巻、第七巻『華厳経』第一書房。
川田熊太郎監修、中村元編集『華厳思想』法蔵館、一九六〇、一九九九年。
玉城康四郎『華厳入門』春秋社、新装版、二〇〇三年。
鎌田茂雄　和訳『華厳経』東京美術、一九九五年。
竹村牧男　『華厳とは何か』春秋社、二〇〇四年。

中村　元　『華厳経』『楞伽経』現代語訳大乗仏典・5、東京書籍、二〇〇三年。
『大正新修大蔵経』第一五巻、『大樹緊那羅王所問経』大蔵出版、一九八八年。
『国訳一切経』経集部　六、『大樹緊那羅王所問経』大東出版社、一九三二年。
坂本幸男　岩本裕訳注『法華経』上・中・下、岩波文庫　一九九一年。
植木雅俊訳　梵漢和対照・現代語訳『法華経』上・下　岩波書店、二〇〇八年。
中村　元　早島鏡正　紀野一義訳注『浄土三部経』上・下　岩波文庫　一九九〇年。
『源氏物語』日本古典文学大系14〜18、岩波書店、一九五八〜一九六三年。
『枕草子　紫式部日記』同大系19、一九五八年。
『方丈記　徒然草』同大系30、一九五七年。
『和漢朗詠集　梁塵秘抄』同大系73、一九六五年。
山田孝雄『源氏物語の音楽』宝文館出版、一九三四年、一九六九年。
『雅亮会百年史』増補改訂版、天王寺楽所　雅亮会、二〇〇八年。
小野功龍『仏教と雅楽』法蔵館、二〇一三年。
中島宝城『谷蟆は歌ふ』明窓出版、一九九五年。
林屋辰三郎校注　橘　俊綱『作庭記』〈リキエスタ〉の会、二〇〇一年。
大江　宏『世界建築設計図集　7　国立能楽堂』同朋舎、一九八四年。
大江　宏『間（アイ）の創造』日本の建築家4、丸善、一九八五年。
大江　宏『建築作法　混在併存の思想から』思潮社、一九八九年。
大江　宏『建築と気配』大江宏対談集、思潮社、一九八九年。

丸山　茂『日本の建築と思想――伊東忠太小論』同文書院、一九九六年。
久保朝孝「庭園の遠近法―『紫式部日記』の遠近法」叢書　想像する平安文学　第二巻『〈平安文化〉のエリクチュール』勉誠出版、二〇〇一年。

著者略歴

東儀　道子（とうぎ・みちこ）（旧姓　月本）

1930 年札幌市生まれ。

1953 年お茶の水女子大学文教育学部哲学科卒業

比較哲学・宗教哲学専攻

元早稲田大学社会科学研究所特別研究員

比較思想学会会員

著　書　『東洋の論理』（共著）北樹出版，1981 年，『近代日本の思想と仏教』（共著）東京書籍，1982 年，『宗教の現象学』（共著）東方出版，1984 年，『比較思想の世界』（共著）北樹出版，1987 年。『〈恥ずかしい〉の構造―現代社会に探る』北樹出版，1989 年。

雅楽の心性・精神性と理想的音空間

2016 年 9 月 15 日　第 1 刷発行　　・検印省略

著　書　東　儀　道　子

発行者　木　村　哲　也

・定価はカバーに表示　　印刷　中央印刷／製本　新里製本

発行所　有限会社　北　樹　出　版

〒153　東京都目黒区中目黒 1-2-6　電話(03)3715-1525(代表)

ISBN978-4-7793-0507-8